章太炎大傳

下冊

華強　著

目次

第七章
章太炎與湯國梨

　　章太炎的第一個夫人是王氏，王氏一直到病故也未能轉為正室。章太炎四十六歲那年將丘比特之箭射向天生麗質的湯國梨。湯國梨被稱為上海務本女校「皇后」，熱衷於社會活動，是一個女權活動家。一九一三年，章太炎與湯國梨在上海哈同花園成婚。夫婦伉儷情深，育有兩子。章太炎家庭和睦，主要是湯國梨委曲求全。章太炎心中有國無家，婚後一個多月，隻身北上被囚。誕子未滿三個月，離家參加護法戰爭。章太炎婚後生活窘迫，一度靠賣字維持生計。章太炎既是著名的經學大師，同時還是成就卓著的中醫文獻學家，著有《章太炎先生論傷寒》等著作，並在上海、蘇州三所國醫院擔任兼職院長。章太炎提倡的國學在新文化運動中受到猛烈衝擊，晚年漸入頹唐，步入了他曾經反對過的張之洞「中學為體，西學為用」的後塵。

一　太炎徵婚

　　章太炎是一個眾人公認的革命家和學問家，可謂事業有成。然而他在遇到湯國梨前，他的家庭生活並不十分美滿。章太炎因言行怪異，許多人稱他為「瘋子」，因為此故，餘杭竟然沒有人願意將女兒許配給他。

　　章太炎的父母為兒子的婚事發愁，他的母親想到了她的陪嫁丫頭王氏，決定讓王氏成為章太炎的側室。王氏是浙江海鹽一個貧苦農民

的女兒，服侍章母多年，對章家、對章太炎瞭若指掌，她自然不認為
章太炎是「瘋子」。一八九二年，章太炎奉命成婚，第一個夫人便是
王氏。在王氏的精心照料下，章太炎的癲癇病「霍然而愈，不再重
發」。王氏為章太炎生育了三個女兒，然「稍不遂意，即遭其淩辱」。
一八九九年，章太炎在日本生病，王氏獲悉，不顧已有身孕，攜帶七
歲和二歲幼女遠渡重洋，來到日本。一九〇三年，為章家操勞一生的
王氏病故。[1]王氏一直到病故，也沒有能轉為正室。

此後，章太炎鰥居多年。章太炎圉圉三載、四海為家，不願意再
娶，但經不住朋友們的一再勸說，於是決定覓友。朋友們問章太炎的
擇偶條件是什麼？章太炎說：「別人娶妻當飯吃，我娶妻當藥用。兩
湖人甚佳，安徽人次之，最不適合的為北方女子。廣東女子言語不
通，如外國人，那是最不敢當的。」

章太炎對辛亥革命的發源地武昌有頗深的感情，朋友們知道他的
武昌情結後，每次到武昌，都有朋友對他誇說武昌女子如何好，主動
為他作伐，章太炎笑笑而已。沒有想到，章太炎的覓友方式令他的朋
友們大跌眼鏡。

有一天，當時發行量甚大的《順天時報》上刊登了一則章太炎的
「徵婚啟事」。如今十分平常的「徵婚啟事」在一個世紀前絕對是件
驚世駭俗的稀罕事。章太炎的「徵婚啟事」可能是效法於北京大學校
長蔡元培。蔡元培曾經刊登過一則「徵婚啟事」。蔡元培三十三歲那
年，原配夫人王昭去世，許多人上門說媒，為他續弦，蔡元培不勝其
煩，乾脆公開刊登「徵婚啟事」，提出要求：第一，不纏足；第二，
識字；第三，男子不娶妾；第四，夫死，妻可改嫁；第五，可以離

---

1 章㲄：〈我的母親章王氏〉，《追憶章太炎》(北京市：生活‧讀書‧新知三聯書店，
  2009年)，頁99。

婚。「徵婚啟事」刊登一年後，蔡元培與出身書香門第、沒有纏足又知書識禮的女畫家黃世振喜結連理。

章太炎的「徵婚啟事」刊登後立即引起社會轟動：一則章太炎是社會名流，大名鼎鼎；二則他的「徵婚啟事」指定娶鄂女為妻，令人不解。

章太炎的「徵婚啟事」要求有五條：（1）鄂女為限；（2）大家閨秀；（3）文理通順；（4）不染學堂中平等自由之惡習；（5）有從夫之美德。關於章太炎的「徵婚啟事」，說法不一。有一種說法認為此事係張冠李戴。當年刊登徵婚啟事的人是蔡元培而非章太炎。一說「徵婚啟事」初刊登於湖北報紙，後刊登於上海報紙。內容為：「鄙人近感鰥況岑寂，欲獲得一白頭伴侶，助我家室，然必具以下三者：一、須文理通順，能作短篇文字者；二、係出名家閨秀，舉止大方者；三、有服從性質，不染習氣者。」

從「徵婚啟事」的第四條和第五條看，章太炎是三綱五常最堅決的擁護者。他追求過自由平等，但反對家庭生活自由平等。「徵婚啟事」中最引人注目的是章太炎為什麼要娶鄂女？據說章太炎在北京遭袁世凱軟禁時，袁世凱有一次問過他。章太炎答，湘女多情，鄂女多音。湖北人語音之中，保存著許多古音。本人研究古音，若有鄂女應徵，自當結秦晉之好。

「徵婚啟事」刊登後，據說有一個叫吳淑卿的女孩應徵。黎元洪聞訊後還自告奮勇充當媒人。此事未能圓滿的原因，一說吳淑卿當時只有十九歲，年紀太輕；一說黎元洪自己看中了吳淑卿，不捨得割愛，反而從中作梗。

關於章太炎婚姻的牽線人，說法不一。一說蔡元培看到「徵婚啟事」後，向章太炎介紹了湯國梨。一說孫中山先生的秘書長張通典讓他女兒從中牽線搭橋。湯國梨自己說：「我是浙江吳興烏鎮人。在一

有「皇后」之稱的湯國梨

九一三年三十歲時，由上海務本女校同學張默君的父親、同盟會會員張伯繩（純）（通典——著者注）先生介紹，與章太炎結婚的。」[2]

原來，湯國梨有一個閨中好友叫張默君，他的父親張通典是孫中山先生的秘書長。一九一三年五月的一天，張默君受其父之托，塞給湯國梨一封信。湯國梨打開一看，頓時面紅耳赤：原來此信竟是大名鼎鼎的大學者章太炎寫給她的求愛信。紙短意簡，卻是情真意切。

湯國梨忽然想起，她在上海務本女校畢業前夕的一次演講會上曾經見過這位老夫子。那一天，老夫子發表關於成立光復會、反對清王朝的革命演說，手舞足蹈，滔滔不絕，給她留下很深的印象。但是，她無論如何也想不到這個老夫子有一天會向自己射出丘比特之箭。老夫子對湯國梨的一片傾慕之情躍然紙上，令湯國梨怦然心動。她決定接受老夫子的丘比特之箭，這一年，湯國梨三十歲，是一個從來沒有談過戀愛的大姑娘。

湯國梨（1883-1980年），字志瑩，號影觀，出生在浙江烏鎮的一個蠶桑之家。她的父親不甘「日出而作，日落而息」的傳統農桑生活，在上海謀了一個店員的職業，但僅能溫飽。這時，湯國梨的叔父在湖北漢口經營茶葉生意，寫信讓其兄到他的店鋪做會計。湯國梨的父親就這樣在湖北落了腳，不久將妻子和七歲的女兒湯國梨接到漢

2 湯國梨：〈太炎先生軼事簡述〉，《追憶章太炎》（北京市：生活‧讀書‧新知三聯書店，2009年），頁70。

口。所以，浙江籍的湯國梨與湖北發生了聯繫。湯國梨在湖北生活了二年多時間，也算是半個鄂人。

湯國梨在湖北讀了二年私塾，九歲那年，父親不幸病故，母女二人只得重返浙江烏鎮，靠親戚接濟度日。寄人籬下的生活，磨煉了湯國梨的意志。湯國梨非常好強，憑藉二年私塾、粗通文字的底子，堅持自學，漸漸懂得韻律。她希望自己能夠走出烏鎮，到上海女子學校讀書。湯國梨向唯一能夠幫助自己的舅父提出要求，舅父十分喜愛這個懂事的外甥女，慨然應允，湯國梨喜出望外。

湯國梨終於走出烏鎮，走出浙江，來到了陌生的上海。她進入了上海務本女學，在學校裏接觸到了新思想和新文化。務本女學的學生幾乎都是天足，而湯國梨卻是小腳，這使她感到十分羞愧。十幾歲的女孩子，小腳已經成形了，湯國梨雖然知道自己不可能再恢復天足，還是毅然拋棄了裹腳布，堅持參加女學的一切體育活動。湯國梨從最簡單的跑步開始練習，她的跑步成績慢慢的竟不亞於那些天足女同學。湯國梨是一個才女，擅長詩詞。她早年寫的一首〈念奴嬌·寄仲弟〉可以看出她的才華：

> 故鄉何處？浪遊倦，恰似飛蓬難返。湖海浮沉同是客，漂泊憐君更遠。才去江村，還徂閩海。離恨天涯滿。他時重見，試看雙鬢誰短？

湯國梨天生麗質，加上她的傑出才華和頑強意志，老師和同學對她都十分佩服，稱她為務本女學的「皇后」。說起「皇后」，一直到解放以後，還有人找到湯國梨，欲一睹「皇后」風采，那時的湯國梨已是垂垂老人了。有一個叫朱權的人，解放後某日尋到蘇州湯國梨家中，自我介紹說，他早年在上海交大讀書，聽說湯國梨是務本學校的

「皇后」，想一睹芳容，但是沒有機會。後來聽說湯國梨在哈同花園結婚，又因弄不到入場券未能進入。現在聽說你在蘇州，特專程來拜望你，以償夙願。朱權的一番話，說得湯國梨哭笑不得。湯國梨說：「當初『皇后』一說，很難說是謗毀或稱讚。如果是稱讚，我今天已是鶴髮雞皮的老婦人了。」[3]

湯國梨在學校期間就熱衷於社會活動，是一個女權活動家。她曾經擔任浙江「婦女保路會」負責人並發表講演。一九〇七年，她從上海務本女學師範科畢業後返回浙江，應吳興女校之邀，先後任吳興女校舍監、教師和校長之職。一九一一年，湯國梨辭去吳興女校校長一職，重抵上海，準備在上海辦學。就在這時，傳來了武昌起義的消息。湯國梨即興提筆賦詩〈重陽——聞武昌起義〉：

> 無糕無酒過重九，扶病登臨興不賒。
> 莫道秋光多肅殺，經霜紅葉爛於花。

湯國梨覺得自己應該為武昌起義做點什麼。她聽說閨中密友張默君、談社英等人組織了「女子北伐隊」，立刻報名參加。「女子北伐隊」成立後，沒有經費，湯國梨提議組織遊園會籌款。她們購買了許多糖果、水果、飲料、名酒、咖啡、雪茄、紙煙及化妝品等在張園舉行義賣。所有商品不定價，由客人自願以高於市價數十倍乃至百倍的價格購買。購買者相當踊躍，短短三天時間，籌款五萬元。

這個時候，蘇浙滬聯軍已攻克南京，不需要「女子北伐隊」，湯國梨遂向孫中山請示經費用途。孫中山建議她們可以將義賣款五萬元拿出來做一些教育和宣傳工作。一九一二年三月十六日，湯國梨和吳

---

3 湯國梨：〈太炎先生軼事簡述〉，《追憶章太炎》（北京市：生活・讀書・新知三聯書店，2009年），頁92。

芝瑛、陳擷芬等各界婦女百餘人發起成立「神州女界共和協濟社」，推宋慶齡為名譽社長，提出婦女參政要求，孫中山表示支持。於是以「神州女界共和協濟社」的名義創辦了神州女學和《神州日報》，其費用即義賣款五萬元。湯國梨被推為《神州日報》編輯部部長和神州女學的教師。

　　章太炎得知湯國梨接受了他的丘比特之箭，欣喜若狂。按照當時的習俗，男方要送女方四件金飾作為信物。章太炎一口氣買了金戒指、金手鐲和金鎖片，看看實在沒有什麼東西可買了。可是四缺一，添一件什麼呢？章太炎突然想到黎元洪曾經向他贈送過金質開國紀念金章一枚，於是便欣然將紀念金章贈給自己心儀的女人。

二　聘娶「皇后」

　　一九一三年六月十五日，章太炎與湯國梨假座上海愛儷園禮堂舉行新式婚禮。愛儷園俗稱哈同花園，是上海灘著名的地皮大王、英籍猶太富商哈同建造的。愛儷園是上海當時規模最大的私家花園。花園的廳堂裏懸掛著慈禧太后的墨寶，章太炎的婚禮在這樣的地方舉行，也算是十分氣派了。章太炎是學界和政界名流，參加婚禮的人有許多軍政要人和達官顯貴，對於哈同花園來說，也是一件足令該園蓬蓽增輝的盛事。

　　章太炎婚禮這一天，哈同花園張燈結綵，園內最大的廳堂「天演界」布置一新，四壁掛滿各方賓客送來的喜幛，廳內外排滿花盆花籃，真個是金碧輝煌。一向不修邊幅的章太炎，今天頭頂一頂大禮帽，鼻子上架了一副金邊眼鏡，穿了一身西式禮服，胸佩鮮花，腳蹬雪亮的皮鞋，喜氣洋洋地挽著頭披白色婚紗、手捧花束的新娘湯國梨，踏著紅地毯緩緩步入婚堂。新娘身邊是手持花束的兩個妙齡少女。

章太炎與湯國梨結婚照，右一為張繼

婚禮由蔡元培擔任證婚人，孫中山、黃興、陳其美等兩百多位來賓出席了婚禮。蔡元培宣讀了由章太炎自己撰寫的「證婚辭」：

> 蓋聞梁鴻擇配，惟有孟賢；韓姞相攸，莫如韓樂；泰山之竹，結簜在乎山阿；南國之桃，蕡實美其家室。茲因章炳麟君與湯國梨女士，於民國二年六月十五日舉辦婚禮，媒妁既具，伉儷已成；惟詩禮之無愆，乃德容之並茂。元培忝執牛耳，親蒞鴛鴦，袗以齊言，申之信誓：佳偶立名故曰配；邦媛取義是曰援；所願文章黼黻，盡爾經綸；玉佩瓊琚，振其辭采；卷耳易得，官人不外乎周行；松柏後凋，貞乾無移於寒歲。

孫中山準備了一套銀具贈送章太炎，作為賀禮。這套珍貴的禮品後來傳到章太炎兒子的手上，僅剩下一隻銀盃。「文革」十年動亂中，銀盃不知下落。

婚禮上的章太炎沒有少出洋相。章太炎第一次穿皮鞋，不知道皮鞋分左右，竟穿反了，走起路來一拐一拐的。等眾人知道緣由，個個

大笑不止。婚禮上，可能禮帽過大，當章太炎夫婦行三鞠躬禮時，禮帽兩次落地，再一次引得?堂大笑，孫中山當時笑得直不起腰。

喜酒三巡過後，來賓提議新郎即席作詩，以三十分鐘為限，超時罰酒十杯。章太炎不假思索，抬頭吟道：

吾生雖稊米，亦知天地寬。
振衣涉高岡，招君雲之端。

眾人拍手叫好，讓新娘也和一首，湯國梨吟唱了自己的詩作〈隱居詩〉：

生來澹泊習蓬門，書劍攜將隱小邨。
留有形骸隨遇適，更無懷抱人間喧。
消磨壯志余肝膽，謝絕塵緣慰夢魂。
回首舊遊煩惱地，可憐幾輩尚生存。

席畢，夫妻雙雙進入洞房。從湯國梨接受章太炎的丘比特之箭到舉行結婚典禮，只有短短的一個多月時間。湯國梨不僅沒有機會與章太炎花前月下、卿卿我我，甚至沒有機會瞭解章太炎的身世。在洞房裏，人稱「皇后」的湯國梨第一次近距離看清了自己的郎君。湯國梨當時心裏猛地吃了一驚：郎君何其老也，何其醜也。

章太炎學問大，名氣大，但是相貌卻不敢恭維。與章太炎相熟的日本著名作家芥川龍之介描寫章太炎說：「不客氣地說，他的相貌，實在不漂亮，皮膚差不多是黃色的，鬢髯稀少得可憐，那突兀崢嶸的額，看去幾乎象生了疣。只有那絲一般的細眼──在上品的無邊眼鏡

章太炎像

背後，常是冷然微笑著的那細眼，確有些與眾不同。」[4]

洞房裏的湯國梨覺得今天的郎君與九年前的那個翩翩青年學者簡直判若兩人。歲月無情，這一年，章太炎四十六歲，湯國梨三十歲。在洞房裏，湯國梨還驚訝地得知章太炎原來已經娶過妻，並且育有三個女兒。

對於這一場婚姻，湯國梨頗感委屈。湯國梨後來回憶說，「關於章太炎，對一個女青年來說，有幾點是不合要求的：一是，其貌不揚；二是，年齡太大，他長我十五歲；三是，很窮。可是，為了革命，在滿清皇朝統治時，即剪辮子，以示決絕。其硬骨頭氣魄和治學精神，卻非庸庸碌碌者可企及。決非和有些欺世盜名、禍國殃民者可比擬。並想在結婚之後，對文學方面，向他有所討教。」[5]

章太炎、湯國梨成婚後，伉儷情深，育有兩子，一名章導，一名章奇。[6]章太炎家庭和睦，主要是湯國梨委曲求全。湯國梨很不客氣地批評章太炎的夫權思想濃厚，與湯成婚後，「漸以夫權凌人」。[7]

---

4 〈芥川龍之介氏的中國觀・章炳麟氏〉，《追憶章太炎》（北京市：生活・讀書・新知三聯書店，2009年），頁247。

5 湯國梨：〈太炎先生軼事簡述〉，《追憶章太炎》（北京市：生活・讀書・新知三聯書店，2009年），頁71。

6 一說湯國梨還有一女，名章（音吉），但湯國梨回憶文章中未述及。湯國梨回憶文，由胡覺民整理，有七萬言。文稿在「文革」中被毀。十數年後，湯國梨去世，胡覺民根據自己回憶再整理，得文僅二萬字，有關史實，出入甚大。現存疑。

7 湯國梨：〈太炎先生軼事簡述〉，《追憶章太炎》（北京市：生活・讀書・新知三聯書店，2009年），頁71。

章太炎與章導、章奇合影

　　章太炎結婚時經濟並不寬裕，甚至有點拮据。他們的住宅安置在上海北四川路大德里，係章太炎租賃。他的兒子章導說：「他與先母成親時，賓客滿堂，由蔡元培證婚，中山先生等都來祝賀。但家中甚為簡陋，僅有白木方桌一張，長條木凳四隻，新房內其它傢俱和陳設都是從外面租來的。婚後僅一個多月，先父隻身北上被囚。袁世凱死後獲釋歸家，未住滿一月，又去西南和南洋爭取革命力量，一去又近半年。南洋歸來，適我誕生尚未滿三個月，他又離家參加護法戰爭，隨中山先生去廣州組織護法軍政府，一年零三個月後才回家。先母每憶及此，總不勝感歎，說先父心裏只有國，沒有家。」[8]

三　相夫教子

　　湯國梨與章太炎成婚後，一面相夫教子，一面顯示了女權活動家的本色，成為章太炎事業上的得力助手。

8　章導：〈憶辛亥革命前後先父章太炎若干事〉，《追憶章太炎》（北京市：生活・讀書・新知三聯書店，2009年），頁105。

　　湯國梨悉心為章太炎打理家務，一應家務事均不要老夫子操心。
後來為了女兒的婚事，不得不請老夫子出山。原來章太炎有三個女
兒：長女章𤩽、次女章叕、三女章𡩋。[9]據章叕回憶文章，章家當時的讀
法為：長女章𤩽（音麗）、次女章叕（音綽）、三女章𡩋（音展）。章太炎
為三個女兒的名字取得稀奇古怪，如果她們自己不說，幾乎沒有一個
人能夠說得出她們的名字。女兒到了出嫁的年齡，偏偏章太炎又出了
一個難題，要娶他女兒為妻的人必須識得女兒的名字，否則免談。結
果女兒到了出閣的年齡，竟然沒有一個人來提親。湯國梨向章太炎說
了自己的煩惱，說解鈴還須繫鈴人。章太炎心領神會，有一次借宴會
之機，講了三個女兒取名的由來，此後才慢慢有人上門提親。湯國梨
為此事曾經批評過章太炎，她說，你的文章中常有十分孤僻的字，例
如《訄書》的「訄」字及三個女兒的名字，即使是大學生，恐怕認識
的人也不一定多。鼓吹革命，對象首先是農民，其次是工人，絕大多
數是識字不多和不識字的。即使是城市平民，對這些字也只能望洋興
歎。我認為越是通俗，作用愈大。章太炎聽後說：「你的意見，我不
反對。」[10]然而此後，章太炎依然我行我素。

　　湯國梨是有名的才女，她當初毅然嫁給章太炎，是因為久仰其盛
名，希望婚後隨時向夫君討教。長子章導五六歲時，湯國梨依據故鄉
烏鎮農村的景物寫了一首五言詩，教兒子背誦：

　　春水鴨頭綠，夕陽牛背紅。

　　無風炊煙直，搖出小橋東。

9　章太炎喜歡使用生僻字，為他的女兒取名也不例外。三個女兒的名字一般字典查不
　　到，筆者以多種途徑查，卻查出讀音不一的結果。長女章𤩽（音裏，一說音爾）、次女
　　章叕（音衣，一說音綴，一說音桌）、三女章𡩋（音古，一說音展）。
10　湯國梨：〈太炎先生軼事簡述〉，《追憶章太炎》（北京市：生活・讀書・新知三聯書
　　店，2009年），頁78。

章導背誦給父親聽，並告訴父親，這首詩是媽媽做的。誰料章太炎張口就說：「這首詩不知道是從哪裏抄來的。」章太炎的一句話氣得湯國梨七竅生煙，從此不再問章太炎一個字。

章太炎與家人合影

說起章太炎嫁女兒，也是與眾不同。有一天，章太炎帶著兩個女兒和龔未生一起上飯館吃飯。吃完飯，他拉著小女兒回家。小女兒問，姐姐為什麼不回家呢？章太炎答，你姐姐隨龔未生過日子去了。小女兒這才知道，剛才吃的飯竟然就是姐姐的婚宴。

章太炎性格豪放、疾惡如仇，對看不慣的人和事，常常不顧情面，當面呵斥，不留餘地。對不喜歡的人，往往拒絕接見。他喜歡結交豪俠大士，卻不大願意與上海小家子氣的文化人相交。上海大學的教授們登門來訪，常常被章太炎拒之門外，幸得其夫人湯國梨從中斡旋，才沒有讓章太炎得罪很多人。

章太炎的生活自理能力很差，生活中的洋相出了不少。馬敘倫說他夏天常常赤膊，這也算了。搞笑的是，他常常褲帶係不緊，不得不以兩手提著褲子。馬敘倫說章太炎「獨慧於讀書，其於人事世故，實

未嘗悉也。出門即不能自歸。其食則雖海陸方丈，下箸惟在目前一二器而已。……夏季，裸上體而御淺綠紗半接衫，其裙帶乃以兩根縛腿帶接而為之。縛帶不得緊，乃時時以手提其褲，若恐墮然」。章太炎的飲食非常簡單，馬敘倫說：「其四十四歲在東京時，余遊日本，即往訪之。……其飯配僅大蒜煎豆腐一味也。」[11]

　　湯國梨信佛，除了雞，肉類很少進門。章太炎只吃眼面前的菜，所以家人有時將雞放在他面前，他就盡吃雞。他的嘴巴特別大，飯端到他面前，三兩口便吃完了。先生因患鼻疾，時常對著滿桌飯菜噴飯，滿座皆驚，惟先生不動聲色。弟子朱鏡宙說：「先生生平不講究飲食，且又近視。每食僅就案前近身菜肴下箸，家人以是每將先生好者置其前。時有不當意者，則盡白飯數碗，不語而去。方口可容拳。一箸之食，三數口能盡之。因患鼻疾，以口呼吸，飯時亦然。故飯屑最易誤入氣管。往往對案就嚏，飯花四濺。而先生容色自若，視如無事。」[12]章太炎沒有固定的生活來源，家中人口眾多，開支巨大，常常捉襟見肘。告貸和典當是湯國梨常做的功課。章太炎的飯桌上，常年不變的幾個菜是腐乳、鹹魚、鹹蛋、花生醬、豆腐等。他一年四季穿的衣服不過三四套。有一次，章太炎拖欠房租二十個月，房主趕他們走。夫人湯國梨設法告貸，交了房租並遷入新居。搬家的時候，傢俱無多，應了一句古話：孔夫子搬家，除了書還是書。章太炎的藏書有八千冊，多為木版書。這麼多書，連一個書櫥或書架都沒有。房間裏置一桌，常用的書放在桌上，其餘的書放在地板上。

　　生活如此窘迫，夫人只得讓章太炎賣字，以解決生計問題。一幅

11　馬敘倫：〈章太炎〉，《追憶章太炎》（北京市：生活・讀書・新知三聯書店，2009年），頁18。

12　朱鏡宙：〈章太炎先生軼事〉，《追憶章太炎》（北京市：生活・讀書・新知三聯書店，2009年），頁141。

字，夫人向人家索費一百元。但是，章太炎的鬻書生涯十分清淡。一來因為章太炎從來不做廣告，所以求字者不多。二來常人所求多為壽序或墓誌銘，章太炎往往以小篆書寫，而社會上的許多人不識小篆，因此不太受富人歡迎。加上章太炎對條幅落款不肯讓步，往往只寫「某某囑書」而絕不稱求字者為「仁兄」或「先生」，使得求字者心中不快。當時，時常關照章太炎鬻書生涯的人是上海著名箋扇莊朵雲軒的主人。他常常讓章太炎寫字，每次約百十幅，而付費時不論幅，每批總付筆潤銀不過五十元。

章太炎的小篆

陳獨秀稱章太炎收受達官貴族巨額潤筆費並對之側目，其實並不確切。如果說靠賣字發過什麼財的話，有一次馮自由讓章太炎寫孫中山的《中華民國政府成立宣言》，由於報紙的宣傳，引起多人向章求字，倒是讓章太炎發了一點小財。

　　陳存仁回憶此事說，「在同福里居住不久，章老師竟發了一筆小財。一天，革命元老馮自由來訪，要他寫兩件東西，一件是孫中山先生的《中華民國政府成立宣言》，一件是〈討袁世凱檄〉。這兩件原稿，本是章師手撰的，馮氏要求他親筆各寫一件，成為『歷史文獻』，當時馮氏不過送筆潤銀二十元。不料這件事，報紙上竟大登特登，有無數人都來求章師再寫這兩件原文，我記得一共有五六十份，有的送墨銀（墨西哥銀元簡稱）四十元，有些送墨銀二百元。章師抱定宗旨，效黃夷甫口不言錢，章師母又不便出面，一切都由我應付。章師大約寫到十件以上，就惱怒異常，再也不肯動筆，經師母橫勸直勸，他只是不出聲。後來想出一個辦法，原來他平日吸的都是金鼠牌香煙，有一次人家送他一罐茄立克香煙。章師稱它為外國金鼠牌，時常吵著要吸，師母不捨得買，這次就允許他每寫一件，買一罐給他，這樣問題解決了。」[13]

章太炎草書

　　章太炎的字值錢，世人求得他的字後或懸掛耀人，或珍藏若寶。章太炎對自己要求高，字寫得不滿意，即棄之重寫，這使他家的傭人找到了一個生錢的方法。傭人將章太炎廢棄的墨寶裝裱後高價出售，賺了不少錢。章太炎不願意將不合格的墨寶流落民間，於是將不滿意的字撕毀，可是傭人照樣有辦法將撕毀的字裝裱一新，這是章太炎生前不知道的事。

---

13 陳存仁：〈師事國學大師章太炎〉，《追憶章太炎》（北京市：生活・讀書・新知三聯書店，2009年），頁252。

　　有一年，章太炎應杭州昭慶寺方丈之邀，決定到昭慶寺小住，順便返鄉掃墓。誰知杭州報紙刊登了章太炎來杭的消息，求字求文者來到寺廟，一時絡繹不絕。僧人見生財有道，讓來客隨意樂助，借著章太炎的頭銜賺了不少錢。在杭州昭慶寺，章太炎講學三次，先後講了經學淵源、清代國學和小學大義。第三次講學，聽眾達百餘人，後因感染傷風，不得不中止講學。

　　杜月笙家祠落成，遍求名人墨寶，問於章士釗。章士釗推薦的第一個人就是章太炎。杜月笙讓一個叫徐福生的人帶著一千兩銀子的莊票向章太炎索字。徐福生曾經與章太炎在上海西牢同獄，自信章會買他的面子。未料章一聽說來意，斷然拒絕。徐福生再三相求，章太炎無動於衷，徐只得頹然而歸。杜月笙不甘心，又托章太炎的學生陳存仁到他家裏去。陳存仁先哄得章太炎高興，然後趁機進言，終於讓章太炎手書一幅橫披。杜月笙視為鎮宅之寶，封墨銀一包交章太炎夫人。這包墨銀，使章家輕鬆了好幾個月。

　　章太炎有一次到杭州著名的樓外樓吃飯，吃完飯，老闆請他留墨寶，章太炎隨手書寫了張蒼水的絕命詩。老闆起初以為不吉利，但有行家說，張蒼水的絕命詩很長，如能書寫成長卷，價值可觀。於是，樓外樓老闆每日備好酒好菜，邀請章太炎作客。一連十數日，章太炎將張蒼水的絕命詩全部書寫完畢，並且加了一段跋語。章太炎的這件長卷書法，當時被老闆以兩百元出售，十五年後有人出二十兩黃金購得收藏。

　　章太炎的字值錢，文章更值錢。向章太炎求墓誌銘或墓表的人，湯國梨收取酬金一千元至兩千元。章太炎並非來者不拒，有一個上海紗廠的老闆出價萬元，讓章太炎為他的祖先寫一篇歌功頌德的文字。章太炎得知此人品行不端、口碑甚差，遂斷然拒絕。章太炎的好友黃陂與他過從甚密，章應黃之邀，為黃撰寫巨文，分文不取。

章太炎一生有兩大嗜好：一是抽煙，二是吃臭東西。

章太炎的煙癮相當大，一支接著一支，一連能抽三四個小時而不間斷，最後只有一個煙蒂。他抽的煙是價格相對低廉的金鼠牌或美麗牌，有客人來訪，章太炎以視為珍品的白金龍牌或大英雄牌招待。章太炎吸的紙煙，少數是自己購買，多數是賣字所得。「蓋先生為人書字初無潤格，有欲得其翰墨者，大率即以紙煙若干聽為酬，故能取之不盡，用之不竭。……先生為人書字，以鍾鼎為常，喜以一人牽紙，振筆疾書。」[14]此外，章太炎還歡喜吸水煙。抽水煙比抽紙煙過癮，而且價格低廉。一筒水煙抽完，地下必留一個煙蒂，所以章太炎家中的地板上可以見到密密麻麻的黑點，這是水煙的煙蒂留下的記號。由此可見章太炎當時的生活並不寬裕。

章太炎另一個嗜好是吃臭東西，比如臭豆腐乳、臭豆腐之類。愈是臭的東西，章太炎吃起來愈是覺得香。常常是家人覺得臭不可聞以致掩鼻而逃，他卻覺得美不勝收，回味無窮。除了臭東西，章太炎還嗜好甜食，尤其是家鄉的綠豆糕、豆酥糖之類杭州土產，這是他常年必備的。有人利用章太炎的嗜好，鑽他的空子。據陳存仁回憶，有一位畫家叫錢化佛，是章太炎的好友。錢化佛深知章太炎的嗜好。有一次，錢化佛送給章太炎一包紫黑色的臭鹹蛋，引得章太炎胃口大開。章太炎樂顛顛地對錢化佛說，「你要寫什麼，只管開口」，錢化佛十分輕鬆地讓章太炎寫了不少他需要的東西。隔了兩天，錢化佛送給章太炎一罐極臭的莧菜梗，這是浙江紹興的特產。章太炎應錢化佛之請，一口氣為他寫了四十多幅「五族共和」的條幅。此後，錢化佛先後以臭花生和臭冬瓜等臭東西讓章太炎寫了一百多張條幅，章太炎來者不拒。

---

14 左舜生：〈我所見晚年的章炳麟〉，《追憶章太炎》（北京市：生活・讀書・新知三聯書店，2009年，頁276。

太炎的衣著十分隨意，他的學生說，似乎從來沒有看見先生穿過一件像模像樣的新衣服。章太炎怕洗臉、怕洗手，更怕洗澡，所以他的身上常常有一點異味，特別是夏季。他的手指甲常年不剪，留得很長，而且指甲裏總是黑黑的。

章太炎與湯國梨新婚後不久，即因反對袁世凱而被拘禁。湯國梨與章太炎只能鴻雁傳書，湯國梨作詩〈載書〉：

> 已封重啟意徐徐，欲寫還休疊又舒。
> 挑盡殘燈過半夜，長箋裁盡未成書。

有了夫人湯國梨，章太炎才有了一個家。湯國梨裏裏外外一把手，她的才華和包容贏得眾口交贊。章行嚴說：「吾嫂湯國梨女士，辭趣繽紛，足有才藻，徒以文名為吾兄所掩，則溫和勤謹以相夫子，非吾兄歡輒不自歡。」[15]

四　醫學第一

章太炎既是著名的經學大師，同時還是成就卓著的中醫文獻學家。章太炎繼承家學傳統，不僅精通小學、經學，對醫學也很精通。章太炎出身經學之家，也是世醫之家。他曾經說過「吾家三世皆知醫」。章太炎的伯父章錢是餘杭醫術精湛的名醫，在鄉間的口碑甚好。章太炎後來在西子湖畔隨國學大師俞樾學習，俞不僅精通國學，也兼通醫學，因此，章太炎的醫學功底不錯。他曾經撰寫了《猝病新論》，後改名為《章太炎醫論》。

---

15 章行嚴：〈伯兄太炎先生五十有六壽序〉，《追憶章太炎》（北京市：生活·讀書·新知三聯書店，2009年），頁30。

　　《章太炎醫論》收章太炎關於醫學方面的論述三十八篇，內容包括醫學理論問題的探討，如〈論五臟腑附五行無定說〉；關於病症的論述，如〈論《傷寒論》原本及注家優劣〉、〈雜論溫病〉等；有關於學術研究的論述，如〈論舊說經脈過誤〉、〈論三焦即淋巴腺〉等；尚有對古代醫書的考證。章太炎的《猝病新論》引用文獻廣泛，論述精闢並有自己獨到的見解，對中醫學具有重要的參考價值。[16]

　　章太炎在醫學方面以對張仲景的《傷寒論》研究最勤。章太炎對《傷寒論》的研究，至今鮮有出其右者，著有《章太炎先生論傷寒》。在《傷寒論》文獻研究、醫學理論及臨床運用研究方面，章太炎頗有建樹。他運用文獻考據的方法對《傷寒論》進行了探索與研究，例如考證《傷寒論》著者張仲景和整理者王叔和的時代及生平，考證《傷寒論》的底本及宋本《傷寒論》的流傳情況，考證《傷寒論》之古傳本《金匱玉函經》的來龍去脈並對《傷寒論》進行文字訓詁，對注本進行了比較和評價，對《傷寒論》六經和六經病發表了獨特見解，對傷寒病的醫治與方藥進行了研究。

　　章太炎早年亡命日本期間，曾在日本搜求中國流落在日本的宋、明醫書並搜集中國古代醫方驗方，後來編寫為《手寫古醫方》。被袁世凱囚禁期間，章太炎無所事事，遂以研讀醫書打發時間。他在給夫人湯國梨的信中關照說：「翻閱醫書，此為性之所喜。……家中醫籍尚多，務望保藏勿失。昔人雲，不為良相，當為良醫，此吾人之志也。」

　　通過長期的薰陶和學習，章太炎掌握了一套醫學理論知識，對許多病症可以說得頭頭是道。一九二七年，秦伯未、嚴蒼山、章次公、王一仁等在上海創立了中國第一所中醫高等院校──中國醫學院，章

---

16 《章太炎醫論》（北京市：人民衛生出版社，2008年）。

太炎被推為首任院長。次年，章次公等在上海成立國醫學院，章太炎兼任院長。一九三四年，章太炎舉家遷居蘇州，應邀出任蘇州國醫專科學校名譽校長和蘇州國醫研究院院長。陳存仁說：「章師在中醫界訓導的功績，是不可抹殺的。」[17]

章太炎在三所國醫院擔任兼職的時候，恰恰是中國國醫蒙難的時候。一九二七年，標榜新政治領袖的汪精衛接新文化運動之餘緒，唱起「舊弊務黜」的高調，提出「國術貽害國人」，中醫中藥被推到了社會的燒烤架上。汪精衛在一次演講中說：「中國衛生行政最大的障礙就是中醫中藥，如果不把中醫中藥取消，不能算是革命。」在汪精衛的推波助瀾下，一九二九年二月，「廢止中醫」的提案提交到中央衛生委員會的會議上。會議通過了《廢止案》，稱「舊醫一日不除，民眾思想則一日不變」，中醫學之存廢荒唐地被推到了革命的高度。

《廢止案》的出臺，震動了全國。南京總商會和上海總商會迅速作出反應。章太炎的弟子、《康健報》主編陳存仁等經過一番策劃，於二月二十一日召開了上海中醫中藥界千人大會，抗議《廢止案》。會議決定三月十七日在上海召開全國中醫抗爭大會。陳存仁寫了一份會議報導，交上海各報刊發，擴大了社會影響。三月十七日，來自全國二四三個縣市的代表集會，會議決定組織請願團到南京請願。請願團離開上海時，千餘群眾在車站歡送。列車經過蘇州和鎮江時，均受到熱烈的迎送。請願團到達南京，南京火車站出現了數千群眾自發歡迎的場面。監察院長于右任、考試院長戴季陶、國民黨秘書長葉楚傖及國民黨元老林森紛紛表態，表示支持中醫中藥。蔣介石在接見請願團時宣佈「我對中醫絕對擁護」。不久，南京政府宣佈撤銷《廢止案》並決定成立中央國醫館。此案史稱「中西醫之辯」。

---

17 陳存仁：〈師事國學大師章太炎〉，《追憶章太炎》（北京市：生活・讀書・新知三聯書店，2009年），頁261。

　　章太炎雖然沒有參與當時沸沸揚揚的「中西醫之辯」，但對事情的進展瞭若指掌。他出身中醫世家，對中醫中藥有天生的情節。更重要的是，中醫中藥屬於國粹，汪精衛之流今天瞄準中醫中藥，安知明日不會瞄準小學？

　　章太炎之熱衷於醫學，一是認為醫學是國學的一部分，二是因為家教的影響。與他父輩不同的是，他學習了醫學理論知識，卻因為投身革命而少有實踐，因而他的醫學天賦不為世人所知，醫療效果也大打折扣。章太炎懂得醫學臨床實踐的意義，所以他平時喜歡替人醫病。他曾經為鄒容和孫中山開過藥方，但療效似乎不佳。否則，鄒容當年不會死於獄中。讓人不敢恭維的是，章太炎投身革命喜愛用猛藥，為病人看病處方也喜愛用猛藥，一味藥動輒一兩八錢，嚇得病人不敢服用他開的藥。章太炎偶而會向病人問起療效，病人為了哄他高興，騙他說他開的方子一帖見效，於是，章太炎很有醫學成就感。

　　章太炎的夫人和孩子生病，章太炎不讓家人上醫院，一定要自己親自看病開方。等他開好方子以後，夫人再偷偷到醫院看病。他自己為自己看病抓藥，有時能看好，有時看不好。

　　曾經有人問章太炎：「先生的學問是經學第一，還是史學第一？」章太炎回答：「實不相瞞，我是醫學第一。」以章太炎的醫學功底，他對鼻衄病的兇險應當是十分清楚的。對於這樣兇險的病，章太炎自己也束手無策。著名學者張中行就章太炎的「醫學第一」說：「章太炎先生就更甚，說自己最高的是醫道，這不只使人生疑，簡直使人發笑了。」[18]

18 張中行：〈章太炎〉，《追憶章太炎》（北京市：生活‧讀書‧新知三聯書店，2009年），頁287。

五　漸成頹唐

　　許壽裳說：「章先生一生講學，歷有年所，循循善誘，至老不休。」[19]章太炎一生中重要的國學講學活動有四次：第一次開講國學是在東京，第二次開講是在北京，第三次是在上海，第四次是在蘇州。東京、北京、蘇州三次均開設講學會。從講學的效果看，第一次講學效果最好。流亡海外的章太炎在《民報》查封以後，一心無二用，專心講學。他的高徒，多出自東京講學。在北京講學，因身陷囹圄，心情不好，效果不如東京。至於上海講學，內容多出自東京，沒有新的見解。第四次講學，先生已身患絕症，屬於絕唱了。

　　一九二二年四月一日到六月十七日，章太炎應江蘇教育會之邀，在上海開講國學，演講了十個專題，每次二個小時，時間安排在每周六的下午。上海演講的內容基本上是東京和北京內容的重複，但是由於上海報紙預刊廣告，加上上海的聽眾沒有聽過章太炎的演講，「第一回，有一千多人與會，濟濟一堂，邵力子先生也在座。第二回，聽者不到一百人，其後越來越少；有一回，只有二三十人；結末那一回，才有七八十人。一因章師的餘杭話，實在不容易懂；二則，他所講的國故課題，對一般人已經太專門了。」[20]

　　當時有聽課者現場速記章太炎演講並於次日發表於《申報》，另有讀者相繼發表聽課後的心得，在滬上引起轟動。

　　章太炎在上海的講學記錄，現有三種文本傳世：一是上海《申報》刊登的速記稿，二是張冥飛整理的《章太炎先生國學講演集》，

19 許壽裳：〈國學大師的章先生〉，《自述與印象：章太炎》（上海市：三聯書店，1997年），頁112。

20 曹聚仁：〈回想四十八年前事〉，《追憶章太炎》（北京市：生活・讀書・新知三聯書店，2009年，頁244。

三是曹聚仁筆錄的《國學概論》。此三種文本，其中以《國學概論》為太炎先生首肯。

曹聚仁（1900-1972年），字挺岫，號聽濤，筆名袁大郎、陳思、彭觀清、丁舟等，浙江浦江（今蘭溪）人。章太炎講學引經釋典，一般讀者能夠聽懂，已屬不易，現場記錄則需要相當的古文功底。為太炎先生首肯的《國學概論》，其記錄者曹聚仁當時年方二十一歲，在上海鹽商吳家教書。曹聚仁對國學造詣頗深，現場記錄的《國學概論》顯示了他非凡的功力。《國學概論》，一名《國學入門》，以「國學之本體」、「治國學之方法」、「國學之派別」等為內容，分門別類地闡述了國學的源流。《國學概論》刊行後，受到讀者熱捧，先後出現了上海泰東版、重慶文化服務版、香港創墾版等三十二個版本，日本也出現兩種譯本。

曹聚仁現場記錄的《國學概論》得到流傳，邵力子功不可沒。邵力子當時也在現場聽課，無意中看到曹聚仁的記錄稿，覺得功力非凡，於是在自己主編的《覺悟》上連載記錄稿，結果大受讀者歡迎。上海泰東圖書局於當年出版了《國學概論》。《國學概論》傳播了章太炎的學術，也改變了曹聚仁的命運。曹聚仁深得章太炎喜愛，章親自收下這位年輕有為的弟子。此書翻譯成日文後，章太炎欣然為日譯本撰序一通。次年，僅有中專師範文憑的曹聚仁脫穎而出，二十三歲就走上了復旦、暨南等大學的講壇。曹聚仁因章太炎而播名，然對晚年的章太炎似有看法，稱章太炎因為「政局的變動，刺激了他的政治欲」，成為軍閥們的「王者之師」，以至於自

曹聚仁

己懶得去看「鱷魚似的大師」。[21]

　　章太炎在上海的演講沒有新的見解，而且不乏相對落後的言論。面對多變的形勢，章太炎的學術生命似乎停止了，也有許多聽眾乘興而來，敗興而歸。

　　一九二三年九月，章太炎出任《華國月刊》社長。曾經一度迷戀過西學特別是西方哲學的章太炎，如今對新學、新理都不感興趣，只是一味強調發揚光大國學，其思想與學術漸成頹唐之勢。

　　章太炎一味強調發揚光大的國學應當如何定義呢？當時學術界意見不一。國粹派鄧實一九〇六年撰文說：「國學者何？一國所有之學也。有地而人生其上，因以成國焉，有其國者有其學。學也者，學其一國之學以為國用，而自治其一國也。」[22]鄧實強調國學經世致用，得到許多學者認同。

　　國學的本意是指國家學府，如中國古代的太學和國子監。西學東漸後，國學泛指學問，指以儒學為主體的中華傳統文化與學術，包括醫學、戲劇、書畫、星相、數術等。學者認為，國學有不同的分類法。如以學科分，可分為哲學、史學、宗教學、文學、禮俗學、考據學、倫理學、版本學等，其中以儒家哲學為主流；如以思想分，可分為先秦諸子、儒道釋三家等；如以《四庫全書》分，可分為經、史、子、集四部；如以章太炎《國學講演錄》分，可分為小學、經學、史學、諸子和文學。

　　國學是章太炎的生命，是他的戰鬥武器。一九〇六年，章太炎在東京留學生歡迎會上發表演說，提出「用國粹激動種性，增進愛國的熱腸」[23]。同年，留日青年成立「國學講習會」，章太炎擔任主講，

21　曹聚仁：《文思》，北新書局1937年。

22　〈國學講習記〉，《國粹學報》第19期。

23　湯志鈞編：《章太炎年譜長編》（北京市：中華書局，1979年），頁215。

《民報》第七號發表的〈國學講習會序〉云：

> 夫國學者，國家所以成立之源泉也。吾聞處競爭之世，徒恃國
> 學固不足以立國矣，而吾未聞國學不興而國能自立者也。吾聞
> 有國亡而國學不亡者矣，而吾未聞國學先亡而國仍立者也。
> 真新學者，未有不能與國學相挈合者也。國學之不知，未有可
> 與言愛國者也。知國學者，未有能詆為無用者也。[24]

　　章太炎提倡的國學受到了新文化運動的猛烈衝擊。辛亥革命失敗
後，中國先進的知識分子進行了反思，認為失敗的根源在於國民頭腦
缺乏民主共和的意識，必須從文化思想上衝擊封建思想和封建意識，
當前要務是向國人普及共和思想，為真正共和政體的實現掃清障礙。
新文化運動提倡新道德，反對舊道德；提倡新文學，反對舊文學；提
倡民主與科學，反對封建專制愚昧。新文化運動對儒家學說進行了猛
烈的批判，宣傳了西方民主和科學的思想，是近代中國歷史上第一次
空前的思想解放運動和思想啟蒙運動。新文化運動的弊端在於從一個
極端走向另一個極端。當時的情況是，凡是帶「西」字的一概讚揚，
凡是帶「中」字的一概貶斥。連中醫中藥也受到貶斥，遑論國學？
　　國學博大精深，新文化運動發生以後，國人重視西學，國學被邊
緣化了。對於新文化運動的提倡者，章太炎指責他們傳播西學而拋棄
國粹。「國粹淪亡，國於何有？」他認為國粹是中國立國之本，國粹
淪亡，國將不國。他對拜訪他的蔡尚思評價新文化運動時憤憤地說：
「五四新文化運動反孔反禮教反舊道德以致反文言文，實在太胡鬧。
太無知了！現在青年還喜歡這一套，不知現在社會根本就比不上盛行

---

24 湯志鈞編：《章太炎年譜長編》（北京市：中華書局，1979年），頁216。

儒學的東漢。東漢以後再也沒有那種好習尚了。大受孔子之賜，還要反孔，這說得過去麼？」[25]

新文化運動提倡白話文，反對文言文，章太炎對此極為反感。為此，作為文言文大家的章太炎與當時公認的白話文新秀、北京大學教授劉半農發生了一場爭論：

> 章：你們寫白話文，根據什麼言語做標準？
>
> 劉：以國語做標準，國語即是北京話。
>
> 章：北京話是什麼話？
>
> 劉：是中國明清以來，京城裏人所說的話。
>
> 章：你說是明朝的話，有什麼考據？
>
> 劉：⋯⋯
>
> 章太炎笑吟吟地用明朝的音韻背誦了幾句文天祥的《正氣歌》之後，緩緩道來：現在的國語，嚴格來講，有十分之幾是滿洲人的音韻，好多字音都不是漢人所有。
>
> 劉：⋯⋯
>
> 章：美洲新大陸是誰發現的？
>
> 劉：當然是哥倫布。
>
> 章：最先踏到新大陸的人，是一個中國和尚，叫做「法顯」，想來你是聞所未聞的！你在北京有時間訪問賽金花，去記敘她的胡言亂語，何不多看些文言文線裝書，好好充實自己？
>
> 劉：北方學術界，正在考據敦煌石窟及周口店「北京人」，以及甲骨文、流沙垂簡。
>
> 章太炎勃然大怒：中國政府對你們不知花了多少錢，設立了無

---

25 蔡尚思：〈章太炎〉，《自述與印象：章太炎》（上海市：三聯書店，1997年），頁175。

數研究所、研究院，可是敦煌石室的發現是外國人斯坦因，他竊去幾百箱的文物；多少年之後，法國的伯希和又盜去幾百箱，直到他們在國外公佈出來，你們才知道！你們究竟幹了些什麼事情？你們知不知道近來又有一個瑞典人斯文赫定，在西北發現了許多文物，究竟你們這些科學家做了些什麼工作？所謂的北京大學，只出了一個張競生，寫了一本《性史》，這難道就是你們提倡白話文以來的「世界名著」？[26]

在《華國月刊》的發刊詞中，章太炎宣稱刊物的宗旨就是宣揚國粹。對於西學，他認為西學中的自然科學和技術科學對中國或許還有點用，而西方人文科學對中國沒有用，應當排斥在外。對於馬克思主義在中國的傳播，他視之為「異說」。在不知不覺中，章太炎步入了他曾經反對過的張之洞「中學為體，西學為用」的後塵。

---

26 劉東黎：《北京的紅塵舊夢》（北京市：人民文學出版社，2009年）。

第八章
章太炎的政治主張

　　武昌起義爆發後，章太炎從日本回國，開始思考中國未來的政制建設。章太炎提出「革命軍起，革命黨消」的口號，立憲派和舊官僚據此口號要求孫中山、黃興等「銷去黨名」。孫、黃等革命黨人對章太炎口號提出批評，但是孫、黃在事實上接受了章太炎「革命黨消」的政治口號，同盟會聯合四個黨組建成國民黨，同盟會退出了近代中國歷史舞臺。孫、黃雖然接受了「改會為黨」的事實，但在思想認識上仍然停留在革命時代。「革命軍起，革命黨消」口號是近代中國有識之士在中國政治近代轉型期發出的政治呼籲和吶喊，對章太炎口號解讀不同、理解不同，因此對口號的評價不同。章太炎的口號在當時起的負面作用也不可忽視。章太炎成立「中華民國聯合會」，後改名為「統一黨」。一九二〇年，章太炎提出「聯省自治」主張，企圖以「聯省自治」與北洋軍閥政府相對抗，成為這一主張的主要代表人物。一九二四年國共合作實現以後，章太炎的「聯省自治」主張漸漸以共產黨和國民黨為主要目標。對於中國共產黨，章太炎幾乎毫無所知，因此他對孫中山的新三民主義、對中國共產黨以及轟轟烈烈的大革命持對立態度。

一　武昌起義

　　章太炎知道武昌起義爆發的消息，是在起義的第二天。這時，他

在日本的神戶講學，遠離政治鬥爭已經有一段時日了。一九一一年十月十一日，章太炎正在給學生授課，授課的內容是《莊子》。他滔滔不絕，正在興頭上，有個學生給他送來一張武昌起義的號外，他瞄了一眼便放下了。在日本期間，國內發生了一次又一次起義，起義了，失敗了；失敗了，又起義了；他對此已經有些麻木。但是，這一次起義似乎很不尋常，接下來的幾天，傳來了湖南、江西數省反正的消息，章太炎立刻興奮起來，宣佈停止授課。

革命軍攻克湖廣總督衙門

十月二十五日，章太炎起草了一份〈中國革命黨宣言書〉。在〈宣言書〉裏，他勸告清軍認清形勢，不要與義師爭命，同時呼籲各國保持中立。十一月三日，上海革命黨人起義並隨即建立了上海軍政府，陳其美為都督。章太炎從報紙上獲悉孫中山即將回國的消息，立即致電陳其美：

　　探悉大革命家孫君逸仙已於前日乘輪迴國，不日即可抵埠，請

　　貴處派員妥為招待，以便與之協商北伐、攻寧之策，俾得早定
大局，以蘇民困。[1]

　　這封電報表明了章太炎對孫中山的態度，儘管兩人發生過衝突，
存在著裂痕，但在統一的革命目標面前，章太炎捐棄前嫌，仍然尊重
孫中山，奉孫為革命領袖。

　　國內日益升騰的革命火焰，讓身處世外桃源的章太炎再也坐不住
了。十一月十一日，章太炎從神戶起程。十五日，章太炎到達離開了
五年又四個月的上海。次日，《民立報》發表文章《歡迎鼓吹革命之
文豪》，歡迎章太炎回國。文章表達了上海民眾對章太炎的熱忱希
望，「惟望我同胞奉之為新中國之盧騷」。[2]

　　武昌起義以後，中國形勢一日數變。章太炎回到上海的時候，全
國已有十四個省宣佈獨立。清政府起用袁世凱對付革命黨，而革命黨
這一邊卻四分五裂，各不相屬。在建立中央政府的問題上，革命黨出
現了兩個中心。武昌起義爆發後，武昌自然而然成為革命中心。上海
作為遠東最大的城市、中國的金融中心，又是中部同盟會的基地，在
事實上成為又一個中心。章太炎眼見革命力量隨時有可能被鎮壓下
去，心急如焚，決定利用自己的社會影響，促成革命黨人的聯合。當
時江蘇一省出現了五個都督，為結束這樣的局面，章太炎說服了李燮
和，讓他放棄都督稱號，奉原江蘇巡撫程德全為江蘇省軍政府都督。
與此同時，章太炎開始發起成立「中華民國聯合會」，聯合各地的革
命黨。

　　十一月十五日，光復各省代表在上海江蘇教育總會召開會議，定
名為「各省都督府代表聯合會」。《上海時報》十一月二十日發表了章

1　《辛亥革命在上海史料選輯》（上海市：人民出版社，1981年），頁949。

2　《民立報》1911年11月16日。

太炎與程德全聯合署名的《為統一意見發起中華民國全國聯合會宣言》，指出革命黨人當前之務「尤在建設」，希望「各省宏通達識之士，公同研究共和聯邦政治與今時適用問題」，最終「扶助共和政府之完全成立」。二十一日，各省都督代表聯合會議議決，以武昌都督府為中華民國中央軍政府。上海方面的代表表示，希望各省都督代表聯合會議常設上海，但回應者寥寥無幾。二十四日，「各省都督府代表聯合會」決定移師武昌。十二月一日，章太炎在《民國報》第二號發表宣言九則，主張承認武昌為中央臨時政府並準備厲兵北伐。

　　武昌起義爆發後，革命黨人為政權的組織問題、首都的選擇問題召開了多次會議。十二月四日，江蘇、浙江、上海三省都督邀請各省留滬代表會議，討論首都地址問題。章太炎再次表達了他的主張：承認武昌都督府為中華民國中央臨時政府；建議由黎元洪、黃興分別擔任元帥和副元帥；建議由宋教仁出任內閣總理；由湯壽潛、蔡元培、張謇、伍廷芳任郵傳、學部、財政、外交部部長，組成一個以革命黨人為中心，團結各方面力量的中央政府。經過協商，會議一致通過定南京為新政府首都。會議還通過了一項決議：推舉黃興擔任新政府大元帥，推舉黎元洪為副元帥。章太炎對此決議表示不同意，他的理由是：武昌是首義之地，大元帥由武昌產生理所當然；其次，黃興擔任漢陽總司令一職是由都督黎元洪任命的，如何「以部將先主帥」？十二日，十四省代表再聚南京開會。在十七日的會議上，作出了一個新的決定：改舉黎元洪擔任新政府大元帥，黃興為副元帥。黎元洪與黃興誰為正誰為副的問題，實際上反映了對領導權的爭奪。

　　二十七日，漢陽被袁世凱軍攻陷，黃興退武昌，抱憤辭總司令一職並立即東下赴滬。組織新政府的人選問題還沒有落實，漢陽已經淪陷。就在章太炎等人處處碰壁的時候，孫中山於十二月二十五日從海外風塵僕僕地回到上海，受到上海各界的熱烈歡迎。二十九日，十七

省代表會議在南京召開，會議一致推選孫中山擔任中華民國臨時大總
統。三十日，「各省都督府代表聯合會」在漢口英租界開會，會議通過
了《臨時政府組織大綱》，議定「如袁世凱反正，當公舉為大總統」。

在亂哄哄的一片吵鬧聲中，中華民國在一九一二年元旦宣告誕生。

二　軍起黨消

新生的中華民國當時在政治、經濟、外交、軍事等諸方面均面臨
種種困難。首先，政府的合法地位就面臨來自多方面的詰難和挑戰，
其源來自章太炎提出的「軍起黨消」思想。

一九一一年十月十日，武昌起義爆發。十二日，革命軍攻佔漢陽
和漢口，武漢三鎮置於革命軍勢力之下。革命軍聲勢震撼全國，全國
各省準備回應，然而關鍵時刻卻沒有革命黨的聲音。湖北軍政府向上
海發出電報，要求中部同盟會領導來鄂，共商國是。當時在福州的黃
興、宋教仁等聞訊後，於十月二十四日返回上海。

十月二十八日，黃興抵達漢口，隨行者有宋教仁、李書城、劉揆
一、孔庚、居正等，黎元洪任命黃興為民軍總司令。孫中山當時尚在
海外，同盟會在國內的最高領導人黃興在漢陽發電，就武昌起義後建
立新政府的問題徵求各方面意見，其中列有章太炎，章遂「以『革命
軍起，革命黨消』告之」。

章太炎於一九一一年十一月十一日離開東京，十一月十五日到達
上海。十一月二十七日漢陽陷，黃興離職赴滬。那麼，章太炎口號最
早提出的時間應在十一月十五日至十一月二十七日之間。章太炎的口
號當時只有黃興知道，沒有流佈於社會。

一九一一年十一月三十日，上海《民立報》刊登「各省都督府代

表聯合會」新推選的議長譚人鳳等十四位「鄂同志」致各省「同志」
電：

> 民國漸次成立，請諸君速來鄂組織一切，並乞與敝處赴滬代表
> 居正、陶鳳集等接洽。[3]

十二月二日，章太炎復武昌譚人鳳諸人電，重申此口號。十二月
四日，《神州日報》刊載了章太炎復武昌譚人鳳諸人電報。十二月十
二日，天津《大公報》轉載章太炎電報全文，題名為〈章炳麟之消弭
黨見〉：

> 日前章炳麟復武昌譚人鳳諸人電云：「武昌都督轉譚人鳳諸君
> 鑒：電悉。革命軍起，革命黨消，天下為公，乃克有濟。今讀
> 來電，以革命黨人召集革命黨人，是欲以一黨組織政府，若守
> 此見，人心解體矣。諸君能戰即戰，不能戰，弗以黨見破壞大
> 局。章炳麟。文。」[4]

「文」在韻目代日法中指農曆十二日，即西曆十二月二日。《神
州日報》和《大公報》兩次刊佈章太炎電文，「革命軍起，革命黨
消」八個字不脛而走，成為當時一句時髦的口號。

章太炎的這八個字對於武昌起義後的革命形勢而言，應當說是比
較貼切的。武昌起義爆發後，全國各地革命軍和會黨起義此起彼伏。
這樣一個大好形勢，卻沒有一個堅強的革命黨領導。革命軍起來了，
革命黨似乎消亡了。但是，章太炎的口號顯然不是這個意思。

---

3 上海《民立報》，1911年11月30日。
4 天津《大公報》，1911年12月12日。

　　武昌起義是在所有革命黨人猝不及防的情況下爆發的，雖然應是意料中事，但驟然發生，還是讓所有方面目瞪口呆：清政府愕然，國人愕然，國外人愕然，在國內的同盟會領袖黃興愕然，在海外的孫中山和章太炎愕然。產房和產床尚未備好，衣帽鞋襪尚未備好，一個孩子突然呱呱墜地了。孩子的突然到來，令大家驚喜之餘，有點措手不及。

　　對孫中山等革命黨來說，武昌起義的成功可謂「有心栽花花不發，無心插柳柳成蔭」。以孫中山、黃興為首的中國同盟會發動一次又一次起義，均以失敗而告終。當孫中山等革命黨人再一次醞釀起義時，武昌起義卻不期而至，孫中山曾經為此感歎不已。

　　章太炎提出「革命軍起，革命黨消」口號，「革命軍起」是指武昌起義以後全國出現的新的革命形勢，對此沒有爭議，口號的關鍵在「革命黨消」四個字。革命軍起來了，章太炎為什麼提出革命黨要消亡呢？

　　章太炎的本意是反對一黨專政，要求取消同盟會名號，組建新的政黨。誠如章太炎在復黃興的電報中所說，「以革命黨人召集革命黨人，是欲以一黨組織政府」，這正是章太炎極力反對的。章太炎的口號主要針對同盟會，這是不言而喻的。其中，不能排除章太炎夾雜著對孫中山、黃興的一貫成見。

　　當時主張取消同盟會名號的革命黨不止章太炎一人，革命派馬君武、劉揆一、宋教仁、陳其美、張繼等均持此主張，立憲派張謇等也持這種主張。

　　在當時的中國舞臺上，除了革命黨，還活躍著立憲派和舊官僚，他們是革命黨團結爭取的對象，是革命的同盟者。武昌起義爆發後，同盟會、光復會、中部同盟會均處於渙散狀態，它們理應振奮精神、團結一致，加強政黨建設，團結一切同盟者，為組建革命政府而奮鬥。

十二月十日，同盟會重要成員劉揆一發表〈布告政黨請取消從前黨會名義書〉，要求撤銷一切舊時黨會，這是同盟會成員自己提出取消包括同盟會在內的從前黨會的最早意見：

> 自今以後，務皆以提倡共和民國政體，組織中華民國政黨為共同純一之宗旨。凡從前所設立如同盟會、憲政公會、憲友會、辛亥俱樂部以及一切黨會諸名義，應請一律取消。[5]

劉揆一提出組織中華民國政黨的意見，其黨建思想與章太炎的口號異曲同工。劉文發佈時間是十二月十日。天津《大公報》轉載《神州日報》章太炎電文是十二月十二日，晚劉揆一兩天。前已述，章太炎口號的提出最早應在十一月十五日至二十七日之間，但劉揆一文未提及章太炎口號。我們據此判斷，劉揆一可能沒有看到章太炎的電報，其要求「取消從前黨會」一文可能未受章太炎口號影響，而是他獨立的見解。劉文發表後，馬君武在《民立報》上發文回應，要求解散同盟會。同盟會的機關報《民立報》在十二月十二日發表了其它革命黨人關於解散同盟會，以「救黨派分歧之中國」的文章。其實，早在十一月中旬，馬君武就提出「發起共和政黨」主張，要求將革命黨改名為「共和黨」。[6]陳其美籌畫將同盟會改為「共和本黨」。[7]張繼則稱自己對「同盟會之變名更署」，曾「主張甚力」。[8]孫中山說，「軍起黨消」口號「倡自熱心讚助革命之官僚某君，如本黨黨員黃克強、宋

5 饒懷民編：《劉揆一集》（武漢市：華中師範大學出版社，1991年），頁40。
6 莫世祥：《馬君武集》（武漢市：華中師範大學出版社，1991年），頁236-239。
7 李新：《中華民國史》第2編第1卷（北京市：中華書局，1987年），頁41。
8 〈張溥泉復章太炎書〉，《章太炎年譜長編》上冊（北京市：中華書局1979年，頁398。

漁夫、章太炎等咸起而和之，當時幾視為天經地義」。[9]孫中山所說的
「官僚某君」，據黃興的兒子黃一歐解釋，此人是張謇。[10]據上述分
析，可以看出當時最早提出消弭黨建思想的人是章太炎和馬君武。孫
中山說口號倡自張謇，而宋教仁、章太炎不過為回應者，不確。孫中
山說「咸起而和之」者尚有黃興，而黃興明確反對取消同盟會，此說
亦不確。

　　章太炎提出「革命軍起，革命黨消」的口號，口號並未直接提出
取消同盟會。馬君武、劉揆一、宋教仁、陳其美、張繼等直接主張同
盟會必須更名。據章太炎說，同盟會「變名更署」之議始於宋教仁，
而他只是表示贊成。馬君武、張繼以及宋教仁等，主張以革命黨人為
基幹來組建新政黨，將同盟會改為政黨。章太炎對此深表贊同，一九
一二年三月，章太炎在《致張繼、于右任書》中說：「遯初嘗言，選
擇同盟會中穩健分子，集為政黨，變名更署，與同盟會分離。」[11]

　　回國後的章太炎面對一堆亂麻，開始思考中國未來的政制建設。
對政黨政治持鄙夷態度的章太炎這時主張以西方政黨政治為楷模，改
造中國的政黨政治。原來，章太炎鄙夷的是中國式的政黨政治，他認
為中國政壇上的政客皆「猥賤」之輩，是中國人民的「蠹害」。對於
未來的新政府，他主張限制政府權力，擴大民眾權力。胡繩武、金沖
及指出，章太炎最突出的政治主張「是批判資產階級的代議制度，主
張限制政府的權力，採取各種措施保證平民應享的權利，以達到『恢
廓民權』的目的。」[12]

9　《孫中山全集》第8卷（北京市：中華書局，1981年），頁268。
10　湯志鈞：《章太炎年譜長編》上冊（北京市：中華書局1979年，頁374。
11　湯志鈞：《章太炎政論選集》下冊（北京市：中華書局1977年，頁587。
12　胡繩武、金沖及：〈辛亥革命時期章炳麟的政治思想〉，《辛亥革命五十週年紀念論文
　　集》（北京市：中華書局，1980年），頁337。

　　章太炎主張批判的資產階級代議制度（representative government system）是近代資產階級革命的產物。

　　代議制的核心問題是人民如何行使權力。資產階級的政治家認為，人民要行使自己的權力，只有通過民選代表的途徑。因此，普選制是代議民主的基礎。英國、美國、法國和德國經過艱苦的鬥爭，先後建立起資產階級的代議制。這些國家的代議制是通過選舉產生代表，由代表組成議會，由議會代表人民行使國家權力。議會由民選產生，定期改選，它掌握國家的立法權，決定國家的大計。資產階級通過議會掌握國家的立法權，限制君主或總統的權力並通過立法保護資產階級的利益。資產階級國家的政治民主反映了人類文明的進步。這種政治模式的建立，有利於調節社會矛盾，有利於穩定秩序，有利於資本主義的發展。

　　章太炎主張以西方政黨政治為楷模，新的政府必須限制政府權力，擴大民眾權力。但是，章太炎對西方政黨政治的瞭解有限，他在批判君主立憲的時候，連帶代議制也一起批判了。

　　章太炎提出，革命以後的新政府應當由政黨組成，而不是由結社組成。章太炎認為，武昌起義前中國所有的團體、革命黨及組織皆屬於結社，而不是政黨。政黨與結社是有嚴格界限的。在章太炎看來，其「革命黨」的範圍除了同盟會外，還應當包括光復會、中部同盟會、憲政公會、憲友會、辛亥俱樂部等一切革命組織。

　　章太炎「革命軍起，革命黨消」的主張並不是一時的過激之詞，而是有其歷史根源與思想根源的。一九〇四年光復會成立，其宗旨規定為：「光復漢族，還我河山，以身許國，功成身退。」從這個宗旨看，光復會的任務是推翻清王朝，恢復漢族統治；目標一旦實現，光復會將退出歷史舞臺。

　　「以身許國，功成身退」雖然是光復會的宗旨，但當時的革命黨

人大多抱有同樣的思想。武昌起義不久，同盟會本部發表宣言，表示「建立民國」、「功成事遂」之後引退。孫中山讓位袁世凱之後，表示功成身退，此後將致力於國家實業，為建設國家作出貢獻。然而，革命發展的形勢出乎孫中山意外，孫中山後來改變初衷，重新聲明「不得謂功成身退」。一九一二年四月二十五日，孫中山在廣州都督府歡迎宴上表示：「今日革命雖已成功，然人民多未明革命真理，故我輩仍不得謂功成身退。」[13]孫中山繼續革命的思想影響了他的後半生。孫中山的遺囑「革命尚未成功，同志仍須努力」就是繼續革命思想的反映。

在武昌起義爆發後不過兩個多月的時間裏，章太炎、劉揆一、馬君武、陳其美、張繼等革命黨人不約而同地對「從前會黨」大張撻伐。由於章太炎在革命黨人中的地位和聲望，他提出的口號特別響亮，因而影響也特別大。

章太炎「革命軍起，革命黨消」口號問世後起了什麼影響呢？居正說：「『革命軍起，革命黨消』之言論，影響於南京政府者尤不小。」[14]立憲派和舊官僚根據章太炎口號要求孫中山、黃興等「銷去黨名」。立憲派首領張謇致函黃興，借統一全國軍事，要求取消革命黨。一九一二年初，張謇致函黃興：「總之，軍事非亟統一不可，而統一最要之前提，則章太炎所主張銷去黨名為第一。此須公與中山先生密計之，由孫先生與公正式宣佈。一則可融章太炎之見，一則可示天下以公誠，一則可免陸軍行政上無數之障礙，願公熟思之。」[15]在

13　陳旭麓：〈在廣州都督府歡宴席上致答詞〉，《孫中山集外集》（上海市：人民出版社，1990年），頁55。

14　羅福惠：《居正文集》上冊，（武漢市：華中師範大學出版社，1989年），頁75。

15　〈為時政致黃克強函〉，《張謇全集》第1卷（江蘇市：古籍出版社，1994年），頁237。

當時的革命舞臺上，要求「銷去黨名」的不僅有章太炎，還有劉揆一、馬君武等，但張謇將「銷去黨名」與章太炎緊緊地連在了一起。有學者據此說，章太炎「軍起黨消」口號之揚名，源於張謇。

舊官僚不僅要求取消革命黨，還要求取消革命軍。一九一二年二月，黎元洪致電南京臨時政府及各機關指出：「革命軍起，革命黨消，此固有識者之言。某等敢進言曰：共和國立，革命軍消。蓋以破壞易而建設難，不如此不足以收容全國之傑俊而共救時艱。」[16]在舊官僚那裏，不僅革命黨要消，連革命軍也要消，「革命軍起，革命黨消」竟演變成「共和國立，革命軍消，革命黨消」。

「革命軍起，革命黨消」口號受到了立憲派和舊官僚的賞識與歡迎，學者據此認為章太炎的口號代表了立憲派和舊官僚的利益。事實上，消弭黨建思想關係到政黨政治，章太炎的口號提出後被立憲派和舊官僚利用了。

章太炎的口號提出後，同盟會中一直存在改名的呼聲，而在如何改的問題上，意見相左。部分同盟會會員要求同盟會成為「公開的政黨」，其代表者是宋教仁。宋認為臨時政府建立後，同盟會應「改為公開之政黨，從事於憲法國會之運動，立於代表國民監督政府之地位，不宜復帶秘密之性質。」[17]一九一二年一月十五日，美洲華僑、同盟會會員伍平一致函孫中山等，提出同盟會「正宜乘此機會，宣佈改組政黨」[18]。

孫中山、黃興等革命派對章太炎的口號持完全反對態度。黃興不贊成取消同盟會或解散同盟會。一九一二年三月，他在《復袁祖成

---

16 黎元洪：〈致南京臨時政府及各機關電〉，《黎副總統致書》第五卷（上海市：古今圖書局，1915年），頁9。

17 〈胡漢民自傳〉，《近代史資料》1981年第2期，頁61。

18 〈伍平一致孫中山書〉，《黃興集》（北京市：中華書局，1981年），頁166。

書》中說：「方今帝政雖倒，民國未固，本黨尚多遺憾，必期克竟全功，既無解散之理由，復無取消之方法，自應改造政黨，發闡政治。」[19]一九一二年七月，在同盟會夏季大會上，代理總幹事魏宸組在報告中堅持說：「至有多數人主張更改同盟會三字者，鄙人極端反對。」[20]對章太炎口號反對最為激烈的是孫中山。

三　遭受批判

　　一九一一年十二月二五日，孫中山從海外回國。面對國內「革命軍起」的大好形勢，孫中山深感此時的革命黨不能力挽狂瀾。武昌起義前，因為同盟會內部的矛盾，孫中山將南洋、美洲等地的同盟會改組為中華革命黨，中國同盟會一分為二。一九一〇年，光復會重建，中國同盟會分裂為三。一九一一年夏，宋教仁等在上海組織中部同盟會，同盟會已經一分為四了。革命黨如此渙散，孫中山竟然還聽到了「軍起黨消」的聲音。孫中山始而驚詫，繼而憤怒。孫中山決定予以反擊。

　　一九一一年十二月三十日，孫中山在上海召開同盟會本部臨時會議，會議沒有通知章太炎參加。這個舉措表明章太炎已經被孫中山等排斥在同盟會核心層以外。孫中山、黃興等革命黨人在會上對章太炎「革命軍起，革命黨消」的口號提出批評，認為這是章太炎在政治立場上的倒退。會議通過〈中國同盟會意見書〉，對「革命軍起，革命黨消」予以批駁。〈意見書〉說：

　　　　吾黨偏怯者流，乃倡為「革命軍起，革命黨消」之言，公然登

---

19 湖南社科院：《黃興集》（北京市：中華書局，1981年），頁141。
20 章開源：《居正文集》上（武漢市：華中師範大學出版社，1989年），頁235-236。

諸報紙，至可怪也。此不特不明乎利害之勢，於本會所持之主義而亦懵之。[21]

　　革命黨人認為提出「革命軍起，革命黨消」的人是「偏怯者」，這種人「不明乎利害之勢」，對同盟會所持之主義亦懵懵懂懂。孫中山指出，「革命軍起，革命黨消」口號問世後「一倡百和，牢不可破」、「幾視為天經地義」、「咸誤信之」。革命黨人的終極目標不僅是推翻清王朝，而且要在中國實現三民主義。為了這個目標，革命軍起，革命黨要興；革命黨不僅不能消亡，而且要興旺，要鞏固，要加強，要擴大。

章太炎與孫中山合影，前排左起為孫中山、章太炎、胡漢民

　　辛亥革命的果實後來落入袁世凱之手，孫中山在總結經驗教訓時特別指出「革命軍起，革命黨消」的口號對當時革命造成了危害。這

21 鄒魯：《中國國民黨史稿》第一冊（北京市：中華書局，1960年），頁79。

是一頂很大的帽子，說明孫中山對章太炎「軍起黨消」的口號是極為反感的。

章太炎口號提出多年後，孫中山在日後發表演說時，仍不時對「革命軍起，革命黨消」口號提出批判，其中影響較大的演說是：

一九二○年五月十六日〈在上海中國國民黨本部的演說〉；

一九二三年十一月二十五日〈在廣州大本營對國民黨員的演說〉；

一九二四年一月二十日〈中國國民黨第一次全國代表大會開幕詞〉；

一九二四年十月十日〈在韶關慶祝武昌起義十三週年紀念會上的演說〉。

試以一九二○年五月十六日孫中山在上海國民黨本部發表的演說為例，此時，「革命軍起，革命黨消」口號提出已經快九年了，世人已漸漸淡忘，而孫中山仍銘記於心。他說：

> 那年武昌起義後，十二月間我到上海，有一種很可怪的空氣，此空氣為何？即是一般（班）官僚某某等及革命黨某某等人所倡言的「革命軍起，革命黨消」是也。當時這種言論的空氣充塞四圍，一倡百和，牢不可破。我實在是莫名其妙，無論如何大聲疾呼，總喚不醒。所以後來革命黨的失敗，都是在這句話上面，這是我們大家不可不徹底覺悟的。現在中華民國只有一塊假招牌，以後應再有一番大革命，才能夠做成一個真中華民國。但是我以為無論何時，革命軍起了，革命黨總萬不可消，必將反對黨完全消滅，使全國的人都化為革命黨，然後始有真中華民國。[22]

---

22 〈在上海中國國民黨本部的演說〉，《孫中山全集》第5卷（北京市：中華書局，1982年），頁262。

　　孫中山的演說有三點值得注意：一是辛亥革命失敗的原因，孫中山認為，「後來革命黨的失敗，都是在這句話上面」，將辛亥革命失敗的原因歸罪於章太炎的口號；二是口號的影響，超乎孫中山的預料。口號問世後，「一倡百和，牢不可破」，「大聲疾呼，總喚不醒」；三是孫中山明確表態，革命黨萬不能消。

　　章太炎要求取消同盟會，將同盟會改組新的政黨，他決定身體力行，以身示範。一九一一年底，章太炎與程德全等成立「中華民國聯合會」，次年春改會為統一黨並宣佈政綱。章太炎強調新政黨相容並包，其統一黨自稱「本黨本集革命、憲政、中立諸黨而成，無故無新，惟善是與」。[23]章士釗在統一黨成立之後曾撰文指出：「吾國無政黨，有政黨自是日始。」[24]章太炎的目的是以組建「政黨」的方式來消弭「革命黨」。

　　受章太炎口號的宣傳，同盟會多數成員贊成改組，孫、黃迫於壓力，不得不接受改會為黨的現實，承認「改會為黨」是「時事之要求」。在當時形勢下，孫、黃二人順應大勢，作出同盟會與統一共和黨等組織合併，組建國民黨的決定。八月十三日，孫中山與黃興將這一決定通知同盟會各支部，電文雲，改會為黨，「文等深為贊同。且同盟會成立之始，其命名本含革命同盟會意義，共和初建，改為政黨，同人提議變更名稱者日眾。即此時而易之，可謂一舉而兩得矣。特此通告貴支部，務求同意，以便正式發表。」[25]

　　孫中山與黃興的這一決定表明章太炎「革命黨消」的主張得到了採納。同盟會本部於一九一二年一月二十二日在南京召開大會，討論

23　〈統一黨宣言書〉，《章太炎政論選集》下冊（北京市：中華書局，1977年），頁588。

24　〈論統一黨〉，《章士釗全集》第2卷（上海市：文匯出版社，2000年），頁65。

25　〈與孫中山致電中國同盟會各支部電〉，湖南社科院：《黃興集》（北京市：中華書局，1981年），頁246-247。

改會為黨問題。八月二十四日，同盟會聯合統一共和黨、國民公黨、國民公進會、共和實進會四個黨組建成國民黨。八月二十五日，國民黨正式成立。《國民黨宣言》聲明：「曩者吾人痛帝政之專制也，共圖摧去之，以有中國同盟會。比及破壞告終，建設之事不敢放置，爰易其內蘊，進而入於政黨之林。」從中國國民黨成立的緣起和經過看，可以說，沒有章太炎「革命軍起，革命黨消」口號的提出，便沒有國民黨的創立與誕生。

黃興在國民黨鄂支部歡迎會上發表演說，解釋了改會為黨的原因：

> 本黨前身為同盟會，彼時從事革命運動，故其目的、性質、手段純然為破壞的。近日則民國成立，建設伊始，時事已迥不同，即目的不得不改變。今所以與各黨合併而改稱國民黨者，蓋將應時事之要求，為解決建設問題之研究，自然之歸結也。[26]

同盟會改名後，按照孫中山和黃興的意見，決定在上海設「同盟會俱樂部」以為紀念。同盟會最終退出了近代中國歷史舞臺。[27]

同盟會完成了由「革命黨」到「政黨」的轉變。章太炎的「革命黨消」口號成為現實，表明「革命黨非政黨」觀念對革命黨人發生了巨大影響。章士釗在《民立報》發表評論，指出同盟會「改會為黨」之必要，「前此之同盟會，一絕大之普通政治結社也。此種結社不含有永久性，目的既達，即行解散；不借國會為舞臺，隨處結集，出沒靡定，凡此皆與政黨之性質不相容。同盟會之運動既告成功，則會名理宜消滅。」上海《民立報》，一九一二年九月二日。

---

26 〈在國民黨鄂支部歡迎會上的演說〉，湖南社科院：《黃興集》（北京市：中華書局，1981年），頁288。

27 〈致南洋同志書〉，《孫中山全集》第2卷（北京市：中華書局，1982年），頁486。

以孫中山為首的革命黨人一方面大張旗鼓地對章太炎「軍起黨消」口號進行批判，一方面在大勢所趨之下又不得不實踐章太炎「軍起黨消」的口號。孫、黃雖然接受了「改會為黨」的既成事實，但沒有接受消弭黨建的思想。國民黨成立後八年，孫中山在上海國民黨本部發表演說，稱「我以為無論何時，革命軍起了，革命黨總萬不可消」，說明孫中山當年「改會為黨」是迫於形勢的無奈之舉。作為飽受歐風美雨沐浴的孫中山，不會不知道結社與政黨的區別。顯然，孫中山等革命黨人堅持認為中國同盟會是革命黨，是屬於「資產階級的革命政黨」而非結社。

在「改會為黨」的過程中，孫中山一方面說要避免「一黨專制」，另一方面又熱衷於「一黨專制」。迫於當時形勢，孫中山明確反對「一黨專制」。他說：「一黨之專制，與君主之專制，其弊正復相等。」[28]孫中山在這裏說的不是真心話，他主張一黨專政、主張黨魁集權。他曾經引用西方資產階級政黨學說作為他的理論根據。一九一四年六月，在〈致陳新政及南洋同志書〉中，孫中山說：「意大利密旦兒作政黨社會學，謂平民政治精神最富之黨派，其日常之事務，重要行動之準備實行，亦不能不聽一人之命。可見無論何黨，未有不服從黨魁之命令者。何況革命之際，當行軍令，軍令之下尤貴服從乎？」[29]他與黃興等一直有國民黨獨大的思想。一九一二年十一月十八日，黃興在醴陵國民黨支部歡迎會上說：「現在中國尚處危境，不宜多黨。黨派林立，意見分歧，遇有重大問題發生，各樹旗幟，民國非常危險。就現勢而論，國家須有一最大之黨將國家弄好。」[30]黃興

---

28 陳旭麓：〈在杭州共和、民主兩黨浙支部歡迎會上的演說〉，《孫中山集外集》（上海市：人民出版社，1991年），頁74-75。

29 《孫中山全集》第3卷（北京市：中華書局，1984年），頁92。

30 劉泱泱等：〈在醴陵國民黨支部歡迎會上的演說〉，《黃興集外集》（長沙市：湖南人民出版社，2002年），頁236-237。

說的這個黨，自然就是國民黨。孫中山晚年批評「革命軍起，革命黨消」並以蘇俄黨為榜樣改組國民黨，堅持革命黨在一定時期內實行「一黨專政」。孫中山在中華革命黨的綱領中提出「一黨治國」的政治理念就是明證。

　　章太炎「革命軍起，革命黨消」的口號不僅遭到革命黨人的批判，甚至還因此受到生命的威脅。一九一二年四月十九日，戴季陶在上海《民權報》發表題為〈袁世凱罪狀〉的文章，提出要殺四個人，其中就有章太炎：

　　　　熊希齡賣國，殺！唐紹儀愚民，殺！
　　　　袁世凱專橫，殺！章炳麟阿權，殺！[31]

　　為什麼要殺章太炎，並且將章太炎與熊希齡、唐紹儀、袁世凱並列？「章炳麟阿權」，應指章太炎受袁世凱之邀，遊走於北京政壇。然當時效力於袁世凱政權者人數多多，章之任職無權無勢，既無成就也無惡跡，何以將章太炎與熊希齡、唐紹儀、袁世凱執掌權柄者並論，應是「軍起黨消」口號刺痛於心之故。同盟會後來擬定的暗殺名單中，章太炎的名字赫然在目，[32]就是明證。

四　口號評價

　　「革命軍起、革命黨消、天下為公、乃克有濟」是近代中國有識

---

31 天仇：〈殺〉，收入朱宗震、楊光輝：《民初政爭與二次革命》上冊（上海市：人民出版社，1983年），頁22。
32 章太炎：〈與黃季剛書〉，收入湯志鈞：《章太炎政論選集》下冊（北京市：中華書局，1977年），頁596。

之士在中國政治近代轉型期發出的吶喊。「『革命軍起，革命黨消』是可以並且實際產生了促成中國政治近代轉型效應的政治呼籲。民初政黨政治格局的形成，國人對共和民主政治的追求當然是主要原因，但太炎口號的適時提出，則無疑起到了重要的推進作用。」[33]口號體現了章太炎的兩點思想：一是加強各革命團體之間的團結，二是聯合那些贊成革命的立憲派。

章太炎認為以反對清朝為號召或以建立民國為號召的所有黨都不能視為「政黨」。他說：「凡政黨者，皆求於現行國家組織之下，相反覆運算用，以施行其政策者也。故凡政黨，不得含有革命性質。」所以，章太炎認為「革命黨者，非政黨也」，[34]而是結社。

對於武昌起義後中國沒有政黨的說法，孫中山表示認同。一九一二年十二月十日，孫中山在杭州共和、民主兩黨浙支部歡迎會上發表演說，承認中國沒有政黨，「當南京臨時政府成立之時，中國無所謂政黨」。[35]

章太炎「革命軍起，革命黨消」口號所指十分明確：清政府推翻後，所有以推翻清政府為己任的革命黨應全部消亡。這個口號問世後在社會上出現了截然不同的解讀。在「革命軍起，革命黨消」的口號問題上，章太炎與孫中山的分歧，關鍵在於革命黨是不是政黨？同盟會是不是政黨？

章太炎對這個問題的答案是：同盟會是革命黨，但革命黨不是政黨，所以同盟會不是政黨。武昌起義成功後，同盟會應當消弭。

---

33 楊天宏：《政黨建置與民初政制走向——從「革命軍起，革命黨消」口號的提出論起》，《近代史研究》2007年第2期。

34 章含之、白吉庵：〈帝國統一黨黨名質疑〉，《章士釗全集》第1卷（上海市：文匯出版社2000年，）頁477-481。

35 陳旭麓：〈在杭州共和、民主兩黨浙支部歡迎會上的演說〉，《孫中山集外集》（上海市：人民出版社，1990年），頁74-75。

　　孫中山對這個問題的答案是：同盟會是革命黨，革命黨就是政黨，所以同盟會就是政黨。武昌起義成功後，同盟會應當加強。

　　章太炎認為同盟會、革命黨、政黨三者之間不能畫等號。革命黨與政黨是兩個不同的概念。革命黨的歷史任務是推翻現政權，現政權推翻後，革命黨的歷史使命宣告終結。歷史上的革命黨一般是秘密的、不公開的，這是革命黨的特點之一。辛亥革命成功以後要組建新政府、新政權，應該由政黨參與而不是革命黨。革命黨如果要參與政權，必須首先將革命黨改造成為政黨。革命黨與政黨的明顯區別是政黨不含革命性質。「故凡政黨，不得含有革命性質」，所以，章太炎認為「革命黨者，非政黨也」，[36] 而是結社。

　　什麼是政黨？章太炎的政制理論來源於西方政黨制度。政黨是國家中有著特定政治理念的社會團體，本質上是特定階層利益的集中代表者，具有鮮明的階級性和明確的政治主張，為奪取、影響和鞏固政權而開展活動。

　　章士釗是當時系統介紹西方政黨制度的先驅者。他依據西方近代政治學理論，在《帝國日報》發表「何謂政黨」一文，說明結社與政黨是有區別的：「大凡政團之組織有二，一立於國會之外者，一立於國會之內者。前者謂之普通政治結社，後者乃政黨也。政黨者，有一定之政綱、黨員，占議席於國會，日伺現政府之際而攻之，有際則謀倒之，且取而代之，以實行其黨綱者也。普通政治結社，則無組織內閣之野心，無廁身

章士釗像

---

36 章含之、白吉庵：〈帝國統一黨黨名質疑〉，《章士釗全集》第一卷（上海市：文匯出版社，2000年），頁477-481。

議會之必要，不過對於一定之政治問題，發表其意見，且期其意見發生效力者也。」[37]根據章士釗的解釋，在國會之外者曰結社，在國會之內者曰政黨；政黨必須有黨綱；在野黨可以推翻執政黨；結社不能組織內閣，不能進入議會。

《民立報》一九一二年八月四日刊登章士釗文，章氏主張「實舉所有各黨而一空之」，「是故毀黨者，毀不綱之黨也」。[38]章士釗認為同盟會即屬於「不綱之黨」。他認為同盟會沒有政治綱領。同盟會標榜的三民主義，其「驅除韃虜，恢復中華，創立民國」在武昌起義後已經實現，而「平均地權」在同盟會成立之初就不具備實現的條件，武昌起義後也不具備實現的條件。章士釗說，連孫中山也承認這一點。無論同盟會、光復會，這些革命團體成立之初，都擬定了自己的宗旨，但是對照西方政黨理論，章士釗認為現存的各種各樣的黨都沒有黨綱，並不是因為政治主張相同的結合體，而是追逐各種利益的糾結體，皆屬「不綱之黨」。

章士釗所指，是否屬實呢？武昌起義後，同盟會立即修改綱領，新的綱領是：「顛覆滿清政府，鞏固中華民國，實行民生主義」，此外尚有男女平等諸項內容。由此可見，同盟會是意識到自己宗旨抑或「綱領」至少是不完全的。

「不綱之黨」不是政黨，結社不是政黨。當時許多社會政要亦持此說。

梁啟超在〈中國立國大方針商榷書〉中提出秘密結社是偽政黨，「秘密結社雖或含有政治上公共目的，而手段不詭於正，故亦不得謂

---

37 章含之、白吉庵等：〈何謂政黨：政黨政治論之二〉，《章士釗全集》第一卷（上海市：文匯出版社，2000年），頁539-541。

38 章含之、白吉庵等：〈毀黨造黨之意見〉、〈毀黨造黨之意見二〉，《章士釗全集》第2卷（上海市：文匯出版社，2000年），頁460-469。

之政黨。」[39]在〈敬告政黨及政黨員〉一文中，梁氏重申，說：「以革一姓之命而結合者，雖含有政治上意味，然不為政黨。」[40]宋教仁一九一三年在演講中說：「革命黨與政黨，本非同物。」[41]

革命黨非政黨，同盟會非政黨，對於西方政黨制度的基本理論，對於當時社會上的一股思潮，對於章太炎的口號，孫中山等革命黨當時是如何看的呢？雖然孫中山後來對此問題的看法有所改變，但孫中山當時承認同盟會屬於結社而非政黨。他在致陳新政及南洋同志的信中說：「本黨系秘密結社，非政黨性質，各處創立支部，當秘密從事，毋庸大張旗鼓，介紹黨員尤宜審慎。」[42]對章太炎口號解讀不同、理解不同，因此對口號的評價不同，對口號的評價影響到對章太炎的總體評價。

武昌起義爆發後不久，章太炎針對時局提出「革命軍起，革命黨消」的口號，反映了中國政治近代轉型期的呼籲。口號提出後立刻風靡於世，各方各派根據自身的利益解讀這一口號，為我所用。以孫中山為首的革命黨人對章太炎的口號提出嚴厲批評，受此影響，後世歷史學家對章太炎口號多持否定態度，斷言「革命軍起，革命黨消」是章太炎革命意志衰退的表現，解散、取消同盟會就是取消革命、反對革命，使章太炎為此蒙冤近一個世紀。

胡繩武、金沖及在〈辛亥革命時期章炳麟的政治思想〉一文中認為，章太炎的政治思想主要是民族主義和民生主義，而民族主義思想尤為突出。章太炎的民族主義思想是存在缺點的：「他的民族主義思

39　《飲冰室合集・文集之二十八》（北京市：中華書局，1989年）。

40　〈敬告政黨及政黨員〉，《庸言》第一卷第七號。

41　陳旭麓主編：《宋教仁集》下冊（北京市：中華書局，1981年），頁486。

42　〈致陳新政及南洋同志書〉，《孫中山全集》第3卷（北京市：中華書局，1982年），頁93。

想中包含著一種狹隘的自居優秀民族的大漢族主義思想的一面。這種
思想突出地表現在他輕視中國境內在文化上比漢族落後的各少數民
族,主張各少數民族應該為漢族所同化,以及認為各少數民族在漢化
以前不能享受與漢族同等政治權利等反動的思想。」「正是因章炳麟
的民族主義思想有著上述的缺點,特別是他的『言種族革命,則滿人
為巨敵,而歐、美少輕,以異族之攘吾政府者,在彼不在此也』的思
想,使他當清政府一被推翻之後,就錯誤地認為自己的民族的國家主
權已經恢復了的時候,他的革命性也就慢慢地消失了。」[43]

晚年的章太炎,其革命性確實大不如前,但他革命性的衰退有兩
點客觀原因:一是蔣介石政權已經建立並日益鞏固,不容「異端邪
說」;二是章太炎患鼻咽癌,身體大不如前。章太炎革命性的衰退,
與口號的提出無關。

綜上所述,章太炎為「軍起黨消」口號蒙冤近一個世紀,被孫中
山及後世歷史學家反覆批判,問題在於章、孫對革命黨是不是政黨、
同盟會是不是政黨的認識。孫中山雖然事實上將同盟會由革命黨改為
政黨,使章太炎「革命黨消」的口號成為現實,但實際是堅持革命黨
即政黨、同盟會即政黨,致使十數年後仍然不忘對「軍起黨消」口號
的批判。按照孫中山對「軍起黨消」口號的認識,章太炎消弭黨建思
想是對革命的反動。

在政黨問題上,章太炎的思想是矛盾的。武昌起義前,章太炎是
公開反對政黨政治的。武昌起義成功,中國的共和政治體制提上議事
日程,章太炎開始從事政黨政治。中華民國成立後的一段歷程,使章
太炎感到政黨政治似乎對中國並非有益。他說「中國之有政黨,害有

---

43 胡繩武、金沖及:〈辛亥革命時期章炳麟的政治思想〉,《辛亥革命五十週年紀念論文
集》(北京市:中華書局1980年),頁332。

百端，利無毛末」，[44]幾乎是全盤否定了政黨政治。

　　章太炎的口號「革命軍起，革命黨消」在當時起的負面作用是不可忽視的。「革命軍起，革命黨消」對立憲派和舊官僚顯示了寬容。章太炎在中華民國成立後表現對袁世凱的讚賞與支持，同時對南京臨時政府與同盟會進行攻擊，章太炎的所作所為強化了這種寬容。章太炎被立憲派和舊官僚包圍並狠狠地利用了一回，他們以章太炎「革命軍起，革命黨消」口號攻擊革命黨人，實行以其人之道還治其人之身。他們據此一次次向孫中山施加壓力，要求革命黨「銷去黨名」，放下武器，交出果實。他們為封建專制唱讚歌，以至於共和國留下了腐敗專制的禍根。章太炎後來在上海茶話會上發表演講，就自己武昌起義以來的「退步」與「互相猜忌」的錯誤作了檢討。

　　孫中山念念不忘對章太炎口號的批判，因為同盟會雖然改為政黨，但是，這個政黨並沒有能夠在武昌起義後掌握政權，孫中山認為就失敗在章太炎的口號上，其實不然。

　　中國政黨政治仿傚西方，缺乏堅實的經濟基礎和社會基礎。馬克思說：「如果資產階級實行統治的經濟條件沒有充分成熟，君主專制的被推翻也只能是暫時的。」[45]對於辛亥革命而言，馬克思的話可謂一針見血。辛亥革命以後，中國社會沒有發生一個大的變動，「資產階級實行統治的經濟條件沒有充分成熟」，所以君主專制雖然被推翻了，但不久又捲土重來了。

　　辛亥革命之失敗，原因多多。章太炎曾經總結過辛亥革命失敗的教訓。他認為教訓之一是立憲派和官僚政客不可靠，他曾經提出「取

---

44 〈與副總統論政黨〉，1913年5月，《章太炎政論選集》（北京市：中華書局，1977年），頁648。

45 《馬克思恩格斯選集》第3卷（北京市：人民出版社，1992年），頁243。

各黨中革命人材糾合為一」[46]的意見。這是章太炎的一個進步。

辛亥革命的失敗不是章太炎口號的過錯，章的口號認為革命黨與政黨是兩個不同的概念，「革命黨者，非政黨也」。後世歷史學家批判章太炎，斷言「革命軍起，革命黨消」就是要解散、取消同盟會，以至取消革命，這是誤讀和誤判。章太炎要求解散同盟會、取消同盟會是真，但「革命黨消」口號並不是消弭革命、反對革命。他認為，新的國家、新的政權需要由政黨領導而不是結社領導。同盟會是結社而非政黨，所以同盟會不能領導新的國家和政權。

五　組建政團

一九一二年一月一日，孫中山在南京宣誓就任中華民國臨時大總統，宣告中華民國成立，定南京為首都，改用陽曆紀元。三日，中華民國臨時政府成立。各省代表推舉黎元洪為臨時政府副總統並通過了孫中山提議的各部總長、次長名單：黃興為陸軍總長；黃鐘瑛為海軍總長；王寵惠為外交總長；陳錦濤為財政總長；蔡元培為教育總長；張謇為實業總長；程德全為內務總長；伍廷芳為司法總長；湯壽潛為交通總長；胡漢民為秘書長。

中華民國臨時政府設立九個部，九個總長中包括了革命黨人、立憲派和舊官僚，其中革命黨人占主要地位，表明這是一個資產階級政權。這個名單中沒有光復會會長章太炎的名字。論功勞、論資歷、論影響，臨時政府內閣成員沒有章太炎是說不過去的。其實，孫中山擬定的初稿中是有章太炎名字的，孫中山提議章太炎任教育總長、宋教仁任內務總長，結果討論時遭到與會同盟會會員的強烈反對。這兩個

---

46 〈致伯中書一〉，《章太炎政論選集》下冊（北京市：中華書局，1977年），頁644。

職務後來改由蔡元培、程德全分任。浙江都督湯壽潛進入臨時政府任交通總長，所缺都督一職，湯壽潛提議在章太炎、陶成章、陳其美三人中選一人出任。章太炎聞訊後，表示自己不適合為官，竭力推薦陶成章。陶成章此時正在浙江、上海、鎮江一帶組織光復軍。

孫中山就任臨時大總統

辛亥革命勝利後，陳炯明派人暗殺了光復會重要成員許雪秋和陳芸生，但其真相沒有查明。一月十四日，陳其美買凶王竹卿在上海廣慈醫院將光復會副會長陶成章殺害。暗殺事件再次使章、孫矛盾尖銳。陳炯明和陳其美是孫中山的追隨者，章太炎懷疑孫中山是幕後黑手。這完全是一場誤會。其實，對於暗殺事件，孫中山也非常憤慨，他不贊成這種雕蟲小技。他不僅電令緝凶，還特意關照陳其美設法保護章太炎。陶成章死後，光復會實力大受影響。章太炎雖任會長，卻是虛職，光復會實際權力一直操控在陶成章手裏。

孫中山等祭奠陶成章

　　中華民國臨時政府在南京成立的同時，章太炎在上海正在為「中華民國聯合會」成立事宜及《大共和日報》創刊事宜奔波。章太炎親自擬定的《中華民國聯合會章程》於一九一一年十二月十四日同時在《民立報》和《時報》上發表。《章程》宣佈，「中華民國聯合會」「以聯合全國，扶助完全共和政府之成立為宗旨」，擬創立《大共和報》為機關報。根據《章程》，全國一切革命團體，包括原屬立憲派後轉向革命陣營者皆為聯合對象。章太炎曾經不遺餘力地攻擊過立憲派，如今在《章程》中將立憲派視為應當團結的一支重要社會力量。《中華民國聯合會章程》發佈後，並沒有得到武昌方面的回應和認可。陳其美、程德全、湯壽潛、張謇等南方的代表對武昌方面表示不信任，希望操縱中央政府的實際權力，武昌方面自然不會容忍。

　　一九一二年一月四日下午，「中華民國聯合會」在上海江蘇教育總會召開成立大會，參加成立大會的代表有兩百多人，會議選舉章太

炎、程德全為會長和副會長，決定「中華民
國聯合會」總部設於上海。「中華民國聯合
會」宣佈其宗旨為：「聯合全國，扶助完全
共和政府之成立。」很顯然，章太炎成立的
「中華民國聯合會」所要「扶助」的對象就
是孫中山的中華民國臨時政府。當天，《大
共和日報》宣佈創刊，章太炎擔任社長。章
太炎為《大共和日報》撰寫了〈發刊辭〉。

在〈發刊辭〉和「中華民國聯合會」成
立大會上，章太炎系統地表述了他對國家體
制、政權形式、立法司法及國家經濟等重要
問題的思考和主張。他說，中國不能照抄照搬西方政治制度，要採取
適合自己國情的國家體制。「若橫取他國已行之法，強施此土，斯非
大愚不靈者弗為。君主立憲，本起於英，其後他國傚之，形式雖同，
中堅自異；民主立憲，起於法，昌於美，中國當繼起為第三種，寧能
一意刻畫，施不可行之術於域中耶？」關於國家體制問題，章太炎反
對美國的聯邦制，主張法國的內閣制，但也不能全盤照搬法國體制；
關於政權形式，他主張立法、司法、行政三權分立，又主張教育與糾
察二權獨立。中國歷史悠久，不同於美國等新興國家，立法要考慮到
「國勢民俗」，並以此作為立法的基礎；關於國家經濟，他主張「富
國必先足民」，提出「設立國家銀行」、「統一幣制」、「限制田產」、
「行累進稅」、「認遺產相續稅」等政策。對於章太炎的這些政治主
張，同盟會中人多不贊同。

同盟會中人之所以不贊同章太炎的政治主張，是因為章太炎的這
些主張一是倒退，二是空洞。言其倒退者，如章太炎的「限制田產」
說，與《訄書》中收錄的〈定版籍〉一文中提出的「均田法」相比

較,是明顯的倒退。他在〈定版籍〉提出「均田法」的主張:「凡露田,不親耕者使鬻之。不儷者鬻諸有司。」「凡寡妻女子當戶者能耕,耕也;不能耕,即鬻。露田無得傭人。」[47]在〈代議然否論〉中說:「田不自耕植者不得有,牧不自驅策者不得有,山林場圃不自樹藝者不得有,鹽田池井不自煮曝者不得有,礦土不建築穿治者不得有,不使梟雄擁地以自殖也。」[48]「均田法」反映了中國廣大農民對土地的要求,接觸到了民生主義的核心。此後,章太炎在《民報》多次發表文章提到「均田法」的構想,他主張「均配土田,使耕者不為佃奴」,[49]「田不自耕植者不得有」。[50]章太炎在發言中卻改變了自己以往的政治主張,說:「至若土地國有,奪富者之田以與貧民,則大悖乎理。照田價而悉由國家收買,則又無此款,故絕對難行。」[51]章太炎認為將地主的田地分配給農民是悖理的,國家沒有財力收購田地,土地制度只能維持現狀。言其空洞者,如章太炎稱「限制田產」是指將地主現有田產的最高數作為限制田地的標準,如此限制,有什麼意義呢?在民生問題上,章太炎突出的主張是耕者有其田,不自耕者不得佔有土地以及不允許地主和雇農的存在。章太炎在大會上的發言,表明他在民生問題上的一些觀點發生了改變。

中國民族民主革命的基本力量是農民,不解決農民的土地問題,就不能得到農民的支持。章太炎的均田主張顯然受到中國古代均田思想的影響。對於如何均田,他和中國歷史上的改革家一樣,沒有具體的切實可行的措施和辦法,因此,他的均田思想基本上是一種空想。

---

47 章太炎:《訄書‧定版籍》(北京市:古典文學出版社,1985年影印本),頁120-121。

48 章太炎:〈代議然否論〉,《民報》第24號,頁12-13。

49 〈五無論〉,《民報》第16號。

50 〈代議然否論〉,《民報》第24號。

51 〈中華民國聯合會之演說錄〉,《大共和日報》1912年1月5-6日。

即使是空想，章太炎在辛亥革命成功以後不久就放棄了。一九一二年一月，他在給張謇的信中說：「社會主義在歐尚難實行，奚論中土？」

臨時政府中沒有章太炎的位置，孫中山一直覺得不妥。二月初，孫中山下令，聘章太炎和張靜江擔任總統府樞密顧問。聘書文字華麗，云：

> 執事目空五蘊，心殫九流，擷百家之精英，為並世之儀表，敢奉國民景仰之誠，屈為樞密顧問，庶幾頑懦聞風，英彥景附，昭大業於無窮，垂型範於九有，無任嚮往，即惠軒車，以慰饑渴。

孫中山派使持聘書專門赴滬迎接章太炎，章於二月七日到達南京。孫、章二人相見，握手言歡。面對北方咄咄逼人的袁世凱，章太炎與孫商談「組織政黨事，甚歡洽」。章太炎向孫中山談到革命力量的聯合問題，向孫中山提出若干建言。王紹鏊在《辛亥革命時期政黨活動的點滴回憶》中說，章太炎認為「各省雖已先後獨立，但同時也形成了各自為政的局面，情況十分複雜，需要有一個聯合的組織，把各地的革命力量團結起來，才能對付袁世凱」，孫中山對此深表贊同。

章太炎在南京只是掛了一個空名，樞密顧問本來就有名無實。他既沒有到任履職，也沒有提出過任何有益的建議。沒有多久，他就向孫中山正式辭去了這個職務。章太炎的辭呈文字與孫中山的聘書文字一樣華麗：

> 昨承馳書延引，猥以不材，廁身樞密，恐糜縣官廩祿。名義所在，不敢承命。隨時獻替，乃所以盡國民之職分也。

六　抨擊政府

　　章太炎辭去了徒有虛名的樞密顧問一職，表示不能浪費國家的俸祿。至於提建議，乃國民本分。章太炎在諸如定都、改用西曆紀年等問題上均與臨時政府持不同政見。在演講中，他多次抨擊南京政府「一黨專制」、「任用非人」、「無一事足以對天下」，[52]甚至稱黃興是「民賊」。

　　二月十二日傳來清帝退位的消息，統治中國二六八年的清王朝退出了歷史舞臺。清帝退位是袁世凱一手導演的，袁世凱在退位詔書裏加了一段話：

> 袁世凱前經資政院選舉為總理大臣，當茲新舊代謝之際，宜有南北統一之方，即由袁世凱以全權組織臨時共和政府，與民軍協商統一辦法。

　　次日，袁世凱通電全國，表示贊成共和。孫中山向參議院辭去臨時大總統職務，推薦袁世凱為繼任臨時大總統。章太炎一直不關心南北議和。如今事物變化之快，令章太炎愕然。轉而一想，他本來就覺得不應該由孫中山來組織政府，他認為孫中山「長於論議」，「不應屈之以任職事」。[53]再則，南京臨時政府是那樣軟弱，政府號令幾乎出不了石頭城。他久聞袁世凱是一個人物，手中掌握著中國當時最大的一支軍事力量。如今南北議和成功，清帝退位，袁世凱擁護共和，擔任臨時大總統，南北分裂的局面可早日結束，統一的共和國呼之欲出，這不正是他所盼望的局面嗎？

52　〈銷弭黨爭書二〉，《太炎最近文錄》，國學書室1915年，頁77。
53　〈章太炎宣言〉，《民國報》第2號，1911年12月1日。

　　革命黨人對袁世凱不完全信任。孫中山在辭職諮文中提出了三個約束新總統的條件：一是設臨時政府於南京；二是新總統到南京就任時，臨時大總統正式辭職；三是新總統必須遵守《臨時約法》。

　　南方尤其是蘇、浙、滬一帶是革命黨人活動的領域，革命運動有一定的群眾基礎。相比較而言，北方的封建勢力盤根錯節。由於此故，袁世凱不願意南下就職。

　　二月十四日與十五日，孫中山兩次召集參議院就首都問題進行投票。第一天，南京與北京之比為五比二十，第二天為十九比十六。從投票情況看，當時許多人對定都問題搖擺不定。章太炎在定都問題上也是搖擺不定。南北對峙時，他建議首都定於武昌；南北議和成功，他建議定於北京。在圍繞定都問題展開的爭論中，許多同盟會會員認為章太炎是大逆不道的叛逆者。

　　在定都問題上，章太炎與孫中山意見相左，孫中山主張建都南京，章太炎主張建都北京。章太炎的理由是，北方清帝餘孽未盡、沙俄策劃外蒙「獨立」、日本覬覦東北，亟須一個強力政府打理。建都南京，則國家「威力必不能及長城之外」。

　　為了適應形勢的變化，章太炎決定將「中華民國聯合會」改組。一九一二年三月二日，「中華民國聯合會」在上海江蘇教育總會舉行會議，決定自即日起改名為「統一黨」。「統一黨」的宗旨是：本黨以統一全國建設，強固中央政府，促進完美共和政治為宗旨。章太炎希望集天下之智勇，聚天下之精材，促使南北和合，實現真正的統一。在會上，章太炎、張謇、程德全、宋教仁、熊希齡推選為理事。章太炎將「中華民國聯合會」改組為「統一黨」是在實踐他提出的「革命軍起，革命黨消」的口號。「革命黨消」針對的是同盟會、光復會和中部同盟會等。章太炎認為「中華民國聯合會」不屬於革命黨。他反對革命黨一黨專政，成立「統一黨」就是為了抵製革命黨掌握政權。

從「中華民國聯合會」的成員及改組後的理事名單看,「統一黨」由三股勢力組成:一是革命黨人;二是立憲派;三是舊官僚。章太炎認為這是各派政治力量的大聯合。從章太炎的本意看,他希望聯合各派力量盡快實現全國的統一,但從「中華民國聯合會」和「統一黨」的實際作用看,這個組織實際上成了立憲派和舊官僚擴充勢力、與同盟會分庭抗禮的政治工具。

張謇

五月九日,統一黨、民社、民國公會、國民協進會合併為共和黨,在上海張園舉行會議。會議推選章太炎、張謇等為理事,黎元洪為理事長(張謇代行理事長職權)。從「中華民國聯合會」到「統一黨」,章太炎是最重要的策劃人之一,由統一黨合併為共和黨,他卻大權旁落。章太炎有一種深深的失落感,遂辭去共和黨理事一職。六月五日,章太炎在北京召集原統一黨代表,提出將統一黨從共和黨中分離。這樣,統一黨又獨立了,章太炎被推舉為統一黨總理。然而,今非昔比,即使是統一黨,章太炎發現也駕馭不了。章太炎十分氣餒,宣佈退出統一黨並發佈談話,稱政黨政治對中國有害無利,鼓吹政府首腦應超然於政黨政治。章太炎的政治思想有些混沌了。

九月五日,孫中山在北京舉行茶話會,章太炎發表演說,要求袁世凱、黎元洪、孫中山三人超脫於黨派之外:「鄙意以為袁、黎、孫三公皆無須立黨,行事而當,發言而正,人心助順,是四萬萬人皆其黨,又安用私黨耶?」孫中山明確表示反對。

章太炎謳歌資產階級共和國,對於當時社會頗為流行的無政府主義持批評和反對態度。劉師培、吳稚暉等無政府主義者發表了許多關於無政府主義言論,認為排滿是「反背科學,有乖公理」,章太炎撰

寫〈四惑論〉對他們進行了批判。章太炎說，劉師培、吳稚暉之流無政府主義者「陽托無政府，而陰羨西方琛麗」，這是民族虛無主義的表現。「無政府主義者，與中國情況不相應，……為中國應急之方，言無政府主義，不如言民族主義。」[54]

七　聯省自治

　　時代在發展，革命在繼續，然而，一場大病初愈的章太炎變得蒼老了、遲鈍了。情緒消沉的章太炎在上海閉門謝客，可是樹欲靜而風不止。孫中山領導護法運動前後，世界發生了巨大變化。第一次世界大戰從一九一四年開打，到一九一八年結束。在世界大戰中，誕生了第一個社會主義國家蘇聯。一九一五年，陳獨秀創辦《新青年》，提倡新思想、新道德、新文化，反對舊思想、舊道德、舊文化，掀起了一場新文化運動。

　　章太炎雖然注意到俄國十月革命的爆發，卻沒有敏感地覺察一個新的偉大的時代已經來臨。俄國十月革命以後，中國爆發五四運動，出現了新思潮、新文化、新學說，馬克思主義開始在中國傳播，中國共產黨正在登上歷史舞臺。對於社會翻天覆地的巨變，對於這樣一股清醒之風，章太炎幾乎沒有感覺。孫中山適應世界潮流的變化，熱烈歡迎十月革命的曙光。在蘇聯和中國共產黨的幫助下，一九二四年，孫中山在國民黨「一大」上將民族、民權、民生舊三民主義改造為聯俄、聯共、扶助農工的新三民主義並確定國共合作的方針。章太炎聞訊後，表示對孫中山的舉動無法理解。他對孫中山的新三民主義不滿，對蘇聯共產黨和共產國際不滿，甚至公然提出「反對借俄人勢力來壓迫中華民族的共產黨」。

---

54 章太炎：〈排滿平議〉，《民報》第21號，1908年6月10日。

一九二四年，章太炎在上海南洋橋裕福裏二號召開會議，準備恢復同盟會，與改組後的國民黨對抗。會後，他領銜發表了〈護黨救國宣言〉，反對國共合作。然而，革命的洪流滾滾向前，他那微弱的呼聲被革命大潮淹沒了，他非常失望，抱著「不再參與世事」的宗旨，躲進小樓成一統。他的思想與行動沒有與時俱進，因而漸漸與世界隔絕了，成為一個時代的落伍者。

當新文化運動方興未艾之時，章太炎正困於北京錢糧胡同。對於這一場新文化運動，章太炎冷眼相看。及至他獲得自由以後，他忡於國粹的滅頂之災，於一九一七年三月在上海發起成立「亞洲古學會」。古學會的宗旨是發揚光大古學並以此抵制西學東漸。針對新文化運動提出的新思想、新道德、新文化，章太炎卻宣傳舊禮教、舊道德、舊文化。他極力反對新文化運動中的白話文和白話詩，公然宣佈以「提倡舊日之文明」為己任，站到了新文化運動的對立面。

辛亥革命時期，章太炎曾經撰文批判孔子，為推翻封建制度製造輿論。當新文化運動提出「炮轟孔家店」的口號時，他卻反對這個口號，甚至撰文作自我批評，承認過去批孔批錯了，是「狂妄逆詐」。在時代的潮流中，章太炎的思想退步了。

一九二〇年七月，湘軍總司令譚延闓提出湖南自治的主張，邀請章太炎赴長沙。章太炎沒有守住「不再參與世事」的宗旨，欣然應邀。章太炎這時受張繼影響，提出「聯省自治」主張，企圖以「聯省自治」與北洋軍閥政府相對抗。在章太炎的影響下，譚延闓通電全國，宣佈實行「聯省自治」。在湖南的影響下，四川、貴州、雲南、廣東、浙江紛紛響應。章太炎發表《聯省自治虛置政府議》，闡述他的主張。

章太炎將「聯省自治」分為三個階段：

第一階段是各省自治，各省自己制定省憲法，直選本省官員；

第二階段是聯省自治，即將數個自治省聯合起來；

第三階段是成立聯省政府，虛置中央政府。

這三個階段要一步一個腳印，不能跨越。他認為，中國現今的政府是中央集權政府。中央的權力過重，近代的戰亂，皆因爭奪集重權於一身的總統、總理之位。他將約法、國會、總統稱為「三蠹」，「三蠹」不除，「中國不可一日安也」。[55]

章太炎說，對於當今高度集權的中央政府而言，有這樣的中央政府不如沒有這樣的中央政府。中國既不能實行無政府主義，那麼就應當加強地方權力而削弱中央權力。章太炎「聯省自治」的主張，一時吸引了許多文人、政客和社會名流的關注。

早在一九一八年，章太炎就提出四川、湖南獨立的主張，反對滇、桂軍閥割據。一九二〇年四月，章太炎再次提出四川、湖南結盟共同抵禦北洋政府。七月，湘軍總司令譚延闓通電湖南自治。看到自己的政治理想在湖南得到實現，章太炎十分興奮。九月，譚延闓邀章太炎赴湘議政，更增加了章太炎的信心。他鼓吹「聯省自治」，矛頭直指中央集權，說：「民國成立以來，九年三亂，近且有借名護法，陰謀割據者」，[56]原因在「中央集權，借款賣國，駐防貪橫，溽民以生」。[57]章太炎指出，當今中國，約法偏於集權，國會傾於勢力，總統等於帝王，因此引發連年戰爭。章太炎說，剷除中央集權最好的辦法是實行地方自治，虛置中央政府。自治各省自由制定本省憲法，推舉本省軍政長官，並享有一定的外交權。各省自治為第一步，聯省自治

---

55 〈弭亂在去三蠹說〉，《章太炎政論選集》下冊（北京市：中華書局，1977年），頁756。

56 〈聯省自治虛置政府議〉，《章太炎政論選集》下冊（北京市：中華書局，1977年），頁755。

57 〈各省自治共保全國領土說〉，《章太炎政論選集》下冊（北京市：中華書局，1977年），頁755。

為第二步，聯省政府為第三步。章太炎的「聯省自治」，其初衷是加強地方權力，削弱中央權力，以一省或數省的割據取代北洋政府的全國專制。但是，「聯省自治」主張以分裂主義和割據主義為特色，結果受到地方軍閥的歡迎。章太炎的「聯省自治」屬於民治主義，他幻想以民治主義對抗北京的武力統一，最終碰得頭破血流。

一九二一年夏，吳佩孚率軍南下，將主張「聯省自治」的湘、鄂、川軍打敗，也將章太炎的美夢打破。次年，第一次直奉戰爭爆發，奉系戰敗，退出關外。吳佩孚提出召開國會、恢復法統以及擁戴黎元洪等主張。章太炎關於「加強地方權力，削弱中央權力」的設想徹底落空。

在各路軍閥的合擊下，章太炎的「聯省自治」主張幾乎全軍覆沒。章太炎隨後提出廢除巡閱使的方案，「以兵柄還付各省，以自治還付省民」。這個方案顯示了章太炎的書生氣，當時的巡閱使都是封疆大吏，如張作霖為東三省巡閱使、吳佩孚為兩湖巡閱使、曹錕為直魯豫巡閱使，讓這些手握重權的巡閱使自動退出歷史舞臺，無異與虎謀皮。

對於「聯省自治」主張，孫中山雖表示贊成，但與章太炎的主張有明顯區別。孫中山認為「聯省自治」不是改造中國的第一步方法，改造中國的第一步只有革命。一九二一年五月，孫中山就任非常大總統時，提出各省自治以民權、民生二民主義為目標，各省完成自治，自定省憲法，自選省長，外交、經濟由中央政府負責。

孫中山關於「聯省自治」的主張是與時俱進的。一九二四年，他在中國國民黨一大召開的大會上，將「聯省自治」的主張發展了。孫中山說，真正的自治，我們是需要的。但是，真正的自治，一定要在中國獨立之後。「自由之中國以內，始能有自由之省。一省以內所有經濟問題、政治問題、社會問題，惟有於全國之規模中始能解決。則

各省真正自治之實現，必在全國國民革命勝利之後」。[58]

　　中國共產黨對「聯省自治」主張持批評態度。一九二二年六月十五日，〈中國共產黨對於時局的主張〉一針見血地指出，所謂「聯省自治」，實際上是「聯督自治」。這種「聯省自治」不可能在中國建設民主政治國家，不過是武人割據罷了。「聯省自治」「不但不能建設民主政治的國家，並且明目張膽地提倡武人割據，替武人割據的現狀加上一層憲法保障。總之封建式的軍閥不消滅，行中央集權，便造成袁世凱的皇帝總統；行地方分權，便造成武人割據的諸侯，哪裏能夠解決時局？」中國革命「只有用革命的手段從反動派代表軍閥首領手裏奪得政權」。[59]毛澤東曾經撰文批評「聯省自治」主張：

> 我們歷來反對聯省自治，因為他不是聯省自治，乃是聯督割據；我們歷來反對軍閥爛政客假竊名義的省憲，因為他不能做人民的保障，反做了軍閥爛政客爭權奪利的保障。湖南最是個明證。[60]

　　章太炎不甘心「聯省自治」的失敗，一九二二年六月提出「大改革」主張：「所改革者云何？曰：現行約法、現式國會、現式元首是。約法偏於集權，國會傾於勢力，元首定於一尊。引生戰爭，此三大物者。三大物不變，中國不可一日安也。」[61]章太炎在演講中多次提及「大改革」主張，又發起成立「聯省自治促進會」，企圖抵制北

58　〈中國國民黨第一次全國代表大會宣言〉，《孫中山全集》第九卷（北京市：中華書局，1986年），頁116。

59　《先驅》半月刊第9號。

60　《嚮導》第36期。

61　〈章太炎改革法制之新主張〉，《申報》1922年6月25日。

京政府的武力統一政策。對於章太炎紙上談兵的主張，各路軍閥不屑
一顧，北京政府依然我行我素。

毛澤東等中國共產黨人明確反對聯省自治，認為「聯省自治，乃
是聯督割據」。章太炎曾經宣佈他主張「平民革命」，而反對依賴「督
撫的權力」進行革命。章太炎宣稱，革命者最最重要的品質是要依靠
自我犧牲的力量去創造新的世界。但是，「聯省自治」主張在局部省
份的實行，說明革命者依靠自我犧牲並不能創造新的世界，而最終依
賴於「督撫的權力」。

一九二二年八月二十九日，黎元洪授章太炎以勳一位。這是為了
表彰章太炎「聯省自治」的主張呢？還是表彰他關於「大改革」的主
張？沒有人知道。

八　漸行漸遠

在新民主主義革命的洪流中，章太炎依舊在舊民主主義革命的漩
渦中掙扎、徘徊。他提出「聯省自治」的政治主張並漸漸成為這一主
張的主要代表人物。

當封建王朝大廈將傾未傾之時，「省治」、「省憲」亦或「聯省自
治」曾經是革命的主張。孫中山、毛澤東、胡適、梁啟超等都曾經是
「自治」的熱心鼓吹者和支持者。中國走向共和以後，地方軍閥為了
抵制中央軍閥和外省軍閥達到自保的目的，極力擁護「省治」或「聯
省自治」。章太炎提出「聯省自治」的主張後，湖南軍閥譚延闓第一
個回應「省治」，提出「湘人治湘」。浙江地方軍閥制訂了「省憲」，
孫傳芳一度當上「五省聯軍總司令」。「聯省自治」漸漸成為軍閥與軍
閥之間的「聯」，軍閥與軍閥之間的「治」，成為軍閥手中與革命派對
抗的一張王牌。

一九二〇年十月，陳炯明趕走桂軍，力邀孫中山再次返粵。孫中山重抵廣州後，再組軍政府，發起第二次護法運動。一九二一年五月五日，孫中山就任非常大總統。孫中山致書章太炎，希望他重返廣州，助他一臂之力，信上說：「粵局略定，西南聯絡，尚待進行。民生憔悴，如何蘇息。千端未竟，豈一手一足之烈所能為計？急願賢哲南來，匡我未逮。」深受護法運動失敗打擊的章太炎沒有回應。此時，他開始迷戀上「聯省自治」，其政治主張與孫中山已經漸行漸遠了。

雖然章太炎由於厭惡南北軍閥政府，有時連南方的革命軍政府也當做一盆髒水被潑了出去，但他對於中山先生的事業，總的來說是尊重並支持的。

一九二二年五月，《民國日報》發文慶祝孫中山就任非常大總統一週年，章太炎撰寫《孫大總統被選就職一周祝辭》表示祝賀。太炎文集及有關書籍未錄該祝辭。全文如下：

> 民國十一年五月五日，孫大總統被選就職，歲時一周，同志慶祝，禮也。往者軍府解散，民無所託。大總統以奧（粵）主之資，採納群議，渙汗大號，事既猝成，度越常軌，守文之士，或滋異言。既而湘鄂相鏖，川軍踵下，大義岨折，崩角相求。於是廣州政府，歸然為南方斗極焉。改歲以來，將士用命，人有奮心，軍鑒攜貳，應時摧伏，威信允箸，關外慕義。大總統將於旬日之內，誓師北征，揚旍度嶺，肇造區夏。在此時也，惟願廓清江流，先建根本；激揚義勝，示之軌物；旁攬英俊，唯善是親；武義直方，覃及燕薊。使我南方倡義之區，咸睹興復，勝國餘孽，蕩無子遺，以成真正共和，以雪壬子小成之恥。群倫延頸，屬望在茲。豈日歲時更新，循例頌禱而已哉。此祝！

　　孫中山準備北伐之際，蔡元培等致電孫中山，要求停止北伐。蔡
元培是章太炎志同道合的好友，但他對蔡先生此舉不滿，不惜冒犯，
立即致電蔡元培，責備蔡元培「身食其祿，身事偽廷」，「欲為北軍遊
說，是何肺腸？」[62]章太炎稱孫中山「此次北伐，乃南方自爭生存，
原動不在一人，舉事不關護法」。[63]

　　一九二三年二月二一日，孫中山在廣州成立大元帥府，就任大元
帥之職。一周後，陸海軍大元帥府大本營在廣州正式成立。

　　在「聯省自治」的問題上，章太炎的思想認識停留在舊民主主義
水準。他既反對北方軍閥武力統一的政策，也反對孫中山的革命統一
方針。章太炎一直主張全國統一，反對割據。對於北方軍閥的武力統
一，他是反感的；對於革命統一方針，他曾經贊成過。護法運動期
間，章太炎積極擁護孫中山的革命統一政策並與之並肩戰鬥。如今，
他卻開起了歷史的倒車。

　　當孫中山準備統一西南進而北伐的時候，章太炎於九月二日發表
〈湘事通啟〉，說：「廣東元帥府之欲以武力統一西南，亦西南之吳佩
孚也。」[64]他不僅稱孫中山為吳佩孚，還要置孫中山於死地而後快。
他說：「中山擾亂自治，粵人已欲食其肉，而湘省次又當沖。欲安西
南，非去中山不可」，「不除此人，則西南不安。」[65]章太炎對孫中山
態度的變化令人瞠目結舌。他積極追隨孫中山參與護法運動，擁護孫
中山的革命統一政策並與之並肩戰鬥，轉瞬之間，竟欲將孫中山置於
死地，還以「粵人已欲食其肉」為藉口。章太炎的言行，不僅令孫中
山心寒，也令他的同志們心寒。

62　章太炎：〈致蔡元培電〉，1922年6月6日。

63　章太炎：《秦力山傳》。

64　〈章太炎表白湘事〉，《華國》第一卷第3期。

65　〈章太炎致李根源的信〉，《現代史資料》1978年第1期，頁120、123。

　　一九二三年十月，曹錕逼走總統黎元洪，自己當上總統。次年三月，吳佩孚令湖南取消自治。章太炎聞訊，立即致電湖南議會，提出萬萬不可取消自治。為了限制總統的權力，章太炎提出以合議制或行政委員制代替總統制。

　　合議制是瑞士的制度，行政委員制是蘇聯的制度。章太炎看到，民國建立以來，軍閥混戰、民不聊生，其原因蓋出於對總統職位的爭奪，爭奪之激烈，甚至超過古代對帝位的爭奪。如果採用合議制或行政委員制，則可分散權力、集思廣益、減少禍亂、有利民生。章太炎建議將選舉元首、批准憲法等權力還之國民，另設給事中監督政府，設御史監督官吏。給事中、御史的產生先經過考試，考試及格者可以參加選舉，選舉及格者，三者選一，最後由政府正式任命。給事中和御史的任職均有規定期限。合議制和行政委員制是章太炎為軍閥混戰、民不聊生的中國開出的新藥方。這張藥方出臺以後，不僅北京政府嗤之以鼻，就是各地軍閥也不屑一顧。章太炎的藥方成為紙上談兵。

　　一九二四年國共合作實現以後，章太炎的「聯省自治」主張漸漸以共產黨和國民黨為主要目標。共產黨和國民黨都不贊成章太炎的「聯省自治」和「大改革」主張，章太炎到處碰壁。

　　章太炎「聯省自治」和「大改革」的主張雖然落空，但各路軍閥對章太炎是非常感謝的。章太炎所到之處，各地軍閥均視他為上賓。一九二五年四月，孫傳芳派部隊護送章太炎到陝西，參加陝西督軍陳樹藩的「故母開弔」儀式。六月，他應邀參加湖南督軍胡景翼的追悼會並撰寫祭文。九月，湖南省省長邀請章太炎到長沙主持考試。章太炎從上海出發，先到漢口，湖北省省長親自為他接風洗塵。從漢口經過岳陽時，暫居岳陽的吳佩孚獲悉後，派人將章太炎接到軍艦上密談。章太炎到達長沙，受到了外賓級的歡迎。湖南省省長親率文武官員到車站迎接並鳴炮致敬，使章太炎受寵若驚。

　　大軍閥孫傳芳將奉系驅逐出蘇、皖後，自稱五省聯軍總司令。章太炎發起成立「五省協會」，表示對孫傳芳的支持。投之以桃，報之以李。一九二六年一月二日是章太炎五十九歲生日，孫傳芳送出一份厚禮：酒席一百桌、白蘭地酒一大箱，另致壽聯、壽詩，令章太炎很是風光了一把。四月七日，上海成立「反赤救國大聯合」，章太炎被推選為理事。八月八日，孫傳芳提倡復古，設立「修訂禮制會」，聘章太炎任會長。章太炎從上海抵達南京，主持了「修訂禮制會」潮流大會。章太炎在會上發言說，我國古代重視禮制，而今日卻置禮制於不顧，修訂禮制，實為當務之急。

　　章太炎的所作所為受到了輿論的批評和指責。《嚮導》、《醒獅周報》等報刊屢屢發文，斥責章太炎。然而，章太炎並不認識到自己已經成為時代的落伍者，成為守舊勢力的代表。他勤勤懇懇、辛辛苦苦地拉著「中華民國」這駕馬車奮力前行。魯迅一語中的批評他說：「拉還是在拉，然而是拉車屁股向後。」曾經的弄潮兒，如今落伍了。

九　「打倒赤化」

　　一九二四年一月，中國國民黨第一次全國代表大會在廣州召開，這次大會實現了國共合作，開創了中國革命一個嶄新的局面。對於外部世界發生的劇烈變化，章太炎不僅態度冷漠，甚至為此深感不安。孫中山提出「聯俄、聯共、扶助農工」的新三民主義，章太炎說，他只贊成一民主義，即「扶助農工」一項，對於「聯俄」、「聯共」兩項表示懷疑。他認為沙皇俄國歷史上就有侵略中國的野心，從中國獲取的土地比哪一個國家都多，這樣的國家哪能聯合呢？他認為俄國支持中國共產黨是企圖通過中國共產黨達到控制中國的目的。

國民黨一大召開

　　對於中國共產黨，他幾乎毫無所知，只知道這是一個在共產國際和沙俄支持下成立的政黨。正因為如此，章太炎對國民黨一大、對孫中山的新三民主義、對共產國際和中國共產黨以及轟轟烈烈的大革命持對立態度。

　　在大革命的洪流中，章太炎仍然堅持「聯省自治」主張，反對北伐。他支持各地軍閥的割據主義，頻頻為北伐的對象吳佩孚、孫傳芳等出謀劃策，與軍閥站到一個戰壕裏去了。

　　這一年的清明，章太炎邀李根源、于右任等赴上海郊區華涇祭掃鄒容墓。站在鄒容墓前，回想起昔日的戰友、昔日的征程，章太炎感慨萬千。對於今日的形勢、今日的前途，章太炎感到迷茫。但是，有一點章太炎還是十分清醒的，這就是民族的精神。

　　一九二五年五月，上海日本紗廠資本家槍殺工人顧正紅，上海學生、市民舉行示威遊行，遭到鎮壓。六月一日，章太炎發表〈為上海

英租界巡捕殘殺學生之通電〉。〈通電〉說：「學生實未攜帶金刃，空言求請，何害治安？乃竟開槍殺人，波及行路，似此妄行威虐，豈巡捕之職當然？」[66]七月，他在回答學生代表的提問時說：「五卅慘案，舉國悲憤，民氣激昂，實行經濟絕交，一致對外，足見吾民族精神未死。」[67]

章太炎「聯省自治」的主張受到國民黨的批評，卻受到國民黨右翼的歡迎。一九二四年冬，國民黨右翼分子頻繁出沒章太炎在上海的寓所，與他討論時局問題。與會者對於時局憂心忡忡，提出要號召昔日的同盟會會員共同起來匡濟時局，推舉章太炎領銜發表〈護黨救國公函〉。在這份〈公函〉裏，章太炎反對國共合作，號召恢復同盟會，重新結集革命力量，與改組後的國民黨抗衡。

想當年，章太炎提出「革命軍起，革命黨消」的口號，口號矛頭對準以同盟會為主的所有革命黨。在這個口號的影響下，同盟會聯絡其它革命黨改組為國民黨，僅保留了一個徒有虛名的「同盟會俱樂部」。國民黨順勢而為，提出新三民主義，並且與共產黨合作，面對一瀉千里的革命形勢，章太炎木然、茫然。如今，他竟然要重新恢復同盟會。

章太炎與唐紹儀等經過一番籌畫，決定不用「同盟會」舊名，改用「辛亥革命同志俱樂部」。次年二月，「辛亥革命同志俱樂部」宣告成立。參加這個俱樂部的人有昔日的同盟會、光復會、共進會等會員。有人提出革命已經成功，建議去掉「革命」二字，章太炎深表贊同，這個組織的最後名稱為「辛亥同志俱樂部」。俱樂部名稱的改動，說明章太炎的思想已經開始遠離革命、拋棄革命。

---

66 《申報》1925年6月6日。
67 《申報》1925年7月2日。

　　「辛亥同志俱樂部」是國民黨的右翼組織，這個組織反對國共合作，反對共產黨。從一九二四年國共合作開始到一九二八年，章太炎及「辛亥同志俱樂部」發表了許多「打倒赤化」的反共言論。

　　一九二五年十月，章太炎在上海國民大學以校長身份發表演說〈我們最後的責任〉，大肆攻擊共產黨。章太炎說，要將研究國學與反對共產黨聯繫起來。他說中國共產黨與廣東政府「借著俄人的勢力，壓迫我們中華民族」。[68]章太炎認為護法倒段固然是大文章，而與「打倒赤化」相比較，「打倒赤化」更引人注意。他把「反赤」問題看得高於一切，「蓋今日國內之問題，已不在此，而在注意如何打倒赤化」。[69]一九二六年四月，章太炎組織「反赤救國大聯合」，擔任理事。章太炎視「赤化」為洪水猛獸，說：「居今之世，反對赤化，實為救國要圖」，「對於赤黨，其據地稱兵者，則由軍人張其撻伐；其聚眾騷動者，則由士工謀與抵抗。」[70]章太炎這裏說的「赤化」，除了指共產黨人外，還指蔣介石的國民革命軍。

　　「辛亥同志俱樂部」成立的當年，中國民主革命的先行者孫中山於三月十二日在北京去世。聽到孫中山逝世的消息，章太炎十分悲痛。雖然他與孫中山在政見方面有許多不同的看法，甚至一度要置孫中山於死地，但他們畢竟是多年來在一個戰壕裏為著同樣一個目標並肩戰鬥的戰友。對於孫中山的三民主義，章太炎可以說是孫中山關於民族革命最堅決、最徹底的同盟者。對於民權革命和民生革命，他和孫中山之間有若干分歧，但也存頗多共同之處。例如農民的土地問題，章太炎與孫中山一樣給予了莫大的關注。章太炎不止一次撰寫有關農民土地的文章，表示自己的政見。

68　章太炎：〈我們最後的責任〉，《醒獅周報》第58號。

69　〈章太炎與梁士詒之時局觀〉，《申報》1926年1月31日。

70　〈反赤救國大聯合宣言與通電〉，《申報》1926年5月2日。

　　章太炎在上海參加了討論孫中山治喪事宜的會議，自告奮勇為孫
中山撰寫墓誌銘。他撰寫了著名的〈祭孫公文〉，對孫中山革命的一
生給予了高度評價。孫中山治喪委員會決定將章太炎的〈祭孫公文〉
作為墓誌銘銘刻在南京建立的中山陵碑亭。令章太炎意想不到的是，
蔣介石以中山陵建築總監和中國國民黨雙重代表的身份拒絕以章太炎
的〈祭孫公文〉作為墓誌銘。蔣介石沒有說明理由，章太炎心裏明
白，他在多次演講中曾經痛斥蔣介石不是真革命，蔣介石早就忌恨在
心。由於蔣介石的反對，新落成的中山陵沒有墓誌銘。為了掩人耳
目，蔣介石命在碑亭原擬刻墓誌銘的地方刻上了孫中山的「天下為
公」四個大字。章太炎聞訊後，憤怒地指責蔣介石「以個人好惡，竟
寧使革命元勳之陵墓缺少碑銘，可憾也」。

孫中山在北京顧維鈞寓所逝世

　　孫中山去世後，蔣介石、汪精衛漸漸控制了廣州國民政府。章太
炎對孫中山都不信任，對蔣介石、汪精衛就更加不信任了。

　　章太炎與汪精衛在《民報》的問題上有宿怨。對於蔣介石，章太
炎在一個很長的時間裏認識不清。當蔣介石在廣東準備北伐時，他認
為蔣介石被「赤化」了，稱他為「赤蔣」。直到一九二七年蔣介石在

上海發動反革命政變，屠殺共產黨人時，他才突然明白蔣介石不但不是「赤蔣」，而是「反赤」的急先鋒。蔣介石在南京建立政權以後，章太炎指責蔣介石以黨治國，以青天白日旗取代五色旗是對民國的背叛。章太炎對蔣介石的不滿，始終鬱結於心。

　　一九二八年十一月二十一日，在一次上海輪船公司招待新聞界的會上，章太炎趁機發了一通牢騷。他說，現在說是以黨治國，實際上是以黨員治國。他譴責蔣介石說，袁世凱是一個人要做皇帝，蔣介石是一個黨要做皇帝。這種行為是叛國。叛國者，國民應起而討伐之。

　　可能是因為章太炎的反蔣言論受到社會關注的緣故，在他身上發生了一件十分奇怪的事。有一天，兩個不速之客來到章太炎居所，自稱一姓游，一姓李。游、李二人關起門來與章太炎密談，他們說，他們的組織已經在日本建立了中國流亡政府，「決定舉太炎為總統，希望即日東渡主持大計」。[71]章太炎因持反蔣態度，聽了兩人的話以後，「似有所動」。在這十分關鍵的時候，在門外偷聽多時的湯國梨推門進來，當著游、李二人的面對章太炎說：「如果你要去當總統，我決不想當總統夫人。你離開家，這個家便是我的。此後你當總統與否，不必再過問我這個家。我明天做一桌酒席，為你們餞行。」[72]湯國梨一番義正詞嚴的話鎮住了游、李二人，章太炎最終沒有表態，二人悻悻而退。未久，傳來消息，李在上海被蔣介石的特務暗殺，游則不知所蹤，章太炎聞訊後驚出一身冷汗。

　　時局的變化令章太炎迷茫，也令他憤懣，他只能沉默以對。一九二七年以後，章太炎在上海的寓所裏常常面壁打坐，不發一語，報紙雜誌上基本上看不到他的高論了。

---

71 湯國梨：〈太炎先生軼事簡述〉，《追憶章太炎》（北京市：三聯書店，2009年），頁81。
72 湯國梨：〈太炎先生軼事簡述〉，《追憶章太炎》（北京市：三聯書店，2009年），頁81。

一九二八年六月二日，黎元洪病死。消息傳來，章太炎非常難
過。他撰寫了〈祭大總統黎公文〉並撰一副輓聯：

> 繼大明太祖而興，玉步未改，佞寇豈能幹正統
> 與五色國旗俱盡，鼎湖一去，譙周從此是元勳
> 中華民國遺民哀挽[73]

章太炎對黎元洪一直評價甚高，在這副輓聯中竟將黎元洪與大明
太祖相比較。章太炎住在上海同孚路的時候，他家的客廳裏懸掛了兩
幅畫像，稍大的一幅畫像是黎元洪，稍小的一幅是他自己。一日，蔡
尚思拜訪章太炎，他指著黎元洪的畫像對蔡尚思說：「黎大總統是民
國元勳。」如今，黎元洪死了，在他心目中，黎元洪與五色國旗一起
消失了，也意味著中華民國滅亡了。

五色旗是中華民國臨時政府成立時採用的國旗，五色表示漢滿蒙
回藏五族共和，北洋政府一直使用五色旗。北伐戰爭結束後，孫中山
提議將陸皓東設計的青天白日旗置於紅底旗幟的左上角，作為新的中
華民國國旗，又稱「青天白日滿地紅旗」。旗上紅、藍、白三色分別
象徵自由、平等、博愛之精神，同時亦代表中華民國以三民主義立
國。「青天白日滿地紅旗」經中華民國政府通過並列入〈中華民國憲
法〉，但是章太炎始終不承認青天白日的中華民國，故稱「中華民國
遺民」。時代在前進，章太炎的思想卻還停留在逝去的年代。

---

73 章太炎：〈致李根源書〉，《近代史資料》1978年第1期，第154頁。

中華民國國旗（北伐後）　　中華民國政府五色旗（北伐前）

第九章
章太炎的學術成就

　　為了提出改造中國的方案，章太炎決定將特殊環境下不得不說的話說出來。他將自己以往的政論文章搜集整理，取名《訄書》出版。《訄書》初刻本問世後，受到社會的讚譽。章太炎的思想隨著社會的進步而進步，以前的一些觀點被他自己推翻了。他對《訄書》初刻本進行反思並開始自我否定，自我否定的結果是《訄書》的重刻本問世。《訄書》新版修訂本表明章太炎與改良主義徹底決裂。一九一五年在北京幽居期間，章太炎第三次增刪《訄書》並將《訄書》易名為《檢論》。在〈方言〉一文中，章太炎討論了如何統一各地方言的問題。在《文始》一文中，章太炎研究了古文字的源流和演變，解決文字的讀音問題。在《民報》前後時期，章太炎在日本創辦了「國學講學會」，撰寫了〈齊物論釋〉等著作。〈齊物論釋〉是章太炎對《莊子》一書的解讀與注釋。章太炎在日本期間，對西方哲學表現出濃厚的興趣。他的哲學體系來自佛學、諸子學和西方哲學。章太炎開辦國學講學會四次，培養了一百多位弟子，章門弟子後來大多成為國內知名大學的中堅。

一　編撰《訄書》

　　一八九九年八月，章太炎從日本回國，經上海回到浙江。為躲避清政府的耳目，他在杭州和餘杭兩地輪住，行蹤詭秘。

　　章太炎此前在報刊上曾經陸續發表過不少政論文章，還有一些文

章末及發表。這些文章抨擊時事，呼籲救亡，表達了章太炎的政見主張。為了系統地清算改良主義的理論，與改良主義劃清界限，他同時提出改造中國的方案。章太炎決定將特殊環境下不得不說的話說出來，他開始搜集整理這些文章，準備出版。

《訄書》封面

經過四個多月的案頭忙碌，章太炎選定了五十篇文章，一九〇〇年一月基本成型。這本自選的論文集起一個什麼名字呢？章太炎思索再三，最後定名《訄書》。為什麼起這樣一個書名？章太炎在《訄書》的序言裏用四個字解釋了書名——「逑鞠迫言」。逑者，匹配也；鞠者，撫養、養育也；迫者，急迫也。逑鞠迫言，即為大眾民生的急迫之言，為救民於水火不得不說的話。

《訄書》初刻本共收論文五十篇，反映章太炎在戊戌變法前後開始社會活動的思想狀況，內容多與中國古代文化相關。他在書中闡述了他的哲學見解和提倡社會改革的思想，實際上是章太炎早期歷史經驗的總結。章太炎接受了西學，對日本、歐、美的近代自然科學和資產階級社會政治學說十分欣賞，他以西學的眼光重新審視中國古代文化，產生了許多獨到的見解。

《訄書》是一部論文集，但每一篇文章可以獨立成篇。文章的內容從歷史到哲學，從文化到政治，構成了一個完整的關於資產階級民主主義的理論體系。《訄書》的中心內容是從研究中國歷史的制度和變革入手，考察周邊國家的變法趨勢，呼籲中國在政治、經濟、軍事、教育、法制、宗教等諸多領域進行變革，傳播「變則存，不變則亡」的觀點。

章氏在書中提倡復興諸子之學以濟儒家，提出反清、反列強並首倡光復之說，對當時的社會思潮影響深遠。一九〇〇年春出版的初刻本《訄書》收入章太炎政論文五十篇，出版不久再次印刷，增加了〈辨氏〉和〈學隱〉二篇。

章太炎的政論文章大致可以分以下十一類：

一是討論政治制度變革。這類文章有〈客帝〉、〈官統〉、〈分鎮〉、〈帝韓〉、〈不加賦難〉等。

二是討論經濟變革。這類文章有〈明農〉、〈制幣〉、〈禁煙草〉等。

三是討論國防與軍事。這類文章有〈經武〉、〈弭兵難〉等。

四是討論教育改革。這類文章有〈改學〉、〈鬻廟〉等。

五是討論立法與司法改革。這類文章有〈商鞅〉、〈正葛〉、〈刑官〉、〈定律〉等。

六是討論反洋教鬥爭。這類文章有〈爭教〉、〈憂教〉等。

七是討論社會關係變革。這類文章有〈平等難〉、〈明群〉、〈明獨〉、〈喻侈靡〉等。

八是討論周邊國家變革。這類文章有〈播種〉、〈東方盛衰〉、〈蒙古盛衰〉、〈東鑒〉等。

九是討論反清、建立民族國家。這類文章有〈原人〉、〈族制〉等。

十是討論世界觀。這類文章有〈原變〉、〈封禪〉、〈公言〉（上中下）、〈天論〉、〈冥契〉、〈河圖〉、〈訂實知〉、〈榦蠱〉等。

十一是反對儒家獨尊。這類文章有〈儒墨〉、〈儒道〉、〈儒法〉、〈儒俠〉、〈儒兵〉、〈尊荀〉、〈獨聖〉（上下）等。

以上文章有一部分曾經在報刊上發表過，收入《訄書》後，章太炎一一作了修改。除上述政論文章外，尚收入討論方言的文章數篇，如〈方言〉、〈訂文〉、〈正名雜議〉等。《訄書》的每一篇文章雖然相對獨立，但全書系統地表達了章太炎關於政治、經濟、軍事、教育、

法制、宗教、哲學等問題的政治觀點和主張，形成嚴密的思想體系。

《訄書》的第一部分闡述儒學與諸子之學。在〈儒墨〉、〈儒道〉、〈儒法〉、〈儒俠〉、〈儒兵〉、〈尊荀〉、〈獨聖〉（上下）等文章中，章太炎認為儒家是諸子百家中的一家。儒家刻苦兼愛、法家主張富強、道家智謀權變、墨家提倡和平、兵家勇敢剛強，諸子均有所長。在史書上從不入流的俠客義士，章太炎認為，應當承認他們在歷史上的作用並給予其一定的地位。

在《尊荀》一文中，他提出，荀子是革故鼎新的改革家，應當提高荀子的地位，荀學應當與儒學並舉。

《訄書》的第二部分是哲學論文。在〈原變〉、〈封禪〉、〈公言〉（上中下）、〈天論〉、〈冥契〉、〈河圖〉、〈訂實知〉、〈榦蠱〉等文章中，章太炎批判了唯心主義的天道觀、天命論和有神論。

在〈公言〉（上中下）一文中，章太炎提出了唯物主義的反映論。〈公言〉指出，人類對於自然界的色、香、味、觸能夠感知並得出相同的結論，是因為人類具有相同的感覺器官眼、鼻、口、耳、身，這些器官具有相同的辨別功能，因此對自然界會作出同樣的反映。自然界尚有大量現象不能被我們的感覺器官所感知，例如太陽光有七色，而我們的眼睛不能看到七色，但我們「不見其光而不得謂之無色」，因為太陽光是客觀存在的，借助物理手段是可以感知的。所以，我們對一時不能直接感知的現象需要通過判斷和推理，使個別上升到一般。章太炎批評宗教使人們對自然界的認識囿於一隅，不能充分地認識自然規律。

〈冥契〉對黃宗羲的〈明夷待訪錄〉作出了高度評價。

〈封禪〉指出，遠古的封禪活動具有軍事實用價值，後來逐漸演變成君權神授的宗教儀式。

〈河圖〉認為，所謂河圖和洛書並不是什麼神賜予的，而是先人

刻畫在石頭上的地圖，沉於水中，被伏羲、夏禹撿拾，並沒有什麼神秘，以河圖論證君權神授是無稽之談。

〈原人〉、〈原變〉、〈族制〉、〈天論〉等篇運用西方近代自然科學和生物進化論的知識駁斥了中國傳統的天命論。在文章裏，章太炎認為只有自然之天而無「上帝」之天，對中國古代王充等人的樸素唯物觀給予了充分肯定。他提出社會進化的原則，認為有機物是由無機物變來的，高等動物是由低等動物變來的，人是由水生動物進化而為猿、再由猿進化為人，並非「上帝」創造。生產工具、禮儀制度及人的形體在社會變化和人類發展的過程中，舊的不斷淘汰，新的不斷產生。自然界的器官既有進化現象，也有退化現象，其規律是用則進，廢則退。人類的器官也是如此，人的腦力和體力經常使用就進步，反之就退化。文明人如果不進步，就會退化為野蠻人，甚至退化為猿猴。

章太炎接受達爾文的進化論並進行闡述，抨擊了「天不變，道亦不變」的天命觀，呼籲國人關注民族危亡，救中國於水火。章太炎在〈原人〉中說，中國是中華民族的中國，「戎狄」君臨中國不合理，歐美諸國入侵中國、瓜分中國也不合理，中國人民「安論其戎狄與貴種哉，其拒之一矣！」[1]奇怪的是，章太炎認為「戎狄」君臨中國不合理，歐美入侵中國、瓜分中國也不合理，他的筆鋒從不觸及日本，不認為日本將臺灣據為己有是最大的不合理。

他撰寫〈討滿洲檄〉，歷數清政府焚書、屠城、製造文字冤獄等十四宗罪。

在〈商鞅〉一文中，章太炎對商鞅評價甚高，目的是希望在中國實行資產階級法治。他把中國古代的封建法治與歐洲資產階級法治相比較，肯定了商鞅變法在當時的歷史作用，提出「在法律面前人人平等」的主張。

1　〈原人〉，《訄書》初刻本（上海市：古籍出版社，1985年）影印本，頁17。

在〈喻侈靡〉一文，章太炎稱頌管子的〈侈靡〉，「斯可謂知天地之際會，而為《輕重》諸篇之本，亦泰西商務所自出矣」。章太炎認為中國發展資本主義經濟是繼承古代進步傳統，是文明發展的必然趨勢。他以發展資本主義經濟為標準，肯定古代與經濟生產有關的學術言論，但章太炎對管子社會經濟的見解有美化拔高之嫌。

在〈制幣〉、〈明農〉、〈禁煙草〉諸篇中，章太炎強調以農業為基礎發展工商業，建立民族資本主義經濟，以抵抗外國經濟侵略。

〈客帝〉是章太炎在這一時期最有代表性的作品。他在總結中國古代文化歷史經驗的基礎上設計了資產階級君主立憲方案。章太炎繼承古文經學派的傳統，同時深受西方資產階級思想影響，贊同維新變法、救亡圖存。當時，章太炎對光緒皇帝尚抱有很大希望，主張保皇、尊清。他提出，以「聖明之客帝」光緒掌握中央實權，客帝不稱天子，實行自上而下的變法，還主張變法成功後實現君主立憲，建立資產階級與地主階級的聯合專政。章太炎要求改革官吏的選拔與任用制度，改變科舉選拔人才和唯學歷是舉的做法，採用推薦與自薦相結合的方法。章太炎還鼓勵平民上書言事，為統治者出謀劃策。章太炎建議遷都武漢，以免北京朝廷受制於距北京較近的滿洲貴族。為了防止列強挾制中央政府而號令全國，他建議加強地方政權。

在〈憂教〉一文中，章太炎列舉發生在天津等地的教案，揭露帝國主義國家利用基督教侵略中國的陰謀。傳教士與中國封建主義勢力相勾結欺壓中國人民，中國人民屢次與傳教士發生衝突。每一次衝突，帝國主義國家總是借保護傳教士之名，行瓜分中國之實。

關於武備與國防問題，章太炎在〈經武〉和〈弭兵難〉兩文中說，俄、美列強鼓吹裁軍，自己裁，希望其它國家也裁，中國和其它弱小國家不能上當。「今以中國之兵甲與泰西諸強國相權衡，十不當

一，一與之搏擊，鮮不潰靡。」[2]章太炎強調，無論外交與內政，中國都必須擁有強大的國防力量作為後盾。

〈斡蠱〉一文表達了章太炎無神論的觀點。中國古書中說，「人死曰鬼，鬼者歸也。」章太炎認同這種觀點，認為人死以後，構造人體的各種物質復歸於自然。鬼，就是歸，就是人的形體的復歸，是一種自然現象。章太炎探討了鬼神產生的原因在於遠古人類對自然界的愚昧無知以及對死亡親人的懷念，統治者利用了人們的無知和感情，宣傳封建迷信。

〈獨聖〉是《訄書》的結語篇。在這篇文章裏，章太炎探討了萬物變化的動力和根源。他提出，自然界對立面的鬥爭是萬物變化的動力，是舊物資向新物資飛躍的動力，自然界對立面的鬥爭產生於萬物的內部。

章太炎在《訄書》中也宣揚了一些錯誤觀點。例如，對於民族的文明與愚昧問題，他認為是由於不同種族進化的歷程不一樣。有的民族進化較早，因而比較文明；有的民族進化較晚，因而比較愚昧。漢民族和歐美白種人進化較早，屬於「貴種」。歐美的生番以及亞洲的戎狄進化較晚，尚未真正脫離動物狀態。章太炎說，在亞洲，漢族和日本民族是「禮義冠帶之族」，其餘民族則是犬種、狼鹿、豸種、蛇種、羊種。對於滿族，章太炎在文中稱為「索虜」、「戎狄」、「烏桓遺裔」，認為屬於野蠻民族，表現為嚴重的大漢族主義。

對於平等問題，章太炎認為君臣、父子、男女之間是不可能做到絕對平等的，他們之間有天然的差別，而且這種差別是不可能取消的。「平等之說，非撥亂之要也」[3]。但是，對於什麼是平等以及如何

2　〈弭兵難〉，《訄書》初刻本（上海市：古籍出版社，1985年），影印本，頁82。
3　〈平等難〉，《訄書》初刻本（上海市：古籍出版社，1985年）影印本，頁31。

實行平等，章太炎似乎十分模糊。在〈平等難〉一文中，他認為中國目前還不具備實行民主的條件。可是在〈明群〉一文中，他又說：「今夫人以中夏為專制，顧其實亦民主矣。」[4]

在進化論的問題上，章太炎既有唯物主義的一面，也有唯心主義的一面，屬於庸俗進化論。例如，對於進化的原因，他認為是來自生物的惑亂和妄想；對於進化的動力，他認為是來自生物的思力。通俗地說，章太炎認為生物之進化和演變，是由於生物內部具有要求進化的欲望和主觀精神意志。章太炎簡單地將動物的生存競爭引進到人類社會，掩蓋了人類社會的民族壓迫和階級壓迫。

《訄書》初刻本於一九〇〇年春在蘇州木刻印行，其封面為梁啟超題簽。戊戌變法失敗後，章太炎對改良主義道路已經發生懷疑，正在革命與改良的十字路口徘徊。《訄書》初刻本雖然沒有收入受康有為改良主義影響較深的論文，如〈論亞洲宜自為唇齒〉、〈論學會有大益於黃人亟宜保護〉及〈變法箴言〉三文，但該書收入的論文大多撰寫於戊戌變法前後。雖然章太炎已經作了修改潤飾，但從全書看，改良主義思想的痕跡是非常濃鬱的。章太炎主張在保留封建主義框架結構的前提下實行變革和改良，他的許多美好主張和理想未免陷入空談。

《訄書》是章太炎這一時期真實思想的反映，他憂國憂民的意識、以天下為己任的抱負、對西學的汲取與運用、對列強的譴責與警惕、對清朝統治者的抨擊，閃耀著資產階級民主思想的光輝，對近代中國思想界和學術界產生的影響是不可低估的。

4　〈明群〉，《訄書》初刻本（上海市：古籍出版社，1985年）影印本，頁45。

二　《訄書》重刻

　　《訄書》初刻本問世後，受到社會的讚譽，但章太炎自己對這部自選集表示不滿意。蓋因章太炎的思想隨著社會的進步而進步，以前的一些觀點被他自己推翻了，需要重新表述。戊戌變法失敗，章太炎跳出改良主義思想範疇。他開始廣泛地閱讀西方各種書報雜誌，瞭解了西方資產階級學說。章太炎對《訄書》初刻本反映的思想進行反思並開始自我否定。自我否定的結果，是《訄書》的重刻本問世。

　　這一次修訂，章太炎刪去十四篇，增加二七篇，合計正文六三篇，另有前錄二篇。章太炎對《訄書》保留的文章全部作了修改。一九〇三年初，《訄書》修訂完成，交日本東京翔鸞書社出版。一九〇四年四月，新的《訄書》面世。

　　《訄書》從一八九八年開始寫作，一九〇〇年出了一個由梁啟超題簽的木刻本，許多人稱這個版本為原刊本。同年還有一個未曾出版的「手校本」。一九〇四年，經刪改之後，在日本出版了鉛字排印的「重印本」，封面的題簽改成與他在《蘇報》案中共患難的鄒容。

　　新版《訄書》以嶄新的面貌出現在讀者面前。《訄書》是章太炎思想變化的晴雨錶。初刻本與重刻本比較，表面上看，篇目的數量和編排的次序發生了變化，但從內容上看，實際差別很大。全書內容可以分為四個部分：

　　第一部分收論文十三篇，講述中國學術思想史；

　　第二部分收論文十七篇，講述中國哲學；

第三部分收論文二十五篇，講述中國典章制度；

第四部分收論文八篇，對史書及人物進行評價。

《訄書》重刻本首先是思想上發生變化，章太炎由「尊清」轉為反清；其次是主題上的變化，由宣傳社會改良變為提倡民主革命；再次是體繫上的變化，即由改良主義理論轉為資產階級革命理論。

讀者驚喜地發現，章太炎在新版《訄書》中毅然告別了改良主義，高舉起革命反清大旗。在六三篇正文的前面，章太炎安排了二篇前錄〈〈客帝〉匡謬〉和〈〈分鎮〉匡謬〉，表明他政治立場的轉變。重刻本《訄書》的問世，為資產階級民主革命派提供了一個相對完整的理論體系。

《訄書》修改成書的過程，也是章太炎思想脫胎換骨的過程。章太炎當年接受改良主義影響，贊同變法維新，認為清政府應當推翻，但光緒是一個好皇帝，將中國的前途和出路寄託於好皇帝。章太炎還天真地寄希望於漢族封疆大吏李鴻章、劉坤一、張之洞之流，認為他們與滿人不一樣，希望他們革故鼎新，挽救民族危亡。〈客帝〉和〈分鎮〉就是在這樣的背景下撰寫的。中國革命的潮流蕩滌了他的思想，譚嗣同六君子及唐才常等志士仁人的鮮血震撼了他的心靈，當他重讀〈客帝〉和〈分鎮〉等文章時，他感到羞愧。所以《訄書》開篇即對〈客帝〉和〈分鎮〉兩文進行「匡謬」。在〈〈客帝〉匡謬〉中，他說：「滿洲弗逐，欲士之愛國，民之敵愾，不可得也。浸微浸削，亦終為歐、美之陪隸已矣。」[5]他批判自己以前撰寫的〈客帝論〉「飾苟且之心，棄本崇教，其違於形勢遠矣。」[6]

章太炎進行自我批判，號召讀者徹底拋棄對封建統治者的幻想，開展「反清」鬥爭。《訄書》的反清言論，後來成為章太炎蒙受牢獄

---

5 章太炎：〈客帝匡謬〉，《訄書》（上海市：古籍出版社，1985年）影印本。

6 章太炎：〈客帝匡謬〉，《訄書》（上海市：古籍出版社，1985年）影印本。

之災的原因之一，在《蘇報》案的審判罪狀中有一條便是《訄書》。

在《訄書》初刻本裏，章太炎引經據典的書籍多為四書五經，也有一部分西方著作，而在新版《訄書》裏，讀者見到了更多的西方作者的著作。章太炎以西學論著作為自己立論的依據，引用了許多西學作者的著作。這些著作主要有美國社會學家葛通哥斯（吉丁斯）的《社會學》，英國人類學家梯落路（泰納）的《原始人文》，芬蘭人類學家威斯特馬科的《婚姻進化論》，日本學者有賀長雄的《族制進化論》、《社會進化論》、《宗教進化論》，日本學者姊崎正治的《宗教學概論》和武島又次的《修辭學》等。此外尚有盧梭、康德、培根、載路、斯賓塞等人的著作。章太炎閱讀及引用的西學側重於社會學，可見他對改造社會、對百姓民生問題之關注。在諸多西學著作中，章太炎閱讀了較多的日本作者的著作，可見他受日本文化影響之深。

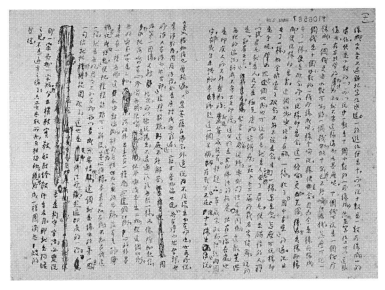

章太炎手稿

在《訄書》初刻本中，章太炎已經開始引用斯賓塞的觀點。章太

炎第二次到日本，見到了更多的斯賓塞的書籍，常見到的各種譯本有二十多種。日本社會學家非常欣賞斯賓塞的學說，認為斯賓塞的學說為日本建立天皇制度提供了理論依據。日本著名社會學家有賀長雄接二連三出版了三本社會學方面的著作《族制進化論》、《社會進化論》和《宗教進化論》。正是參考並演繹了斯賓塞的學說，此時的章太炎閱讀了更多的西學著作並且兩次到日本，對西方社會有了更多的瞭解。他對斯賓塞和有賀長雄提出了批評，認為他們的著作充滿了機械論傾向。

章太炎對美國社會學家葛通哥斯（吉丁斯）的《社會學》很感興趣，但認為其理論有一定的片面性。他比較欣賞的社會學家是日本學者岸本能武太。岸本能武太於一九〇〇年出版了《社會學》，章太炎認為岸本能武太十分巧妙地融合了葛通哥斯與斯賓塞兩家的學說，自成一家之言。章太炎認為，葛通哥斯將「類群意識」的作用絕對化，而斯賓塞孤獨地以生理現象機械地解釋社會活動，兩者均有偏頗之處，不盡如人意。

《訄書》收錄了〈定版籍〉，這是章太炎對中國土地制度的思考，反映了他對中國民生問題的關注。在這篇文章裏，章太炎提出了〈均田法〉。

章太炎在東京的時候，孫中山曾與章太炎談了關於「平均地權」的主張，章太炎感到振聾發聵，大受其益。此前，章太炎很少考慮過「地權」問題。革命如果成功，章太炎曾經設想過賦稅制度的改革問題，在不改變土地所有制的前提下重訂賦稅，既不增加百姓負擔，而又能保證國家供給。孫中山說，謀求減輕農民賦稅負擔而不解決農民土地所有制問題是棄本而逐末。地主壟斷土地的局面在中國已延續千年，必須徹底打破，農民應當享有「地權」。土地應當按照人口分配給農民，國家應當制定法律制度，實行「不躬耕者，無得有露田」。

　　孫中山關於土地問題的思考使章太炎感到豁然開朗，他有感而發，撰寫〈定版籍〉。在這篇文章裏，章太炎制定了〈均田法〉，提出了關於露田、菜地、礦產的分配原則，主張「凡土：民有者無得曠」，「凡露田：不親耕者使鬻之」。〈均田法〉的基本精神是廢除封建土地所有制，實行土地國有，從根本上解決農民土地問題，實現孫中山所設想的「耕者有其田」，從而取消千百年來的封建地租剝削，減輕農民賦稅負擔，避免貧富過分懸殊。

　　章太炎的〈均田法〉儘管非常粗糙，但在中國近代史上還是佔有重要地位。〈天朝天畝制度〉是中國農民階級提出的第一個土地制度，〈均田法〉是中國資產階級提出的第一個土地制度。土地如何實現國有以及如何分配是十分複雜的問題，章太炎沒有能提出行之有效的措施與辦法，因此，〈均田法〉帶有濃重的理想化的色彩，與〈天朝天畝制度〉一樣，是無法實現的空想。作為中國資產階級革命家的章太炎以及孫中山，當時還沒有認識到土地問題是中國革命的首要問題。無論章太炎還是孫中山，他們提出的關於「平均地權」並實行「耕者有其田」的思想在中國思想庫裏留下了光輝的一頁。

　　在新版的《訄書》裏，章太炎對孔子進行了無情的批判。舊版《訄書》中〈獨聖〉、〈尊荀〉等篇係章太炎早年撰寫，尊孔現象比較明顯，章太炎將兩文刪除而代之以〈訂孔〉一文。

　　所謂「訂孔」，即對孔子進行議論和評價。章太炎認為中國古代將孔子吹捧得太高。他引用日本人的話，說孔子出於中國，是中國之禍，並將孔子定名為「古之良史」，而非「聖賢」或「素王」。孔子撰《春秋》、定六藝，稱得上是中國古代文化的集大成者，但與孟子、荀子相比較，孔子的學術並不比他們高明。《論語》是孔子言論的記錄，然其言論多有自相矛盾之處。章太炎認為，孟子和荀子在學問道德方面均超過孔子，由於歷朝統治者吹捧孔子，孟子、荀子遭到打

壓，所以孟子學術、荀子學術未能彰顯。中國古代百家爭鳴，孔子是百家中之一家，現在應當恢復歷史的原貌。

應當說，章太炎對孔子的議論和評價是比較客觀、公正的，他沒有歪曲和謾罵孔子，只是不贊成將孔子置於至高無上的精神殿堂。康有為塑造了一個為資產階級服務的新孔子，打著尊孔的旗號託古改制，為變法維新製造輿論。從當時社會來看，康有為的尊孔理論有廣泛的市場，成為保皇派的思想基礎，也成為革命派的絆腳石。

章太炎的《訂孔》與康有為的尊孔理論針鋒相對，革命派為之叫好，而保皇派則大罵章太炎離經叛道。章太炎是古文經學的傳人，他面對的是繼承今文經學的論敵康有為。後世學者評價說，《訂孔》以下論學術史諸篇，取捨褒貶，時見奇怪之論，原因即在章「論學的箭垛始終在訂康」。表面上「訂孔」，實際上「訂康」。

保皇派撰寫文章攻擊章太炎，要盡毀天下《訄書》。然而歷史潮流不可阻擋，《訂孔》開啟了近代批評孔子的潮流，《訄書》發表後，「孔子遂大失其價值，一時群言多攻孔子矣」。[7] 吳虞、顧頡剛等後來批孔，可以說是受到《訄書》的影響。四川吳虞反孔激烈，被人稱為四川「隻手打倒孔家店的老英雄」。

西學東漸，當時許多學者希望借西方的社會政治學說來解讀中國古典，章太炎可謂先驅者並且取得了成功。《訄書》是章太炎「合中西之言」的代表作。章太炎認為，認識的源泉在客觀世界，獲得認識首先必須經過人的感覺器官去和外界事物接觸。但是，人的感覺器官具有局限性，為了認識那些不能被感官直接感知的東西，需要依靠判斷、推理等理性思維。他讚賞清初思想家顏元注重實際，同時批評顏元忽視理論，反對讀書。一切理論都不要，一本書都不讀，學術退步了，人也退步了。

7　許之衡：〈讀《國粹學報》感言〉，《國粹學報》第6期。

　　章太炎積極宣傳西方的進化論思想，為鼓吹變法圖強的政治主張服務。他認為人類社會從野蠻到文明是一個不斷進化的過程。世界上所有生物隨著自然環境的變化而變化，適者生存，否則被淘汰。社會進化的推動力在於競爭。他還說，動物的器官用進廢退，人的智力也一樣，智力如果不常使用，就會退化如同猿猴。

　　《訄書》探討中國社會、經濟、文化、教育諸領域變革的理論，提出變革的方案和構想。為了挽救災難深重的中華民族，他試圖創造一種新的理論，即以中國固有的文化傳統為基礎，吸收西方近代思想文化，將儒學與西學相結合，創造適合中國國情的具有時代特性的理論。章太炎理想理論的創建是一個博大精深的體系，非一人一時之功所能成就，然而他努力創新的艱難嘗試，實為後人之楷模。

　　新版《訄書》增加了多篇章太炎的最新文論，如〈學變〉、〈學蠱〉、〈王學〉、〈清儒〉等，對中國古代思想學術的演變作了考察和梳理。章太炎特別推崇漢晉以來歷朝進步的思想家，如王充、王符、仲長統、崔實、顏元和戴震等人。

　　在〈清儒〉一文中，章太炎對有清一代的學術思想進行了總結。〈清儒〉是對清朝兩百餘年學術變遷史的系統總結。原篇分三節。第一節分析「經」的性質；第二節闡述乾嘉考據學者恢復了把六經當作歷史研究的傳統，因而讓經學放出光彩；第三節為成果評論。在清代大儒中，他對戴震特別推崇。戴震是清代皖派的領軍人物，他與吳派的領軍人物惠棟對古代六經進行了系統疏證。章太炎認為皖吳兩派的疏證之功使「支那文明進化之跡，藉以發見」，有功史林，「真我師表」。

　　在新增加的文論〈序種姓上〉、〈序種姓下〉、〈原變〉、〈族制〉中，章太炎從語言、文字、民族的角度研究中華民族特別是漢民族形

成的歷史，研究漢族與其它民族之間的關係，提出民族是社會文明史發展的產物。章太炎認為漢族是優等民族，而少數民族屬於夷狄，主張中國應當由漢族人統治。章太炎關於種族優劣、華夷之辨、大漢族主義的思想貫穿在《訄書》初刻本之中，新版《訄書》保留了這些認識，反映章太炎反清革命的思想深入骨髓，他需要將這些思想和認識作為他實行反清革命的理論依據。

在〈通法〉一文中，章太炎討論了立法和司法的改革。

在〈原教〉、〈訂禮俗〉、〈辨樂〉等文論中，章太炎討論了現代民族經濟、民族文化及民族心理等問題。

在〈尊史〉、〈徵七略〉、〈哀焚書〉、〈哀清史〉等文論中，章太炎揭露清政府焚書和大興文字獄的罪行，防民之口甚於防川，較之秦始皇有過之而無不及。章太炎研究了關於如何繼承並發揚中華民族優秀歷史遺產的問題，認為只有推翻清王朝，才能復興中華民族優秀歷史文化。

《訄書》新版修訂本明確表明了章太炎的歷史觀、社會觀和思想觀，表明了章太炎與改良主義的徹底決裂，也表明了章太炎對保皇派的宣戰。此書問世後，風行一時，轟振海內。章太炎學問精深，對一般讀者而言，《訄書》艱深難懂，但許多知識青年仍然趨之若鶩，希望先睹為快，以致書社不得不一印再印，以滿足社會需要。《訄書》後來還出了再修訂本。章太炎此後幾度重訂篇目，增刪內容，修改文字，所以《訄書》有三個版本，即《訄書》初刻本、《訄書》重訂本和第三次修訂本《檢論》。這三種版本反映章太炎在不同時期、不同社會政治環境下思想的變化。

《訄書》問世後，受到學人的歡迎，但是許多人捧讀後卻說讀不懂。魯迅說：「回憶三十餘年之前，木板的《訄書》已經出版了，我

讀不斷，當然也看不懂，恐怕那時的青年，這樣的多得很。」[8]

　　一九一五年，章太炎在北京幽居期間，致力於《訄書》的修訂。在修訂過程中，巡警總廳忽然通知黃侃搬家，接著是章太炎的學生和友人來訪時受阻。因此，章太炎放下《訄書》，再次宣佈絕食。在章太炎絕食期間，馬敘倫及他的學生反覆勸解，特別是他所鍾愛的三女兒來看望他。在巡警總廳保證取消限制後，章太炎恢復進食。

　　經歷這次風波以後，章太炎繼續修書。章太炎第三次增刪《訄書》重訂本，將《訄書》易名為《檢論》。《訄書》易名《檢論》，深藏著章太炎鮮為人知的含義。檢，禁也。《檢論》表示這是一部在囚禁中完成的著作，也表示著作中所收的政見時論文章是被禁止的。章太炎弟子錢玄同曾對《訄書》的演變有一個簡單的說明：《訄書》作於戊戌，改於庚子，至民國四年乙卯而再改，更名曰《檢論》。

　　《檢論》增加了〈原儒〉、〈原經〉、〈原法〉、〈原名〉、〈傷徐錫麟〉、〈告劉光漢〉等二七篇，刪除〈儒道〉、〈族制〉等四篇。這次收入《檢論》的文章共六二篇，另有正文附錄七篇，全書分為九卷：

　　卷一收四篇，討論中國民族的起源和形式。

　　卷二收十篇，討論六經的起源和內容。

　　卷三收八篇，討論周秦兩漢諸子學說。

　　卷四收九篇，討論唐宋以來學說思想的變遷。

　　卷五至卷八，論述中國民族語言文字、共同心理狀態、法律、行政、經濟等諸問題，多為《訄書》舊作，增加新作僅二篇，為〈正議〉、〈對二宋〉。其中卷七收十二篇，提出政治經濟制度改革的設想；卷八收四篇，為人物評論。

　　卷九收七篇，總結辛亥革命失敗的教訓，抨擊袁世凱。

8　魯迅：〈關於太炎先生二三事〉，《魯迅全集》第6卷（北京市：人民文學出版社，1973年），頁547。

　　《檢論》提出了章太炎在學術上的新見解，特別對辛亥革命以來的經驗教訓作了總結。在錢糧胡同居住的這段日子裏，章太炎有充分的時間對辛亥革命、對革命洪流中自己的所作所為進行反思和總結。

　　在《檢論》中，他回顧武昌起義以來的歷史，認為辛亥革命的勝利對於革命黨人來說有一種從天而降的感覺，正是這種不健康的感覺使革命黨人沒有對封建的專制和腐敗勢力予以徹底的打擊，結果導致勝利果實輕易地落入他人之手。由於革命黨的軟弱，才導致袁世凱之流的猖獗，教訓極為深刻。章太炎反省了自己對立憲派、舊官僚和舊軍閥的天真，認為他們在革命成功之後一個跟頭就可以翻成革命黨人，結果大錯特錯。他猛烈抨擊了袁世凱的專制統治，認為袁世凱的專制統治給國家和民族帶來嚴重的危害。

　　胡適為《申報》五十週年紀念曾經撰寫〈五十年來中國之文學〉一文，對中國兩千年來的學術史作了一份評價。他將章太炎的《檢論》、《國故論衡》與劉勰的《文心雕龍》、劉知幾的《史通》和章學誠的《文史通義》比肩而論，給予了極高的評價。

　　《訄書》初刻本、《訄書》重訂本及《檢論》，同一著作的三個不同版本反映了章太炎思想體系的變化，對於研究近代中國思想體系的發展具有重要參考價值。

三　統一方言

　　作為一代經學大師，章太炎早在西子湖畔的時候就注意到了漢語言的變化。中國是世界上人口最多的國家，而漢民族是中國人口最多的民族。隨著社會的變遷，漢語的詞彙、語音和語法在不斷發生變化。章太炎在編撰《訄書》時曾經收進了他歷年撰寫的〈方言〉、〈訂文〉、〈正名雜義〉等篇，討論漢語言的變化問題。

　　在〈方言〉一文中，章太炎討論了如何統一各地方言的問題。他
說，漢族雖然使用同一種文字，語音卻有很大差異，這對於發展民族
經濟、繁榮民族文化非常不利。他將全國各地的方言「略分十種」，
分析了各地方言的特點及其相互關係，提出統一口語的問題。章太炎
意識到統一口語對繁榮國家經濟、文化生活的重要，但未能提出確切
可行的方案。

　　在〈訂文〉一文中，章太炎提出文字起源於圖畫，因為圖畫過於
繁瑣，逐漸簡化，形成文字。在東京講學期間，他說《周易》和《說
文解字》都有講解漢字構成的「六書」，即象形、會意、轉注、處
事、假借和諧聲。人類最早造的字是象形字，這是由圖畫演變而來
的。象形字以後出現的是處事和會意。這三種造字法，實際上「是從
象形意義上頭造出來的」。後來這三種造字方法都不夠用了，便又出
現轉注、假借和諧聲三種方法。

　　《說文解字》對於「轉注」的解釋是「建類一首，同意相授」，
即同一部首下各字訓義互相關聯。對於「假借」的解釋是「本無其
字，依聲托事」，即舊詞賦新意。章太炎認為轉注和假借是漢語詞彙
發展的必然法則，正是這一法則使漢語的字和詞能夠適應社會不斷
發展。

　　在〈小學略說〉一文中，章太炎說，研究文字，要注意形體、故
訓和音韻三者互相依存的關係。「言形體者始《說文》，言故訓者始
《爾雅》，言聲韻者始《聲類》。三者偏廢，則小學失官。」[9]

　　章太炎說：「凡治小學，非專辨章形體，要於推尋故言，得其經
脈。不明音韻，不知一字數義所由生。」[10]章太炎對中國古音的變化

9　章太炎：〈小學略說〉，《國故論衡》卷上（臺北縣：廣文書局，1977年），頁3。
10　章太炎：〈小學略說〉，《國故論衡》卷上（臺北縣：廣文書局，1977年），頁4。

作了認真的探究。章太炎一向推崇的顧炎武、戴震、江永、錢大昕、段玉裁等都是清代著名的音韻學家,他早在西子湖畔就拜讀過他們的著作。

　　清代學者在研究經學的時候,不約而同地發現一個現象,即先秦古音與後代的語音多有不同。如果朗讀《詩經》,以先秦語音誦讀朗朗上口,而以後代古音誦讀,音韻明顯不和諧。顧炎武、戴震等對此進行了研究。顧炎武將古韻系統分作十部,戴震分作九類二五部,江永分作十三部,段玉裁分作十七部,各人分法不一。章太炎經過梳理後,將古韻系統分作二三部,為此,他撰寫了〈二十三部音準〉,標出古韻古代應讀某音。

　　一九〇六年到一九〇八年,章太炎陸續撰寫了《新方言》,在《國粹學報》連載。一九〇九年八月在東京出版單行本。《新方言》分釋言、釋親、釋形體、釋宮、釋器、釋天、釋地、釋植物、釋動物以及音表等共十一篇。《新方言》廣泛搜集了全國各地的方言,將它們進行比較研究,總結了「方言六例」,「明斯六例,經以音變,諸州國殊言詰詘者,雖未盡憭,倘得模略,足以聰聽知原。」[11]章太炎自己十分看重這本書,稱之為「懸諸日月,不刊之書」。[12]

　　一九〇八年,巴黎留學生在巴黎〈新世紀〉刊文,「謂中國當廢漢文而用萬國新語」,理由是「漢文紛雜,非有準則,不能視形而知其字,故當以萬國新語代之」。[13]章太炎聞訊後非常憤怒,立即撰文〈駁中國用萬國新語說〉,在《民報》發表。章太炎說,語言是人與人在社會交往和社會活動中的產物,一個民族的語言是與該民族的歷史緊密相連的。「一國之語言,固以自為,非為他人,特餘波所及

11　章太炎:〈新方言序〉,《章氏叢書‧新方言》(上海市:古書流通處木刻本1924年。

12　章太炎:〈漢字統一〉,《會之荒陋》,《民報》第17號。

13　章太炎:〈駁中國用萬〉,《國新語說》,《民報》第21號,頁49。

耳。」[14]他認為，只要國家沒有滅亡，民族沒有滅亡，這個民族的語言就不會滅亡。沒有任何力量可以採用強制的手段消滅一個民族的語言，而以另一種語言取代。

吳稚暉撰文〈書〈駁中國用萬國新語說〉後〉駁斥章太炎，說私家以新語著書，學校以新語教學，萬國新語便可取代各民族語言，而成為世界唯一的語言。吳稚暉對章太炎進行人身攻擊，說他「不合時宜」，將「與蔥根菜葉共投之於垃圾之桶」。[15]面對吳稚暉的惡毒攻擊，章太炎說：「漢土之語言文字，傳之四千歲，服習之者四萬萬人，非吾所擅而有。」[16]關於「漢文紛雜，非有準則」說法，章太炎覺得不值一駁。一些西方學者認為，中國之所以識字的人不多，是因為漢字非拼音，十分難學。章太炎說，這個說法不成立。俄文是拼音文字，但俄國識字的人比中國還要少。漢字確實有難認難知的缺點，但是這些缺點是可以克服的，例如簡化漢字，為漢字注音等。

一九一〇年，章太炎撰寫《文始》，研究古文字的源流和演變，主要解決文字的讀音問題。章太炎自述其創作經過：「以為學問之道，不當但求文字。文字用表語言，當進而求之語言。語言有所起，人仁天顛，義率有緣。由此尋索，覺語言統系秩然。」[17]

章太炎認為，中國文字的形成是先有字的讀音，然後才有字的字形，因此，研究古文字必須研究文字的讀音。章太炎仔細研究了《說文解字》所有的獨體字，認為這些獨體字或純象形或純指事，稱它們為「初文」；又研究了合體象形、合體指事、同體重複字等，稱它們為「準初文」。

---

14 章太炎：〈規〈新世紀〉〉，《民報》第24號，頁59。

15 吳稚暉：〈書〈駁中國用萬〉〉，《新世紀》第57期。

16 章太炎：〈規〈新世紀〉〉，《民報》第24號，頁63。

17 許壽裳：〈國學大師的章先生〉，《自述與印象：章太炎》（上海市：三聯書店，1997年），頁120。

　　章太炎指出，「初文」與「準初文」合計五百十字，《說文解字》收九千餘字，其它文字係由「初文」與「準初文」五百十字演變。章太炎的這一發現，使《說文解字》中六千餘字的演變歷程大致明確。《文始》揭示了中國古文字音、形、義之間的內在聯繫，開創了新時代的字源學，對中國古文字的發揚光大功莫大焉。

　　除《文始》外，章太炎在《新方言》和《國故論衡》等著作中專門討論了語言的起源、語言的功能、語言的發展等基本問題。章太炎說：「該小學者，國故之本，王教之端，上以推校先典，下以宜民便俗。」[18]語言和文字的產生，是因為人類生產和生活的需要。隨著人類社會交往的擴大，語言與文字就會不斷發展變化。語言文字的發展變化是與社會的發展變化同步的。人類的文明史離不開語言文字。

　　章太炎說，當今世界最發達的語言是英語而不是漢語，「今英語最數，無慮六萬言，言各成義，不相陵越」。漢語是世界上使用人口最多的語言，南宋以後卻萎縮與僵化了。漢語如果再不進化，後果將十分嚴重。他提出，必須創造大量新的詞彙，讓漢語有一個較大的發展。

　　走出上海西牢以後，一九〇八年四月至九月章太炎在日本講授《說文解字》，專門論及語言文字問題。學生錢玄同、朱希祖、魯迅三人現場記錄，然後整理成《章太炎說文解字授課筆記》。一九〇九年七月，魯迅結束了七年的留學生活回國。一九一一年初，魯迅與許壽裳、朱希祖等集資為先生出版了《章太炎說文解字授課筆記》，易名《小學答問》。《小學答問》有以下四個特點：

　　其一，關於民族。章太炎認為語言文字有獨特的民族性，因此研究語言文字不可追隨域外。他說：「中國之小學及歷史，此二者，中

---

18 〈小學略說〉，《國故論衡》卷上（臺北縣：廣文書局，1977年），頁4。

國獨有之學，非共同之學。」「凡在心在物之學，體自周圓，無間方國，獨於言文、歷史，其體自方，自以己國為典型，而不能取之域外。」[19]其二，關於語言。章太炎認為音韻、訓詁本為一體，音義系統是第一性的，形義系統是第二性的。

其三，關於歷史。章太炎認為《說文》中的九千多字代表的詞語並不是共時的產物，而是歷時孳乳的結果。在這個理念的指引下，他設計了「語根」的概念，訂立了「孳乳」、「變異」兩大條例，以聲音為線索，撰成漢語詞源學的初創之作《文始》一書。

其四，關於理論。章太炎追求「所以然」，重視第一手材料，善於從語言文字材料中歸納條例、明其條例並貫其會通、要其義理，達到探其根本的目的。

《小學答問》的出版，傳播了章太炎《說文》的學術。魯迅在〈名人和名言〉一文中說，「太炎先生是革命的先覺，小學的大師」，講《說文》娓娓可聽。魯迅、許壽裳、周谷城等曾撰文回憶《說文》對他們的影響。

一九二七年，魯迅撰寫〈在鐘樓上〉。文中說：「記得（太炎）先生在日本給我們講文字學時，曾說《山海經》上『其州在尾』的『州』，是女性的生殖器。這古語至今還留存在廣東，讀若 Tiu，故 Tiunei 二字，當寫作『州戲』，名詞在前，動詞在後的。我不記得（太炎先生）他後來可曾將此說記在《新方言》裏，但由今觀之，則『州』乃動詞，非名詞也。」

許壽裳說：「太炎師據段玉裁的《說文注》，引證淵博，新誼甚富，間雜詼諧，令人無倦，亙四小時而無休息，我們聽講雖不得一

---

19 章太炎：〈自述學術次第〉，《自述與印象：章太炎》（上海市：三聯書店，1997年），頁7。

年，而受益則甚大。」[20]

　　周谷城說，我是從老師錢玄同先生處間接受益於太炎先生的，錢玄同先生在教我們《說文》時說：「仁」字的解釋多極了，但不外乎儒家經典的詮釋，唯太炎先生解釋有別，他說「仁」是兩個「人」字組成的，為什麼取兩個人組成「仁」字，即是要人與人相親相敬、互愛互助，只有相互尊重，才有仁字可講，這是要我們講人權呀。太炎先生就是這樣以西方的先進思想與學說，給古老的中國舊學賦以新的生命，這使我終身受益難忘。

　　在日本期間，章太炎接觸到大量西學，注意到西方語言學家從多角度研究語言的起源問題，反顧中國語言文字的演變，尚未有人對漢語言的起源進行系統探討。在《國故論衡》中，他對漢語言的起源問題進行了初步探討。「語言何自起乎？呼馬而馬，呼牛而牛，此必非恣意妄稱也。諸言語皆有根，先徵之有形之物，則可見矣。」[21]為什麼稱馬為馬，稱牛為牛？章太炎說，這都是有原因的。馬因武而得名，牛因事而得名，這是根據事物特徵而定名。他舉例說，喜鵲為什麼叫喜鵲？因為它叫的聲音「切切錯錯」。烏鴉為什麼叫烏鴉？因為它叫的聲音「亞亞」。這是根據摹聲而定名。章太炎講述語言和文字的關係說，人類總是先有語言，後有文字。文字總是先有聲，後有形，形以表音，音以表言，言以達意。

章太炎著作

　　為瞭解決古韻的讀音問題，章太炎仔細研究了古代為漢字注音的方法。古代為漢字注音一般有兩種辦

20 許壽裳：《致林辰信》1944年2月4日。
21 章太炎：〈語言緣起說〉，《國故論衡》卷上（臺北縣：廣文書局，1977年）。

法：一是「讀若」法，讀若「某」字，但有時「某」字為生僻字，「讀若」法就失效了。另一種辦法是「反切」法，即以兩個漢字的拼音注明讀音，以前字的聲母與後字的韻母相拼。「反切」法在中國已經沿用了一千多年。章太炎經過一番研究後，「取古文篆籀徑省之形」創造了五八個注音符號。

一九一六年，教育部在北京召開「讀音統一會」，研究漢字的標準讀音問題，有人主張用國際音標，有人主張用清末簡字。魯迅、朱希祖、許壽裳、胡以魯、馬裕藻等在會上提出，章太炎早年曾經創造一套標音符號，稱這是符合國情而可通行的注音符號。魯迅等人的提議遭到少數人的反對，由於魯迅一再堅持，會議終於通過了以太炎的注音符號作為全國通用注音符號的決定。

一九一八年，北洋政府教育部發佈「注音符號」三六個：

ㄅㄆㄇㄈㄉㄊㄋㄌㄍㄎㄏㄐㄑㄒㄓㄔㄕㄖ

ㄗㄘㄙㄧㄨㄩㄚㄛㄜㄝㄞㄟㄠㄡㄢㄣㄤㄥ

一九五〇年以後，中文拼音在大陸被廣泛推廣，惟臺灣小學生在學會漢字書寫之前，必須先進行十周左右的注音符號學習。

四　東京講學

一九〇六年到一九〇八年《民報》停刊前，章太炎的主要精力在《民報》上，在《民報》上發表了許多矛頭直指清政府的革命文章，在空餘時間繼續對國粹孜孜以求。《民報》停刊後，同盟會處於分裂狀況，章太炎雖掛名光復會會長，但無所事事，一時沒有方向，便一頭埋入學術研究之中。

章太炎在為革命搖旗吶喊的同時，一直沒有放棄對學術的研究。這個時候，章太炎以全部精力投入國粹研究。一九〇六年九月，章太

炎在日本創辦了「國學講學會」。《餘杭章先生事略》記:「先生嘗言學術在野則盛,在朝則衰,故於私人聚徒講學之風,唱導甚力。」[22]「國學講學會」分為預科和本科兩種,所學科目有所不同。章太炎說:「那時在東京講學,所講的,是中國的小學和歷史,這二者,中國獨有的學問,不是共同的學問。」[23]

當時在日本的中國留學生人數很多,但經濟大多窘迫,許多人希望學習國學,可是付不出學費。章太炎決定免費向中國留學生講授國學。當時聽課的學生有一百多人,多是中國留學生,也有一些日本人。章門弟子任鴻雋回憶說:「聽講的人以浙人、川人為多,浙人中有沈士遠、兼士兄弟、馬裕藻、馬敘平、朱希祖、錢玄同、龔味(未)生等;川人中有曾通一、童顯漢、陳嗣煌、鄧胥功、鍾正楙、賀孝齊、李雨田及我與我的兄弟任鴻年等。還有晉人景耀月、景定成,陝人康寶忠,這些人大概是每講必到的,所以還記得。此外還有偶然來去的也不在少數。」[24]

章太炎講課的地方不固定,學生感覺不便,後來改在神田的大成中學講堂,每周授課二次。章太炎除了講授中國歷史外,主要講授小學。當時開設的課程主要有《說文解字》、《爾雅義疏》、《廣雅疏證》等。章太炎逐字講解,侃侃而談,上至天文,下至地理,無不信手拈來,顯示了他對文字學的深厚功底。

在日本留學的魯迅兄弟想聽章太炎的課,可是章的授課時間和他們自己的俄文課有衝突,於是委託太炎先生的女婿龔寶銓代為請求,

22 李植:〈餘杭章先生事略〉,《華西學報》第4期,1936年6月。

23 沈延國:〈記章太炎先生〉,《自述與印象:章太炎》(上海市:三聯書店,1997年),頁80。

24 任鴻雋:〈記章太炎先生〉,《追憶章太炎》(北京市:生活・讀書・新知三聯書店,2009年),頁211。

希望周日為他們開一個特別班，講授《爾雅》和《說文解字》。章太炎欣然答應，決定授課地點就在他居住的民報報社內。此後，在這個特別班聽課的學生有魯迅、周作人、錢玄同、許壽裳、朱希祖等。

章太炎在東京講學（蠟像）

　　章太炎授課的地方在民報的一間屋子裏，條件非常簡陋，屋子很小，僅可容納七八人。老師和學生十分隨意地圍坐在一張榻榻米上，中間置一茶几。師生環几席地而坐，章太炎一人坐一面，學生分散坐三面。錢玄同好動，喜歡在榻榻米上爬過來爬過去，大家給他取了個外號，就叫「爬來爬去」。

　　許壽裳在《亡友魯迅印象記》一書中回憶說：

　　　　章先生出獄以後，東渡日本，一面為《民報》撰文，一面為青年講學，其講學之地，是在大成中學裏一間教室。我和魯迅極願往聽，而苦與學課時間相衝突，因托龔未生（名寶銓）轉

達,希望另設一班,蒙先生慨然允許。地址就在先生的寓所——牛込區二丁目八番地民報社,每星期日清晨,我們前往受業,在一間陋室之內,師生環繞一張矮矮的小桌,席地而坐。先生講段氏《說文解字注》、郝氏《爾雅義疏》等,神解聰察,精力過人,逐字講解,滔滔不絕,或則闡明語原,或則推見本字,或則旁證以各處方言。自八時至正午,歷四小時毫無休息,真所謂誨人不倦。……章先生講書這樣活潑,所以新誼創見,層出不窮。就是有時隨便談天,也復詼諧間作,妙語解頤。其《新方言》及《小學答問》兩書,都是課餘寫成的,其體大思精的《文始》,初稿也起於此時。我們同班聽講的,是朱蓬仙(名宗萊)、龔未生、錢玄同(夏)、朱逷先(希祖)、周豫才(樹人,即魯迅)、周起孟(作人)、錢均夫(家治)和我,共八人。前四人是由大成再來聽講的。聽講時,以逷先筆記為最勤;談天時以玄同說話為最多,而且在席上爬來爬去。所以魯迅給玄同的綽號曰「爬來爬去」。魯迅聽講,極少發言。

章太炎從上午八點開講,一直到中午十二點,中間不休息。章太炎滔滔不絕,毫無倦意。章太炎不苟言笑,他的文章深奧難懂,想不到講起課來語言詼諧,生動活潑,聽課的學生都有茅塞頓開、重新啟蒙的感覺。

學生這種美好的感覺源自章太炎學問的博大精深。許慎的《說文解字》是非常枯燥的一本書,一般人將它視為字典,需要的時候去查某一個字,基本沒有人將它作為一本書來讀。可是章太炎卻將《說文解字》當做一本書通讀了。難能可貴的是,在幾十年的時間裏,他將《說文解字》前後讀了七十二遍。七十二遍的通讀和精讀,使章太炎

對《說文解字》裏的每一個字都瞭若指掌，
因此講起課來如魚得水，如數家珍，到了出
神入化的程度。

錢玄同像

　　章太炎按《說文》部首一個字一個字地
講，有的沿用舊說，有的發揮新義，枯燥的
材料變得很有趣味。對於學生來說，聽這樣
的課是一種享受，對他們的影響是終生難忘
的。關於章太炎在東京講學的情況，其弟子
多有回憶存世。「爬來爬去」的錢玄同回憶
說：

　　　　民元前四年，我與豫才都在日本東京留學。我與幾個朋友請先
　　　　師章太炎（炳麟）先生講語言文字之學（音韻、《說文》），借
　　　　日本的大成中學裏一間教室開講。過了些日子，同門龔未生
　　　　（寶銓、先師之長婿）君與先師商談，說有會稽周氏兄弟及其
　　　　友數人要來聽講，但希望另設一班，先師允許即在其寓所開
　　　　講。（先師寓牛込區新小川町二丁目八番地民報社中，《民報》
　　　　為孫中山先生所主辦，即「同盟會」之機關報也）豫才即與其
　　　　弟啟明（作人）、許季茀（壽裳）、錢均甫（家治）諸君同去聽
　　　　講，我亦與未生、朱蓬仙（宗萊）、朱逖先（希祖）諸君再去
　　　　聽講。[25]

　　許壽裳在《章炳麟》一書中記當時聽課者除八人外，還有其它同
門：

---

25 錢玄同：《我對於周豫才君之追憶與略評》。

同班聽講者是朱宗萊、龔寶銓、錢玄同、朱希祖、周樹人、周作人、錢家治與我，共八人。前四人是由大成再來聽講的。其它同門尚甚眾，如黃侃、汪東、馬裕藻、沈兼士等，不備舉。[26]

朱希祖《日記》記載了這一段難忘的學習生活。

一九〇八年七月十一日記：「八時起，至太炎先生處聽講音韻之學，同學者七人，先講三十六字母及二十二部古音大略。」

七月十四日記：「八時，至太炎先生寓，聆講江氏《四聲切韻表》。」

七月十七日記：「上午至太炎先生寓，聆講音韻之學。」

七月二二日記：「午後，至餘杭（即太炎寓所）聆講音韻及《新方言・釋詞》一篇。」

七月二八日記：「上午至太炎寓，重上《說文》，自一部講起。」

周作人回憶東京的聽課生涯說：

往民報社聽講，聽章太炎先生講《說文》，是一九八年至九年的事，大約繼續了一年少的光景。這事是由龔未生發起的，太炎當時在東京一面主持同盟會的機關報《民報》，一面辦國學講習所，借神田地方的大成中學定期講學，在留學界很有影響。……太炎對於闊人要發脾氣，可是對青年學生卻是很好，隨便談笑，同家人朋友一般。夏天盤膝坐在席上，光著膀子，只穿一件長背心，留著一點泥鰍鬍鬚，笑嘻嘻的講書，莊諧雜出，看去好像是一尊廟裏的哈喇菩薩。[27]周作人回憶當時授課的情景：「用的書是《說文解字》，一個字一個字的講上去，有的沿用舊說，有的發揮新義，乾燥的材料卻運用說來很有趣

26 許壽裳：〈紀念先師章太炎先生〉，《追憶章太炎》（北京市：生活・讀書・新知三聯書店，2009年），頁47。

27 周作人：〈民報社聽講〉，《知堂回想錄》（香港：三育圖書有限公司，1980年）。

味。」[28]周作人述及章太炎的弟子後來大多很有成就：

周作人像

> 那時太炎的學生，一部分到了杭州，
> 在沈衡山領導下做兩級師範的教員，
> 隨後又來做教育司（後改稱教育廳）
> 的司員，一部分在北京當教員，後來
> 匯合起來，成為各大學的中國文字學
> 教學的源泉，至今很有勢力。[29]

東京講學時間前後繼續了約一年。章太炎講完《說文》後，接著講授了《莊子》、《漢書》、《文心雕龍》、《尚書》等。有一天講到《尚書》的時候，汪精衛進來了。「先生拍手連呼曰，精衛來了，精衛來了，正好，正好。革命黨人不可不明歷史，精衛應多研究歷史。」[30]章太炎一直認為，革命的種子得自於歷史。

正如章太炎弟子所記，章太炎素來不拘小節，講課時常常衣衫不整。冬天穿一棉袍，外面罩一件不倫不類的和服。和服左邊的袖口上繡了「大漢」兩個字。有鼻涕了，用棉袍袖子一擦了事。因為此故，他的衣服袖子常年是亮晶晶的。據他自己說，他的衣被三年才洗一回。夏天穿一薄薄的長背心，光著膀子講課，鼻涕只好擦在背心上。

章太炎東京講學時的生活是異常清苦的，「處境窮困，每日僅素食二頓，有時竟終日飢餓著」。[31]雖然如此，小小的屋子裏常常春風滿

---

28 周作人：〈民報社聽講〉，《知堂回想錄》（香港：三育圖書有限公司，1980年）。

29 周作人：〈民報社聽講〉，《知堂回想錄》（香港：三育圖書有限公司，1980年）。

30 朱鏡宙：〈章太炎先生軼事〉，《追憶章太炎》（北京市：生活·讀書·新知三聯書店，2009年），頁135。

31 沈延國：〈記章太炎先生〉，《自述與印象：章太炎》，上海三聯書店1997年，頁80。

坐，大家靜靜地聽先生講解。章太炎講課亦諏亦諧，談至興處，唾沫星四處飛濺，所以周作人笑他「看去好像是一尊廟裏的哈喇菩薩」，[32]而不像一個大學者。

章太炎無拘無束、談笑風生，使學子如坐春風。章太炎風格的形成深受他舅舅朱子春的影響。俗話說外甥像舅，此話對於章太炎而言可謂一點不虛。

章太炎的舅舅朱子春是一個十分風趣的人物，此人善畫仕女畫且在當地頗有名氣。因為當地人買不起他的畫，所以他的生活一直很貧困。朱子春性嗜飲酒，見酒忘命。一日，有人賣螃蟹。朱子春讓家人買螃蟹過老酒。家人說：「家裏一文錢也沒有了。」朱子春說：「沒有錢，當了褲子吧！」說著就要解自己的褲子。就在此時，一個人來求畫，出了五百錢買走了平日要賣四兩金子的畫。朱子春有了買螃蟹的錢，哪管錢多錢少。章太炎自幼經常與舅舅在一起，對舅舅的這些趣事瞭若指掌。

章太炎的煙癮很大，講課的屋子裏經常煙霧彌漫。章太炎香煙斷炊的事常常發生。一日，又斷炊了，他向汪德淵借錢。章太炎寫了一張借據：

今已不名一文，乞借大洋二枚，以購紙煙。

章太炎

有人問他：「借也借了，為什麼不多借點錢呢？」章太炎笑眯眯地說：「我和他只有二塊錢的交情，多借恐怕不肯。」當時大家的生活都非常貧困，無論老師學生，每日只食兩餐素餐，且不能飽腹，講

---

32 周遐壽：《魯迅的故家》（北京市：人民文學出版社，1957年），頁184。

課者和聽課者全憑一股精神支撐著。

　　章太炎在日本東京講學的情況，張庸留下了一段記載：

　　　　問：《民報》既停，先生作何生活？

　　　　答：講學。

　　　　問：生徒何國人？

　　　　答：中國之留學生，師範班、法政班居多數，日本人亦有來聽

　　　　　　者，不多也。

　　　　問：人數多少？

　　　　答：先後百數十人。

　　　　問：先生講何種學？

　　　　答：中國之小學及歷史，此二者，中國獨有之學，非共同之學。

　　　　問：先生何時歸國？

　　　　答：去年九月。[33]

　　章太炎一生四次設堂講學，但對東京這一批弟子印象尤其深刻，他認為「從遊者皆素心人」，師生之間形成了互動。弟子黃侃說，先生「文辭訓故，集清儒之大成；內典玄言，闡晉唐之遺緒；博綜兼擅，實命世之大儒」，「其授人以國學也，以謂國不幸衰亡，學術不絕，民猶有所觀感，庶幾收碩果之效，有復陽之望。故勤勤懇懇，不憚其勞，弟子數百人。」[34]魯迅回憶說：「前去聽講也在這時候，但又並非因為他是學者，卻為了他是有學問的革命家，所以直到現在，先

33　張庸：〈章太炎先生答問〉，《自述與印象：章太炎》（上海市：三聯書店，1997年，頁36-37。

34　黃侃：〈太炎先生行事記〉，《自述與印象：章太炎》（上海市：三聯書店，1997年，頁48。

生的音容笑貌，還在目前，而所講的《說文解字》，卻一句也不記得
了。」[35]

章太炎在日本（前排右二為章太炎）

　　章太炎講學，特別注重國粹的繼承與發揚。他說：「為甚提倡國
粹？不是要人尊信孔教，只是要人愛惜我們漢種的歷史。這個歷史，
是就廣義說的，其中可以分為三項：一是語言文字，二是典章制度，
三是人物事蹟。」[36]章太炎如此注重國粹，是為了讓國人瞭解自己的
歷史、尊重自己的歷史，拋棄民族虛無主義，堅定民族主義思想。

　　東京「國學講學會」開辦未久，章太炎又創辦「國學振起社」並
親自擔任社長，同時編輯發行《國學振起社講義》。

五　〈齊物論釋〉

　　章太炎在《民報》前後的這段時期，他的學術研究著作雖沒有以

35　魯迅：〈關於太炎先生二三事〉，《魯迅全集》第6卷，（北京市：人民文學出版社，
　　1973年），頁547。

36　《演說錄》，《民報》第6號。

前豐富，但也不算少，主要著作有：《新方言》、《小學答問》、〈齊物論釋〉、《文始》、《國故論衡》等。《新方言》以古今方言為研究對象；《小學答問》探討了有關語言文字的問題；〈齊物論釋〉以佛解莊，表達了相對主義理論；《文始》討論漢語的字源；《國故論衡》述及文學、哲學、文字學以及諸經等多個領域。對於《民報》前後時期的著作，章太炎本人最看重的是《文始》和〈齊物論釋〉兩部。

〈齊物論釋〉是章太炎對《莊子》一書的解讀與注釋。章太炎對莊子的《齊物論》非常推崇，曾經說過「夫言兵莫如《孫子》，經國莫如《齊物論》」的話。章太炎在〈齊物論釋〉中借疏解《莊子》，十分系統地闡述了他的哲學觀點，這些哲學觀點超過了他自己以前的哲學著作，也超過了同儕諸人。

中國歷史上對《莊子》一書作出解讀或注釋的著作有許多，章太炎的〈齊物論釋〉獨特之處在於「把佛和老莊和合」，用佛家思想對《齊物論》進行解讀和注釋。章太炎曾經對佛學的各宗派理論進行了詳細認真的研究，並且頗有心得。為了直接閱讀梵文佛學經典，他甚至專門請了一位梵文老師為他授課。

一九〇九年春夏之際，章太炎聘請印度梵師密史邏為他開講梵文。章太炎將此消息告訴魯迅兄弟，約他們倆同去聽課，並稱可以為他們代付半個月的學費。那時，魯迅正準備回國，沒有應邀。周作人聽了幾次，覺得學不下去。章太炎下如此之力，可見他對佛學興趣發自內心。章太炎精通諸經，又精通佛學，兩者相結合，使這部書顯示了獨特的魅力。

在撰寫〈齊物論釋〉前，章太炎有一段時間閉門謝客，終日沉浸於莊子的《齊物論》，體會莊子的思想。章太炎在童年時代就開始接觸《莊子》並且撰寫過不少關於《莊子》的文章。但是，章太炎認

為，他真正讀懂《莊子》是在他成年後，特別是在經歷了諸如牢獄之
災的一系列變故以後。

〈齊物論釋〉和《莊子解詁》是章太炎在日本東京講授《莊子》
時的講稿。〈齊物論釋〉借疏解莊子哲學而展開他自己的哲學思想，
闡述他自己對哲學若干問題的看法。例如中國文化的特性，章太炎強
調每個國家、每個民族都有自己獨立自主的文化，中國文化不能讓近
代西方文明征服，否則有違齊物、平等之義。

章太炎生前使用的硯臺

章太炎在〈齊物論釋〉序中說：「（莊子）綱維所寄，其唯〈逍
遙〉、〈齊物〉二篇，則非世俗所云自在平等也。體非形器，故自在而
無對；理絕名言，故平等而咸適。」[37]《齊物論》以一則關於「喪
我」的對話體寓言開頭。章太炎在開篇中解釋「齊物」說：「齊物
者，一往平等之談。詳其實意，非獨等視有情，無所優劣，蓋離言說
相，離名字相，離心緣相，乃合齊物之意。」[38]所謂「離言說相，離

37 〈齊物論釋〉，《章太炎全集》第6卷（上海市：人民出版社，1982年）。

38 〈齊物論釋〉，《章太炎全集》第6卷（上海市：人民出版社，1982年）。

名字相，離心緣相」，就是要人們在認識現象世界時，超越人們在認識過程中將現象世界絕對化和凝固化的傾向，覺悟到現象世界雖然五彩繽紛，但它們的本體都是唯一的客觀實在。只有這樣，才能實現「一往平等」。通俗地說，所謂「齊物」就是「一往平等之談」。只有不求強齊，才能存異；只有存異，才有平等。章太炎指出，就人格而言，應尊重個性獨立；就文化而言，應尊重各國文化。

在〈齊物論釋〉裏，章太炎以佛學思想與莊子的齊物我、齊是非、齊大小、齊生死、齊貴賤的思想進行溝通並印證。世界要真正實現平等，首先要粉碎並掃除那些自封的所謂天理、公理、法則等等，正視並承認一切現實的差別。世界上沒有什麼絕對真理和客觀真理，「一切以利益眾生為念」。[39]

西方的平等、博愛、自由曾經令章太炎十分嚮往，然而三次東渡，現實社會打破了他的夢想。章太炎對莊子的《齊物論》充滿了自信，他說：「及到莊子《齊物論》出來，真是件件看得平等。」[40]他覺得自己在《莊子‧齊物論》中找到了「平等」。他說：「大概世間法中，不過平等二字，莊子就喚作『齊物』。並不是說人類平等、眾生平等，要把善惡是非的見解一切打破，才是平等。」[41]在一次演講中，章太炎對「平等」作了十分通俗的解釋：「近人所謂平等，是指人和人的平等，那人和禽獸草木之間，還是不平等的。佛法中所謂平等，已把人和禽獸平等。莊子卻更進一步，與物都平等了。」[42]章太炎接著引申佛教的「眾生平等」說，印證莊子的「一往平等」。章太炎認為，平等存在於不平等之中，要最終實現平等，首先要承認不平

---

39 章太炎：〈建立宗教論〉，《民報》第9號，頁21。

40 獨角：〈社說〉，《教育今語雜誌》第1冊，頁15-16。

41 章太炎：〈論佛法與宗教、哲學以及現實之關係〉，《中國哲學》第6期，頁308。

42 曹聚仁：〈章太炎演講〉，《國學概論》，頁64、65。

等。章太炎的這些哲學思想除了反映佛學的義理外，還閃爍著西方哲學思想的光輝。

〈齊物論釋〉顯著的述理方式就是名相分析，「齊其不齊，下士之鄙執；不齊而齊，上哲之玄談。自非滌除名相，其孰能與於此」。[43]章太炎在〈自述思想遷變之跡〉一文中歷述其學術思想遷變之軌跡，特別指出他是如何用佛家思想對〈齊物論釋〉進行解讀和注釋的：

> 余自志學迄今，更事既多，觀其會通，時有新意。思想遷變之跡，約略可言。
>
> 少時治經，謹守樸學，所疏通證明者，在文字、器數之間。雖嘗博觀諸子，略識微言，亦隨順舊義耳。遭世衰微，不忘經國，尋求政術，歷覽前史，獨於荀卿、韓非所說，謂不可易。自余閎眇之旨，未暇深察。
>
> 繼閱佛藏，涉獵《華嚴》、《法華》、《涅槃》諸經，義解漸深，卒未窺其究竟。及囚繫上海，三歲不覿，專修慈氏世親之書。此一術也，以分析名相始，以排遣名相終。從入之塗，與平生樸學相似，易於契機。解此以還，乃達大乘深趣。私謂釋迦玄言，出過晚周諸子不可計數，程、朱以下，尤不足論。
>
> 既出獄，東走日本，盡瘁光復之業。鞅掌餘閒，旁覽彼土所譯希臘、德意志哲人之書，時有概述。鄔波尼沙陀及吠檀多哲學者，言不能詳，因從印度學士諮問。梵土大乘已亡，勝論、數論傳習亦少，唯吠檀多哲學，今所盛行。其所稱述，多在常聞之外。以是數者，格以大乘，霍然察其利病，識其流變。
>
> 而時諸生適請講說許書。余於段、桂、嚴、王未能滿志。因翻

43 〈齊物論釋〉，《章太炎全集》第6卷（上海市：人民出版社，1982年）。

閱大徐本十數過，一旦解寤，旳然見語言文字本原。於是初為
《文始》。而經典專崇古文記傳，刪定大義往往可知。由是所
見與箋疏瑣碎者殊矣。

卻後為諸生說《莊子》，間以郭義敷釋，多不愜心。旦夕比
度，遂有所得。端居深觀而釋《齊物》，乃與瑜伽、華嚴相
會。所謂摩尼見光，隨見異色，因陀帝網，攝入無礙，獨有莊
生明之，而今始探其妙。千載之秘，睹於一曙。次及苟卿、墨
翟，莫不抽其微言。以為仲尼之功，賢於堯、舜，其玄遠終不
敢望老、莊矣。

癸甲之際，卮於龍泉，始玩爻象，重籀《論語》。明作《易》
之憂患，在於生生。生道濟生，而生終不可濟，飲食興訟，旋
復無窮。故唯文王為知憂患，唯孔子為知文王。《論語》所
說，理關盛衰，趙普稱半部治天下，非盡唐大無謚之談。又以
莊證孔，而「耳順」、「絕四」之指，居然可明。知其階位卓
絕，誠非功濟生民而已。至於程、朱、陸、王之儒，終未足以
厭望。

頃來重繹莊書，眇覽《齊物》，芒刃不頓，而節族有間。凡古
近政欲之消息，社會都野之情狀，華梵聖哲之義諦，東西學人
之所說，拘者執著而鮮通，短者執中而居間，卒之魯莽滅裂，
而調和之效，終未可睹。譬彼侏儒，解遘於兩大之間，無術甚
矣。余則操「齊物」以解紛，明「天倪」以為量，割制大理，
莫不孫順。

程、朱、陸、王之儔，蓋與王弼、蔡謨、孫綽、李充伯仲。今
若窺其內心，通其名相（宋儒言天理性命，誠有未諦，尋諸名
言，要以表其所見，未可執著。且此土玄談，多用假名，立破
所持，或非一實，即《老》、《易》諸書，尚當以此會之，所謂

「非常名」也),雖不見全象,而謂其所見之非象,則過矣。
世故有疏通知遠、好為玄談者,亦有文理密察、實事求是者。
及夫主靜、主敬,皆足澄心,欲當為理,宜於宰世。苟外能利
物,內以遣憂,亦各從其志爾。

漢、宋爭執,焉用調人?喻以四民各勤其業,瑕釁何為而不息
乎?下至天教,執邪和華為造物主,可謂迷妄;然格以天倪,
所誤特在體相,其由果尋因之念,固未誤也。諸如此類,不可
盡說。執著之見,不離天倪。和以天倪,則妄自破,而紛亦
解。所謂「無物不然,無物不可」,豈專為圓滑無所裁量者乎?
自揣平生學術,始則轉俗成真,終乃回真向俗。世固有見諦轉
勝者邪?後生可畏,安敢質言。秦、漢以來,依違於彼是之
間,局促於一曲之內,蓋未嘗睹是也。乃若昔人所消,專志精
微,反致陸沉,窮研訓詁,遂成無用者,餘雖無腆,固足以雪
斯恥。[44]

在〈自述學術次第〉中,章太炎說:「少雖好周秦諸子,於老莊未
得統要。最後日讀《齊物論》,知多與法相相涉,而郭象、成玄英諸
家悉含糊虛冗之言也。既為〈齊物論釋〉,使莊生五千言字字可
解。」[45]

〈齊物論釋〉出版後,章太炎聲稱此書「精要之言,不過四十萬
字,而皆持之有故,言之成理,不好與儒先立異,亦不欲為苟同。若
〈齊物論釋〉、《文始》諸書可謂一字千金。」[46]章太炎的自我感覺太

---

44 《菿漢微言》(點校本),收入《菿漢三言》(瀋陽市:遼寧教育出版社,2000年)。

45 章太炎:〈自述學術次第〉,《自述與印象:章太炎》(上海市:三聯書店,1997年),
   頁2。

46 章太炎:〈自述學術次第〉,《自述與印象:章太炎》(上海市:三聯書店,1997年),
   頁1。

好，頗有點敝帚自珍的味道，但此書確實不一般，它凝聚了章太炎太多的心血。

學界對〈齊物論釋〉評價甚高。梁啟超評價說：「章太炎的〈齊物論釋〉，是他生平極用心的著作，專引佛家法相宗學說比附莊旨，可謂石破天驚。至於是否即《莊子》原意，只好憑各人領會罷。」[47] 蔡元培評價說：「這時代的國學大家裏面，認真研究哲學，得到一個標準，來批評各家哲學的，是餘杭章炳麟。」胡適評價說：「〈原名〉、〈明見〉、〈齊物論釋〉三篇，更為空前的著作。仔細看這三篇，所以能如此精到，正因太炎精於佛學，先有佛家的因明學、心理學、純粹哲學，作為比較印證的材料，故能融會貫通，於墨翟、莊周、惠施、荀卿的學說理明，尋出一個條理系統來。」[48]〈齊物論釋〉學理深刻，是一部不朽的名著，卻沒有成為經典。章太炎如果在天有靈，大約是十分失望的。經典之所以成為經典，不僅需要作者具有深刻的思想內涵，同時還應當反映作者生活的那個時代的思想文化結構。在論及章太炎時，後人繞不過〈齊物論釋〉。當代學人在論述近代學術史和哲學史時，也多會論及〈齊物論釋〉。此外，關注〈齊物論釋〉的人就很少了。

六　莊周哲學

章太炎雖然從小便接受嚴格的傳統經學教育，但是他的思想卻是非常開放的，善於接受新鮮事物。甲午戰爭以後，他開始關注西方的進化論。義和團運動以後，他接受了西方資本主義國家提倡的自由、

---

47 梁啟超：《中國近三百年學術史》（臺北市：東方出版社，1996年），頁287。
48 胡適：《中國哲學史大綱》序言（臺北市：東方出版社，2004年）。

平等、博愛並潛心學習西方的政治、經濟、宗教、哲學、法律等知識。一九〇六年出獄到日本以後，他受日本學術界影響，開始系統研究西方哲學並認同社會主義和無政府主義學術。

早在他第一次到日本的時候，他就對西方哲學表現出濃厚的興趣。章太炎下車伊始，便開始打聽日本近期出版了哪些有關哲學的著作。當時在日本哲學領域佔據主導地位的哲學是德國近代唯心主義哲學。章太炎閱讀日本的哲學著作，間接地接觸到近代德國哲學，從而對德國康德、黑格爾、叔本華、海格爾、洛采等唯心主義哲學家的思想進行了探索。

章太炎從中國、歐洲、日本、印度等國家的哲學學派中汲取了豐富的營養，他的〈齊物論釋〉可以說是「舊瓶裝新酒」。「舊瓶」就是莊子哲學，「新酒」就是康德的「批判哲學」以及華嚴、法相哲學等。〈齊物論釋〉融匯了莊周哲學、德國哲學、古希臘哲學以及唯識法相哲學的思想精華和語言精華，「運用古今中外的學術，糅合而成一家言的哲學體系」。[49]

章太炎全集

---

49 侯外廬：《近代中國思想學術史》下冊，頁861。

　　德國哲學家黑格爾有一句名言：「凡是現實的都是合理的，凡是合理的都是現實的。」章太炎對這句名言十分欣賞，認為黑格爾的名言與「齊物」學術是相一致的。他還認為，哲學家海格爾的名言「事事皆合理，物物皆善美」與莊子的「無物不然，無物不可」詞義是相同的。章太炎又指出，一個世紀前的德國哲學家與二十多個世紀前的中國哲學家在學術觀點上雖有某些「相一致」和「相同」之處，但有許多地方是不同的。即使相同之處，也不完全相同。

　　章太炎以充滿哲學的思維，為資產階級的自由、平等吶喊。值得一提的是，章太炎提出的平等還包含著對帝國主義侵略的控訴。章太炎嚴厲譴責那些「懷著獸心的強國，有意要鯨吞弱國，不說貪他的土地，利他的物產，反說那國本來野蠻。我今滅了那國，正是使那國的人民獲享文明幸福」。[50]帝國主義者標榜和平，高唱和平，卻到處侵略世界上的弱小國家和民族，國家之間的平等、民族之間的平等從何談起？章太炎主張，每一個國家、每一個民族，乃至於每一個團體和個人都有自由生存的權利和自由發展的空間，隨順百姓之心，保障世間萬物自然變化，這樣才能實現真正的平等。

　　章太炎指出，人們認識世界往往具有片面性，是與非、大與小、生與死、貴與賤、美與醜都是相比較而存在的。也就是說，沒有是，就沒有非；沒有大，就沒有小；沒有生，就沒有死；沒有貴，就沒有賤；沒有美，就沒有醜。時間不同，地點不同，認識的主體不同，觀察的角度不同，判斷的標準不同，得出的結論就不同。世界上沒有絕對的是，沒有絕對的大，沒有絕對的貴。章太炎提出的相對主義透露出辯證主義的火花。章太炎在〈齊物論釋〉中主張並宣導「一切以利益眾生為念」、「以百姓心為心」的思想則透露出民生主義的光芒。

---

50 章太炎：〈論佛法與宗教、哲學以及現實之關係〉，《中國哲學》第6期，頁308、309。

章太炎撰寫《文始》和〈齊物論釋〉，用力甚功，耗時甚多，在中國學術史上具有不可替代的地位。他自詡這兩本書「千六百年未有等匹」，[51]又稱這兩本書「一字千金」。這樣的評價如果出於他人之口也就罷了，現在出於章太炎自己之口，顯得過於自信，也有些自大了。

早在「蘇報案」被關押西牢時，章太炎在獄中寫過一篇〈癸卯獄中自記〉，對自己的學術地位作出評價。他認為他對中國革命作出的貢獻，他人可以取代，但在中國民族文化，也即國粹方面作出的貢獻，他人無法取代甚至無人可與之並肩。後人對章太炎的評價與章太炎自己對自己的評價不同，後人承認章太炎是一個傑出的大儒，但更是一位為民族解放奮鬥的革命家。他的學生、中國革命的旗手魯迅就是這樣評價他的。「革命大儒」是後人對章太炎一生的評價，「革命」在前，「大儒」在後。

章太炎在〈齊物論釋〉中所表達的哲學思想可謂當時中國哲學史上的一場革命，但是這場革命既沒有在哲學領域掀起一場波瀾，更沒有在社會上產生重要影響。章太炎試圖從世界觀的高度認識國家與革命等一系列重大問題並試圖解決這些問題，可是他的目的沒有達到，原因是多方面的。

章太炎的文章晦澀難懂，沒有一定文學修養的人讀他的文章或著作固然尤如天書，即使具有一定文學修養的人讀他的文章或著作也頗感吃力，魯迅這樣的人尚如此，遑論他人了。〈齊物論釋〉晦澀的文字和抽象的哲學語言，使章太炎的著作遠離了大眾。章太炎在著作中提出的真知灼見往往為虛無主義、相對主義所掩蓋。即使在當時的知識精英中，許多人對章太炎的著作也不屑一顧。革命黨人需要的是刺刀見紅的匕首，章太炎提供的卻是砸不死人的沙袋。

---

51 湯志鈞：〈與龔未生書〉，《章太炎政論選集》下冊（北京市：中華書局，1977年），頁702。

　　章太炎的哲學觀不是純粹的佛學，他將《莊子》與佛學融合，以莊解佛、實現莊佛結合，是一個創造。曹聚仁評價說：「以佛理來解釋莊子，作〈齊物論釋〉，以佛理論性，作〈辨性〉上中下；獨到之境，非宋明理學家所能夢見，宋濂輩碌碌不足道，何足以望其項背呢！」章太炎認為，哲學和宗教一樣，首先要建立本體，即思想上的終極依託形式，它們的內涵可以不同，但作為一種依託的終極形式應該是完全一致的。章太炎提倡「用宗教發起信心，增進國民的道德」。在具體做法上，他提出去掉「五心」：

　　非說無生，則不能去畏死心；

　　非破我所，則不能去拜金心；

　　非談平等，則不能去奴隸心；

　　非示眾生皆佛，則不能去退屈心；

　　非舉三輪清淨，則不能去德色心。

　　章太炎以佛學注解闡發《齊物論》，對佛學的興趣更加濃厚了，他甚至提出「用宗教發起信心，增進國民的道德」。他試圖將宗教哲學化，建立一種新的無神的宗教。章太炎萌發這樣的思想不是一天兩天，早在《民報》擔任主編的時候，章太炎就對佛教表現出不一般的興趣。章太炎在《民報》上曾經多次發表鼓吹佛教的文章，引起不少革命黨人的非議。因為《民報》發表宣傳佛教的文章過多，有人甚至譏諷《民報》為「佛報」。在少數地區，曾經發生「辭退不閱」《民報》的事情。對於這一切，章太炎頗不以為意，他說：「佛教的理論，使上智人不能不信；佛教的戒律，使下愚人不能不信。」在章太炎看來，無論對於上智人還是下愚人，佛教可以「通徹上下」，相對於其它學術學派，佛教似乎是萬能的。他提出，佛教最重平等，世間一切妨礙平等的東西必須去除。

　　梁啟超評論晚清學術時說，「晚清所謂新學家，殆無一不與佛學

有關係」。他列舉了龔自珍、魏源、康有為及他自己。生活在那個時代的章太炎當然概莫能外。章太炎肯定佛教，褒獎佛教，對西方的基督教卻表示不屑一顧。對於宗教的信仰者來說，這樣的態度可謂比比皆是。宗教是排他的，對於基督教和伊斯蘭教而言，非本教即為邪教。章太炎崇信佛教，對基督教採取排斥態度一點也不奇怪。

　　基督教教義讚揚天父上主皇上帝「無始無終，全知全能，絕對無二，無所不備」。章太炎嘲弄道，基督教教義明明說上帝創造世界花費了七天時間，怎麼能說上帝是「無始無終」呢？基督教教義說上帝創造了人類，而人類並非完美無缺，又有所謂撒旦與人類為敵，怎麼能說上帝「全知全能」呢？基督教教義說上帝獨立於萬有之上，又說上帝創造了萬有，怎麼能說上帝「絕對無二」呢？基督教教義說上帝「無所不備」，所謂「無所不備」者，「謂其無待於外也」。上帝既創造了人類，又創造了世界，怎麼能說上帝「無所不備」呢？章太炎指出，基督教教義自相矛盾，證明上帝創世說純屬無稽之談。

　　章太炎還嘲弄說，基督教教義稱「上帝就是眾人的父」，既稱為父，便當有母，「若雲不待牝牡，可以獨父而生，此則單性生殖，為動物最下之階！」[52]章太炎閱讀過西方的進化論著作，知道單性繁殖是初等生物。他對基督教的嘲弄是對基督教神學體系的有力反擊，可謂一針見血。

　　章太炎對世間其它有神論的宗教也進行了批判並且連帶批判了德國哲學家康德，因為康德主張不可知論。章太炎指出，正是康德的不可知論為上帝創造世界和有神論提供了理論支撐。康德既不能「直接感知」上帝或神的存在，也無法通過自證或推理證明上帝和神的存在，此乃「虛撰其名」，是謂「無質獨影」。

---

52 章太炎：〈無神論〉，《民報》，第8號，頁6。

康德哲學述及時間與空間問題，認為「世界在時間裏有開始，在空間裏有界限」這一正題與「世界在時間裏沒有開始，在空間裏沒有界限，它在時間與空間兩個方面都是無限的」這一反題都是成立的。章太炎對這個問題頗感興趣，他在自己的著作裏介紹了康德的觀點並且表示了自己的看法。章太炎說，時間是否有盡，空間是否有邊，同事物本身是否有邊有盡的問題是密切聯繫的。時間是否有盡的問題，其實就是從單細胞到人類一切眾生流注相續是否有盡的問題；空間是否有邊的問題，其實就是從極微之量到恒星世界到諸物是否有邊的問題。就時間與空間而言，有限與無限總是相比較而存在的，「小不可令至無厚，大不可令至無外」。他說：「康德以來，治玄學者以認識論為最要，非此所立，率爾而立一世界緣起，是為獨斷。」[53]

章太炎的思想哲學體系來自佛學、諸子學和西方哲學，在諸子學中，莊子學說佔有十分重要的地位。章太炎用經學、史學、諸子學、佛學、西學構築了他龐雜的思想體系與學術體系，並用於指導近代民主革命，為近代民主革命提供了哲學武器與倫理思想。「儒、道、佛」三者構成了中國獨特的學術思想內涵。章太炎更是開創以佛釋儒，別開學術蹊徑。他對於佛學注力甚深，故〈齊物論釋〉有一字千金之自許。

七　提倡國粹

章太炎的著作和文章大多晦澀難懂，這在一定程度上阻礙了章太炎學術思想的傳播。章太炎自己對此並非一無所知，一九一〇年以後，他開始撰寫一系列以草民百姓為對象的白話文章，在社會上產生了良好的影響。

---

53 章太炎：《菿漢微言》，收入《菿漢三言》（瀋陽市：遼寧教育出版社，2000年）。

　　當時在社會上特別是在新軍和會黨中廣為流傳一首〈逐滿歌〉，很多人都想不到竟是出自革命大儒章太炎之手。〈逐滿歌〉說：

　　　　滑頭最是康熙皇，
　　　　一條鞭法是錢糧。
　　　　名為永遠不加賦，
　　　　平餘火耗仍無數。
　　　　名為永遠免丁徭，
　　　　各項當差著力敲。
　　　　開科誆騙讀書人，
　　　　更要開捐騙平民。
　　　　……
　　　　莫聽康梁誆爾言，
　　　　第一仇人在眼前。
　　　　光緒皇帝名載湉！

　　這首民謠差不多等於〈駁康有為論革命書〉縮寫本的白話文，歌謠淺顯易懂，受到百姓歡迎。從這首民謠看，章太炎是完全可以寫出讓百姓喜聞樂見的白話文章的。可惜在章太炎的所有論著中，像〈逐滿歌〉歌謠這樣的白話文甚少，因此使得章太炎在普羅大眾中的影響力非常小。

　　章太炎對於五四運動反對文言文、提倡白話文是非常反感的。他說：「五四新文化運動反孔、反禮教、反舊道德以致反文言文，實在太胡鬧、太無知了！現在青年還喜歡這一套，不知現在社會根本就比不上盛行儒學的東漢，東漢以後再也沒有那種好習尚了。大受孔子之

賜，還要反孔，這說得過去麼？」[54]早年的章太炎曾經反對過孔子，而當五四運動呼出「打倒孔家店」的口號時，章太炎已經是一個尊孔派了，晚年的章太炎則成為一個尊孔的經學大師。

　　晚年時，說到孔子，章太炎說：「我老來經驗多了，覺得孔學最適用。孔子以經書培養人才，經書等於孔子常用的教科書，所以後人一講到孔學，就很自然地把二者聯想起來。」他還說：「中國歷史至高無上而為中國人民所不應當忘記的有三：一為民族思想、民族感情、民族精神；一為孔教道德；一為歷史文獻。只要有此三者，其它都是次要的；而此三者也是彼此互相關聯的。如果要講此三者，便不能不歸功於孔子一個人。」[55]章太炎提出「盡信書則不如無書」的觀念，主張書本知識應該與社會實踐相結合。他說：「書籍不過是學問的一項，真求學的，還要靠書籍以外的經驗。」[56]對於學校教育，他也主張學校教育應該與社會實踐相結合，「學校教育不過是教育的一部，真施教的，還要靠學校以外的灌輸」。對於書本與實踐的關係、學校與實踐的關係，章太炎的見解可謂真知灼見，一語中的。

　　章太炎撰寫〈論教育的根本要從自國自心發出來〉，論述了求是與致用的關係，認為求是不等於致用，致用也不等於求是。書本知識不一定馬上就可以致用，也不應該為了致用而選擇學習書本知識。書本上的知識有利於致用，但並不是致用的唯一途徑。致用主要依靠社會實踐。有的書本知識並不能馬上致用，但只要是真理，就一定要學習和鑽研。章太炎主張確立自立自主的教育路線，解決兩種偏心：一是崇拜外國學術，貶低本國學術；二是對於本國學術，只治一點，不及其餘。

54　蔡尚思：〈章太炎〉，《自述與印象：章太炎》（上海市：三聯書店，1997年），頁175。
55　蔡尚思：〈章太炎〉，《自述與印象：章太炎》（上海市：三聯書店，1997年），頁175。
56　〈庚戌會衍說錄〉，《教育今語雜誌》，第4期。

　　章太炎主張大力弘揚中華民族的愛國精神，反對崇洋媚外。中國
人首先要學習中國文化，但也不應當拒絕優秀的外來文化。他對當時
崇拜西方文化乃至於主張全盤西化的潮流進行了猛烈抨擊。他說：
「近來有一種歐化主義的人，總說中國人比西洋人所差甚遠，所以自
甘暴棄，說中國必定滅亡，黃種必定剿絕。」[57]章太炎指出，如此盲
目媚外、自暴自棄，是非常有害的。當前要務，是要克服這種盲目媚
外的偏向。

　　章太炎提倡國粹，他說，無論外國人怎麼看我們，中國人安心做
自己的學問。中國的學說如何，不能因為外國人說好就好，也不能因
為外國人說壞就壞。「別國人到底不明白我國的學問，就有幾分涉獵，
都是皮毛。憑他說好說壞，都不能作定論。」[58]章太炎既反對奴化思
想，也反對夜郎自大，無論在當時還是今天，都具有積極意義。章太
炎在〈自述學術次第〉一文中闡述了自己對學術問題的若干見解：

　　　　余生亡清之末。少恁異族，未嘗應舉，故得泛覽典文，左右採
　　　　獲。中年以後，著纂漸成，雖兼綜故籍，得諸精思者多。精要
　　　　之言，不過四十萬字，而皆持之有故，言之成理，不好與儒先
　　　　立異，亦不欲為苟同。若〈齊物論釋〉、《文始》諸書，可謂一
　　　　字千金矣。晚更患難，自知命不久長，深思所窺，大畜猶眾。
　　　　既以中身而隕，不獲於禮堂寫定，傳之其人，故略錄學術次
　　　　第，以告學者。頃世道術衰微，煩言則人厭倦；略言又懼後生
　　　　莫述。昔休寧戴君，著書窮老，然多發凡起例，始立規摹，以
　　　　待後人填採。其時墨守者有元和惠氏，尚奇者有長州彭氏，皆

57　〈演說錄〉，《民報》第6號。
58　〈演說錄〉，《民報》第6號。

非浮偽妄庸士也。人多博覽，亦知門徑。一身著述，既有不暇，則定凡例以俟後生，斯亦可矣。今者講誦浸衰，徒效戴君無益。要令舊術之繁亂者，引以成理，所謂提要鉤玄，妙達神恉，而非略舉大綱，為鈔疏之業也。敢告諸生，亹亹不已，識大識小，弘之在人。

余少年獨治經、史、《通典》諸書，旁及當代政書而已不好宋學，尤無意於釋氏。三十歲頃，與宋平子交。平子勸讀佛書，始觀《涅槃》、《維摩詰》、《起信論》、《華嚴》、《法華》諸書，漸近玄門，而未有所專精也。遭禍繫獄，始專讀《瑜伽師地論》及《因明論》、《唯識論》，乃知《瑜伽》為不可加。既東遊日本，提倡改革，人事繁多，而暇輒讀藏經。又取魏譯《楞伽》及《密嚴》誦之，參以近代康德、蕭賓訶爾之書，益信玄理無過《楞伽》、《瑜伽》者。少雖好周秦諸子，於《老》、《莊》未得統要。最後終日讀《齊物論》，知多與法相相涉。而郭象、成玄英諸家悉含糊虛冗之言也。既為〈齊物論釋〉，使莊生五千言，字字可解，日本諸沙門亦多慕之。適會武昌倡義，束裝欲歸。東方沙門諸宗三十餘人屬講佛學，一夕演其大義，與世論少有不同。東方人不信空宗，故於法相頗能聽受，而天台、華嚴、淨土諸鉅子，論難不已，悉為疏通滯義，無不厭心。余治法相，以為理極不可改更，而應機說法，於今尤適。桂伯華初好華嚴，不喜法相，末乃謂余曰：今世科學論理日益昌明。華嚴、天台，將恐聽者藐藐，非法相不能引導矣。釋迦之後，彌勒當生。今其彌勒主運之時乎？又云：近世三百年來，學風與宋明絕異。漢學考證，則科學之先驅；科學又法相之先驅也。蓋其語必徵實，說必盡理，性質相同爾。斯言可謂知學術之流勢者矣。余既解《齊物》，於老氏亦能推明。佛

法雖高，不應用於政治、社會，此則惟待老、莊也。儒家比
之，邈焉不相逮矣。然自此亦兼許宋儒，頗以二程為善，惟
朱、陸無取焉。二程之於玄學，間隔甚多，要之未嘗不下宜民
物。參以戴氏，則在夷惠之間矣。至並世治佛典者，多以文飾
膏粱，助長傲誕，上交則諂，下交則驕，余亦不欲與語。余以
佛法不事天神，不當命為宗教，於密宗亦不能信。

……

余治小學，不欲為王菉友輩，滯於形體，將流為字學舉隅之陋
也。顧江、戴、段、王、孔音韻之學，好之甚深，終以戴、孔
為主。明本字，辨雙聲，則取諸錢曉徵。既通其理，亦猶所歉
然。在東閒暇，嘗取二徐原本，讀十餘過，乃知戴、段而言轉
注，猶有氾濫。繇專取同訓，不顧聲音之異。於是類其音訓，
凡說解大同，而又同韻或雙聲得轉者，則歸之於轉注。假借亦
非同音通用，正小徐所謂引伸之義也（同音通用治訓故者所宜
知，然不得以為六書之一）。轉複審念。古字至少，而後代孳
乳為九千，唐宋以來，字至二三萬矣。自非域外之語（如伽佉
僧塔等字，皆因域外語言聲音而造）。字雖轉繁，其語必有所
根本。蓋義相引伸者，由其近似之聲，轉成一語，轉造一字，
此語言文字自然之則也。於是始作《文始》，分部為編，則孳
乳浸多之理自見；亦使人知中夏語言，不可貿然變革。又編次
《新方言》，以見古今語言，雖遞相嬗代，未有不歸其宗，故
今語猶古語也。凡在心在物之學，體自周圓，無間方國。獨於
言文歷史，其體則方，自以己國為典型，而不能取之域外。斯
理易明。今人猶多惑亂，斯可怪矣！《新方言》不過七八百
條，輾轉訪求，字當逾倍。余成書以後，猶頗有所得者，今亦
不能自續。弟子有沈者，實好斯事，其能繼余之志乎？

余少已好文辭。本治小學，故慕退之造詞之則，為文奧衍不馴。非為慕古，亦欲使雅言故訓，復用於常文耳。猶淩次仲之填詞，志在協和聲律，非求燕語之工也。時鄉先生有譚君者，頗從問業。譚君為文，宗法容甫、申耆，雖體勢有殊，論則大同矣。三十四歲以後，欲以清和流美自化。讀三國、兩晉文辭，以為至美。

……

余於政治，不甚以代議為然。曩在日本，已作〈代議然否論〉矣。國體雖更為民主，而不欲改移社會習貫，亦不欲盡變時法制。此亦依於歷史，無驟變之理也。清之失道，在乎偏任皇族，賄賂公行，本不以法制不善失之。舊制或有拘牽瑣碎，綱紀猶自肅然。明世守法，雖專制之甚，亂在朝廷；郡縣各守分職，猶有循良之吏。清世素不守法，專制之政雖衰，督撫乃同藩主，監司且為奴虜，郡縣安得有良吏乎？逮乎晚世變法，惑亂彌深。既惡舊法之煩，務為侠蕩。以長駕遠馭為名，而腐蠹出於鈞府，魚爛及於下邑，夫焉能以舊法為罪也！

……

余以人生行義，雖萬有不同，要自有其中流成極。奇節至行，非可舉以責人也。若所謂能當百姓者，則人人可以自盡。顧寧人多說行己有恥，必言學者宜先治生；錢曉徵亦謂求田問舍，可卻非義之財，斯近儒至論也。追觀晚清遺吏，非無二三可取者。至於林下之風，則泯然同喪矣。亡國以後，其餘臭尚未滌蕩，當其在位可知也。所取於林下風者，非為慕作清流，即百姓當家之事，小者乃生民常道。苟論其至，沮溺荷之隱、仲子之廉、武侯之德，未或不本於勤生。斯風既亡，所謂見利思

義，見危授命，久要不忘平生之言者，宜其漸滅而不存矣。[59]

張玉法在〈章炳麟的學術成就〉一文中說，章太炎的學術成就以國學為主，「其治學次第，分治本和治標兩方面：治本以文字聲韻為基，由樸學而文學而史學而玄學；治標由史學入手，而後及於性之所近與世之所急，而以經世濟民為歸」。[60]他將章太炎的學術成就歸於八個方面：

其一，對於佛學的研究，「炳麟以科學、哲學看佛學，擺脫其神秘的部分」。

其二，對老莊的研究，「炳麟治老莊，有驚人的發現，一方面因為他以佛理釋老莊，另一方面因為他拿老莊與西方哲學——如康德、斯賓格勒等人的哲學——相印證」。

其三，對經學的研究，「因其對古文有特別造詣，常能推翻舊說，提出新的見解」。

其四，對小學的研究，「清代文字學發達，炳麟承其餘緒，更從『究語言之原』、『綜方言之要』上下工夫，乃能超邁前人」。「炳麟更創造五八個用作切音的符號，成為民國以後使用注音符號的來源之一。」

其五，對法律的研究，提出「法律的目的是保護生人，不是保護鬼神」。

其六，對歷史的研究，「只從有文字以後的歷史作為信史去研究」，「承襲章學誠『六經皆史』及龔自珍『六經為周史宗子』的說

---

59 章太炎：〈自述學術次第〉，《自述與印象：章太炎》（上海市：三聯書店，1997年），頁1-17。
60 張玉法：〈章炳麟的學術成就〉，轉引自金宏達：《大師章太炎》（合肥市：黃山書社，2008年），頁238。

法」，「以民族主義的觀點看國史」。

其七，對文學的研究，「自述其文章風格『清遠本之吳、魏，風骨兼存周、漢』」。

其八，對醫學的研究，「於披覽群經之餘，復究心中國醫學，搜求國內外宋明精本醫書二三十部，精心研究，頗多創獲」。[61]

章太炎晚年學術思想漸入守成。一九二八年，傅斯年發起「史學革命」，曾經指名道姓抨擊章太炎。

八　章門弟子

章太炎一生講學多次，其中倡辦「國學講習會」三次，[62]帶出了三批弟子：第一批是東京講學的弟子，第二批是北京講學的弟子，第三批是蘇州國學講習會的弟子。另在杭州、上海、蘇州等地舉行過大型講學活動。

章太炎的第一批弟子不難確定，可是北京講學時多達百人，蘇州國學館聽課的學生最多時達五百餘人，上海講學活動最多時亦有數百人，聽課的學生算不算弟子？當時文人相聚的地方，學人多以稱章太炎弟子為榮，所以，章太炎弟子一時似乎滿天下。一般認為，短期聽課並沒有得到章太炎認可者不應稱為弟子。

章太炎在日本講學時的弟子有：

錢玄同、許壽裳、朱希祖、黃侃、汪東、沈士遠、沈兼士、馬裕藻、龔寶銓、周樹人、周作人、胡以魯、易培基、陶煥卿、錢家治、

---

61 張玉法：〈章炳麟的學術成就〉，轉引自金宏達：《大師章太炎》（合肥市：黃山書社，2008年），頁238-243。

62 章太炎一生大型講學有四次，但以「國學講習會」名義開講的講學為三次。章在上海講學未以「國學講習會」名義，在杭州及初到蘇州時的講學亦如此。

朱宗萊、余雲岫、馬敍平、曾通一、童顯漢、陳嗣煌、鄧胥功、鍾正
楙、賀孝齊、李雨田、任鴻雋、任鴻年、景耀月、景定成、康寶忠、
錢家治。

在北京講學時的弟子有：

吳承仕。

在上海講學時的弟子有：

曹聚仁。

在蘇州講學時的弟子有：

龐俊、沈延國、徐復、朱季海、王仲犖、湯炳正、李恭孫、世
揚、潘承弼、馬宗薌、馬宗霍、王小徐、蔣竹莊、沈瓞民、錢鼎澄、
汪伯年、厲鼎煃、夏育民。

破格收錄的弟子有：

陳存仁、章次公、黃紹蘭（女）。

夫人湯國梨回憶說，章太炎的弟子約有一百多人。以上弟子名單
係著者讀書時隨記，僅得其半。章太炎破格收的弟子有多人，如杭州
之行，章太炎收杭州富紳沈氏二子為門生，並收「贄敬」銀元兩百
元。報紙報導後，引起多人傚仿，杭州之行收門生二十多人，「贄
敬」以四十銀元為多。黃紹蘭係由湯國梨向章太炎代為請求並經章太
炎親自考問後收下的唯一女弟子。

章太炎講學，國語夾吳語，許多人聽不懂。在北京授課，錢玄同
任翻譯，劉半農板書，馬幼漁倒水。錢玄同是浙江吳興（今湖州）
人，與餘杭接近，語言沒有障礙。章太炎開場白：「你們來聽我上課
是你們的幸運——當然也是我的幸運。」

章太炎脾氣古怪，為人清高，但與弟子們的關係卻十分融洽。章
太炎一生留下許多書劄，其中大多是與弟子往來的信函。《章太炎書
信集》收錄〈與吳承仕書〉八十九通，〈與錢玄同書〉五十九通。從

往來書信看，章太炎與弟子的關係隨和，對弟子十分關心。魯迅說，太炎先生對於弟子，向來也絕無傲態，和藹若朋友然。周作人說，太炎對於闊人要發脾氣，可是對青年學生卻是很好，隨便談笑，同家人朋友一般。

有一次，章太炎述及太平天國的歷史，以太平天國的王號分封他的弟子，但在說法上略有不同。

汪東回憶說，章太炎戲謔封黃侃為天王，汪東為東王，朱先生為西王，錢玄同為翼王，吳承仕為北王，曰：「季剛嘗節《老子》語『天大，地大，道亦大』，丐余作書，是其所自命也，宜為天王。汝為東王。吳承仕為北王。錢玄同為翼王。余問：錢何以獨為翼王？先生笑曰：以其嘗造反耳。越半載，先生忽言：以朱逖先為西王。……一時詼嘲，思之腹痛！」

朱希祖在日記中記：「旭初言當日章師戲言，吾門四子：黃（季剛）為天王，王（旭初）為東王，吳（檢齋）為北王，錢（玄同）為翼王，以錢為畔師，故稱翼王。繼而余至南京就中央大學，章師又謂旭初曰：吾門四王當改定，去錢入朱云云。然以余前年所聞於季剛者則異是，見於餘筆記中，即黃為天王，汪為東王，朱為西王，錢為南王（南王早卒，喻錢畔師），吳為北王也。案黃、錢、汪皆傳師文字學，吳傳經學，稱為四子較是。……余則獨治史學，非傳自師，應不在四子之列。余之治文字學經學，皆以史學治之，與師法皆異，其不列入四子甚是。」[63]朱希祖自己認為不應在四子之列，因此，外傳章門四大弟子，亦稱「四大天王」應指黃侃、汪東、錢玄同、吳承仕。

「四大天王」之一：黃侃

63　〈朱希祖日記〉，1939年12月7日，轉引自〈先君逖先先生對於史學之貢獻〉，《東方雜誌》1944年，第16期。

　　黃侃（1886-1935年），字季剛，湖北蘄春人。父黃雲鵠為朝廷二
品官員，與張之洞交。黃侃留學日本時結識章太炎，在其門下四年，
擅長音韻訓詁。章與黃雖為師生，但學界往往並稱「章黃之學」。黃
侃歷任北京大學、東南大學、中央大學、武昌高師、金陵大學教授。

　　在東京講學時期，章太炎通過與弟子們的交流，豐富了自己的學
術見解。對於學生的成就，章太炎感到自豪和欣慰。章太炎清高孤
傲，很少對人表示嘉許。在他的弟子中，他比較推崇黃侃，稱黃侃
「學問精專，言必有中，每下一義，切理厭心」。[64]章太炎撰寫《新方
言》時，黃侃「因持其說，以問太炎，師弟之間，往復辯詰，幾達旬
日，章先生卒是其說」。章太炎說：「蘄黃間有君子告余曰：……於是
知余所集者，猶未周備。」在《題所撰初本〈新方言〉予黃侃》中，
章太炎說：「季剛昔為我次蘄州語，及諸詞氣，復以新所診發者，第
為十篇，都八百二十餘事。」

　　黃侃性格與章太炎一樣古怪，被黃興稱為「瘋子」。黃興說，民
國學人有三個瘋子。除「大瘋子」章太炎、「二瘋子」黃侃外，還有
一個「三瘋子」劉師培。這三個人的共同特
點是衣冠不整、不修邊幅，像「大瘋子」章
太炎數月不理髮，數日不洗臉是常事。這三
個人學問做得好，脾氣性格也與眾不同。

　　說起黃侃與章太炎的相識，可謂不打不
相識，是一種緣分。黃侃與章太炎當時共住
一座樓，黃侃住樓上，章太炎住樓下，卻並
不相識。一天晚上，黃侃內急，來不及上廁
所，便打開窗戶一瀉如注。章太炎正在夜

黃侃像

64 章太炎：〈致國粹學報社書〉，《國粹學報》，1908年，第5號。

讀，忽聞騷尿味撲鼻，高聲怒罵。黃侃不甘示弱，報以回罵。罵了一陣以後，兩人互通姓名，才知道大水沖了龍王廟。黃侃連忙下樓向章太炎賠不是並自稱弟子。

　　黃侃的趣事很多。在北京大學主講國學的時候，黃侃整日在書房裏研究國學。為了節省時間，他將饅頭、辣椒等放在書桌上，餓了就用饅頭蘸辣椒往嘴裏送。有一次，他看書入了迷，竟將饅頭伸進硯臺和朱砂裏，將自己塗了個大花臉卻渾然不覺。一個朋友來訪，見他如此模樣，笑得肚子發痛，黃侃愕然，不知他為何而笑。

　　北京大學的文科學長是陳獨秀，陳獨秀在五四運動中高舉反孔的旗幟，黃侃不買帳。有一次集體作詩。陳獨秀云：「毀孔子廟罷其祀」，黃侃緊跟著冒了一句：「八部書外皆狗屁。」眾人愕然。黃侃所指的八部書是：《漢書》、《史記》、《說文解字》、《廣韻》、《文選》、《周禮》、《左傳》、《毛詩》。

　　黃侃反對提倡白話文，對新學的擁護者極盡諷刺嘲弄之能事。同在北京大學任教的胡適積極提倡白話文，黃侃一日講課時，調侃胡適說，文言文簡明，白話文就不行。比如說，胡適的太太忽然死了，家裏人要通知胡適，電報云：你的太太死了，趕快回來啊！電報要十一個字，如果用文言文，只要四個字：妻喪速歸。電報費節省了三分之二。學生大笑。黃侃聽說胡適撰寫的《中國哲學史大綱》完成了上部，下部遲遲未出。他在課上對學生說，今天的胡適可以稱為「著作監」了。學生不明所以，詢問其故。黃侃說，監者，太監也。太監者，下面沒有也。學生笑得直不起腰。

　　在南京中央大學任教時，他與學校有約在先：颱風不來，下雨不來，下雪不來，學生稱他為「三不來教授」。狂風暴雨，黃侃肯定不來；如果是和風細雨，來與不來就全憑他高興了。

　　黃侃在婚姻問題上屢屢遭人非議。他一生結婚九次，當時的小報

說「黃侃文章走天下,好色之甚,非吾母,非吾女,可妻也」。[65]黃侃的原配夫人在鄉間,其後他追求自己昔日的學生黃紹蘭。黃紹蘭在上海太倉路一二七號創辦博文女學,中共一大代表在上海開會,即借住在黃紹蘭的學校裏。黃紹蘭知道黃侃有髮妻,但經不住他的花言巧語,委身於黃。然婚後不久二人即分居,出人意外的是,黃侃後到北京女師大任教,又與彭姓女學生結婚。此時,黃紹蘭在上海誕下一女,黃侃不聞不問,弄得母女生活無著。章太炎全家這時住在嵩山路貝勒路禮和裏,距博文女學不遠,湯國梨因而認識黃紹蘭。湯國梨將黃紹蘭與黃侃約到自己家中,指責黃侃玩弄女性,要求黃侃每季度付三百元給黃紹蘭母女作為生活費。黃侃向章太炎夫婦借了三百元交給黃紹蘭,此後再未付過一文錢。

最使湯國梨氣憤的是,黃侃遊戲婚姻,最終導致黃紹蘭死亡。黃侃與彭姓女子育有兩子,黃侃死後,彭氏兩子到上海謀生,彭氏特意關照兩子到上海必須向黃紹蘭磕頭並叫媽媽。彭氏二子如約而行,未料黃紹蘭見二子酷似青年黃侃,精神受到刺激,竟發生精神病。黃紹蘭女兒將其送入精神病醫院,「若干日後,接到病院通知,謂紹蘭已經死了」,[66]可能係死於自縊。湯國梨對黃侃的印象一直不好。

黃侃一身傲氣。一日馬寅初來看望他,向他請教《說文》,他愛理不理地說,你還是去弄你的經濟吧,小學談何容易,說了你也不懂。黃侃入眼的人只有兩個:一個是「大瘋子」章太炎,黃侃對先生一直禮敬有加;另一個就是「三瘋子」劉師培。劉師培出自經學世家,二歲開始讀四書五經,二十歲開始著書立說,成就斐然,黃侃稱

---

65 湯國梨:〈太炎先生軼事簡述〉,《追憶章太炎》(北京市:生活‧讀書‧新知三聯書店,2009年),頁82。

66 湯國梨:〈太炎先生軼事簡述〉,《追憶章太炎》(北京市:生活‧讀書‧新知三聯書店,2009年),頁84。

他為「曠代奇才」。他曾向不拘一格的蔡元培極力推薦劉師培到北京大學任教，得到蔡元培的允許。一九一九年，劉師培病勢沉重，黃侃拜比自己年長僅二歲的劉師培為師，因為他認為自己在經學方面受益於劉師培甚多。其實，當時黃侃的名聲與劉師培不分伯仲。

章太炎在《自定年譜》中對部分弟子作了評價：「弟子成就者，蘄黃侃季剛、歸安錢夏季中、海鹽朱希祖逷先。季剛、季中皆明小學，季剛尤善音韻文辭；逷先博覽，能知條理。其它修士甚眾，不備書也。」[67]章太炎對他的弟子十分愛護，常常嚮學界推薦。一九〇八年，他致函《國粹學報》，推薦黃侃：「前此蘄州黃君名侃，曾以著撰親致貴處。黃君學問精專，言必有中，每下一義，切理饜心，故為之介紹。願貴報館加以甄採，必能鉤深致遠，宣揚國光。」一九一四年，章太炎在〈題黃侃夢謁母墳圖記後〉記：「蘄州黃侃，少承父學，讀書多神悟，尤善音韻，文辭澹雅，上法晉宋，雖以師禮事餘，轉相啟發者多矣。……若其精通練要之學，幼眇安雅之辭，並世固難得其比。」同年，他又說，「季剛年方盛壯，學術能為愚心稠適，又寂泊願握苦節，……斷續之際，賴季剛曇曇而已」，對黃侃的評價甚高。

黃侃對章太炎忠心耿耿。章太炎在北京被軟禁時，黃侃已經擔任北京大學教授。他聽說先生遭難，多方打聽到先生的下落，見先生孤獨無依，要求陪伴先生於左右。黃侃白日講壇講學，晚上與先生談學，直到被看管章太炎的員警逐出為止。

劉師培英年早逝，未料黃侃竟步其後塵。說起黃侃的死，與章太炎還有點關係。為慶賀弟子黃侃五十歲生日，章太炎特意撰寫了一副壽聯：

---

67 章太炎：〈太炎先生自定年譜〉（上海市：上海書店，1986年）影印本。

韋編三絕今知命

黃絹初成好著書

黃侃一生治學嚴謹，曾經說過五十歲以前不著書的話。韋編三絕是一個典故，出自《史記・孔子世家》。古代的書是竹簡，竹簡之間以韋（牛皮帶子）連接。孔子當年讀《易》多次，將編書的牛皮帶子都弄斷了。上聯說黃侃到知天命的年齡，讀書破萬卷，可以著書立說了。下聯出自典故蔡邕〈曹娥碑〉。東漢年間，人們為頌揚孝女曹娥而立碑。漢元嘉元年（公元151年），會稽邯鄲淳為之作碑文。蔡邕聞訊來觀，閱後書「黃絹幼婦，外孫齏臼」八字於碑陰。三國時，曹操和楊脩來曹娥廟祭拜，看到碑陰「黃絹幼婦，外孫齏臼」八個字不解其意。楊脩解釋說，黃絹是有顏色的絲綢，喻「絕」字；「幼婦」是少女，喻「妙」字；外孫是女之子，喻「好」字；「齏臼」是搗爛姜蒜的容器，為「受辛之器」，「受」旁加「辛」即「辤」字。「辤」通「詞」，「黃絹幼婦，外孫齏臼」即「絕妙好詞」。下聯贊黃侃將撰寫「絕妙好詞」。黃侃讀到章太炎的壽聯後，臉色大變，因為壽聯中竟暗藏了「黃絕命書」四個字。此聯絕對是章太炎的疏忽，因為他十分看重黃侃的才華，絕不會故意加害。黃侃向來迷信讖語，當時十分恐懼。當年十月八日，讖語成真，黃侃飲酒過量，吐血而亡。章太炎聞訊，悔恨交加，痛責自己，為弟子作墓誌銘一通。

「四大天王」之二：汪東

汪東（1890-1963年），名東寶，字旭初，號寄庵、寄生、夢秋，江蘇吳縣人，精於音韻、文字、訓詁之學。

汪東一九〇四年東渡日本，從章太炎學並加入同盟會，曾任《民報》編輯、《大共和日報》總編、浙江桐鄉縣縣長、中央大學文學院院長等職。一九二七年，汪東建議以章太炎名義創辦一個月刊，具體

工作由他負責，經費則以章太炎的名義賣字所得維持。當時議定對聯每副潤筆費十元，由汪東模仿章太炎筆跡書寫，而由章太炎「親書下款蓋章」。汪東模仿章太炎的字可以亂真，總共籌得潤筆費近十萬元，即以此款開辦《華國月刊》，封面上印「章太炎主辦」。

「四大天王」之三：錢玄同

錢玄同（1887-1939年），亦名夏、渾然，浙江吳興人，父錢振常為光緒朝舉人。他一九〇六年留學日本，在《民報》拜見章太炎後，執弟子禮。章介紹其加入同盟會，後成為著名思想家、文字音韻學家，著有《文字學音篇》，歷任北京國立高師、北京大學教授。

錢玄同受章太炎復古主義影響，而且比先生走得更遠。他的理想是，推翻清朝，保存國粹，不僅復古於明，還要復古至漢唐乃至三代。錢玄同自言受《革命軍》和〈駁康有為論革命書〉影響而拋棄改良，轉向革命。

一九一〇年，章太炎創辦《教育今語雜誌》，宣傳民族革命，錢玄同是實際主持人。其間，曾以「太炎」名發文多篇。受五四運動影響，錢玄同贊成打倒孔家店，提倡白話文。一九三五年，他起草了〈第一批簡字表〉，開創簡化漢字之先河。

一九三六年，錢玄同在北京師範大學中文系講授傳統音韻學，其中講到「開口音」與「閉口音」。學生不甚明白，錢玄同於是講了一個故事。他說，有一位唱大鼓的女藝人，牙齒潔白。可是有一次掉了兩顆門牙，在應酬時，她不願露齒，對別人問話時一概使用「閉口音」。客人問「貴姓？」「姓伍。」「多大？」「十五。」「住哪？」「保安府。」「貴幹？」「唱大鼓。」女藝人的牙齒後來補上了，再應酬時，她改用「開口音」。客人問「貴姓？」「姓李。」「多大？」「十七。」「住哪？」「城西。」「貴幹？」「唱戲。」錢玄同講的故事貼切生動，學生從此牢牢記住了「開口音」與「閉口音」的區別。一九三

九年一月十七日，錢玄同病逝於北京，年五二歲。

「四大天王」之四：吳承仕

吳承仕（1884-1939年），字檢齋，又字絸齋、橋齋，號展成，又號濟安，安徽歙縣人，著名經學家、文字學家。吳十七歲中秀才、十八歲中舉人，二十三歲參加舉貢會考，獲殿試一等第一名，被點為大理院主事。一九一一年，吳承仕受業於章太炎，研究文字、音韻、訓詁之學及經學。時有「北吳南黃」之說，「北吳」即吳承仕，「南黃」即黃侃。章太炎在北京軟禁期間，吳承仕時時探望。

章太炎評價弟子吳承仕說：「及吾門得辨聲音訓詁者，其惟檢齋乎。」他致函章士釗，向他推薦吳：「吳在司法部充僉事，學問精實，與季剛輩相埒，而中正穩練，則過於季剛，望善視之也。」一九三五年六月十八日，章太炎為吳氏謀中央大學教職一事致信蔣維喬：「頃有吳君承仕，字絸齋，國文、小學、經訓與季剛造詣伯仲，……足以補季剛之缺。」

一九三〇年以後，吳承仕開始接受馬克思主義，以馬克思主義理論研究經學和文史，一九三六年春加入中國共產黨，一九三九年九月二十一日病逝於天津，年五六歲。延安方面於一九四〇年四月十六日為其召開追悼會，毛澤東撰寫輓聯：「老成凋謝」。

章太炎流亡日本時期最得意的有八大弟子，即黃侃、錢玄同、魯迅、朱希祖、馬裕藻、周作人、沈兼士、沈尹默。以上黃侃、錢玄同已列入「四大天王」，其餘人為：

八大弟子之一：魯迅

魯迅（1881-1936年），即周樹人，字豫才，浙江紹興人，中國思想家、文學巨匠。

在章太炎的弟子中，章太炎與魯迅相交甚篤，魯迅自言受章太炎影響極深。章太炎「蘇報案」刑滿釋放後即抵達日本，七千多中國留

學生在東京神田區錦輝館為他召開歡迎大
會。魯迅著作中未提及他是否參加了這次歡
迎會。當時，魯迅新婚後返日，如果魯迅參
加了歡迎會，應為魯迅第一次見章太炎。魯
迅棄醫從文後，與革命黨人陶成章、龔未
生、陳子美、陶冶公等交往日頻，而陶成
章、龔未生、陳子美、陶冶公等皆為章太炎
的座上客。魯迅正式與章太炎交，始於東京
講學。從此時開始，魯迅成為章太炎的入門
弟子。

魯迅像

　　一日為師，終身為父。許廣平說魯迅「每逢提起（太炎），總嚴
肅地稱他太炎先生」[68]或呼為「章師」、「章先生」。許廣平在〈民元前
的魯迅先生〉一文中回顧了章太炎對魯迅的影響，稱魯迅以「韌的戰
鬥」見稱於世，源於章太炎的精神。

　　日本學者島田虔次說：「在魯迅的一生中，能使他對其懷有深深
的敬意和愛情的‘師’是極少的，而太炎就是這極少的『師』中的一
人，恐怕除了藤野嚴丸郎先生外，太炎是唯一的一位了。」[69]魯迅曾
說：「清末，治樸學的不止太炎先生一個人，而他的名聲，遠在孫詒
讓之上者。」[70]郭沫若在〈魯迅與王國維〉一文中說：「太炎先生早年
的革命精神和治學態度，無疑是給了魯迅先生以深厚的影響。」日本
學者島田虔次稱章太炎是魯迅「思想上第一個革命的師」。

68 許廣平：〈民元前的魯迅先生〉（廣州市：廣東人民出版社，1979年）。

69 島田虔次：〈章太炎的事業及其與魯迅的關係〉，《章太炎生平與思想研究文選》（杭
　　州市：浙江人民出版社，1986年）。

70 魯迅：〈因太炎先生而想起的二三事〉，《魯迅全集》第6卷（北京市：人民文學出版
　　社，1991年）。

　　魯迅逝世前一天在病榻上撰寫〈太炎先生二三事〉，發掘了章太炎早期的革命精神，同時對他晚年的頹唐給予了批判。

　　八大弟子之一：朱希祖

　　朱希祖（1879-1944年），字逷先，亦作迪先、逖先，十七歲中秀才，著名史學家、藏書家，曾受聘於浙江兩級師範學堂、浙江省教育廳，後任北京大學教授、清史館編修。

　　一九〇六年，朱希祖赴日留學期間受業於章太炎，繼承了章氏治史精華。北京大學蔡元培、朱希祖、胡適三人皆屬兔，時有老兔、中兔、小兔一說。胡適曾經說，北京大學是因為有三隻兔子而出名的。朱希祖時任北京大學史學系主任，在他手上創立了中國史學會。朱希祖個人藏書多達二十五萬冊，多為明萬曆至南明的善本書。一九四四年朱希祖逝於重慶，年六十六歲。

章太炎弟子合影

八大弟子之一：馬裕藻

馬裕藻（1878-1945年），字幼漁，浙江鄞縣（今寧波）人，音韻學家、文字學家，任北京大學國文系教授、國文系主任。弟子馬衡、馬鑒、馬準、馬廉皆為著名學者，世稱鄞縣「五馬」。

八大弟子之一：沈兼士

沈兼士（1887-1947年），名堅士，吳興（今湖州）人，沈尹默之弟。沈兼士在訓詁、文字、音韻、檔案學等領域建樹頗豐，是著名文字學家、文獻檔案學家，歷任北京大學、輔仁大學、清華大學、廈門大學教授。

一九〇五年，沈兼士與兄沈尹默東渡日本，拜章太炎門下並加入同盟會；新文化運動中宣導新詩，抗戰期間任《魯迅全集》編委。

八大弟子之一：周作人

周作人（1885-1967年），原名櫆壽（後改奎綬），字星杓，又名啟明、啟孟、起孟，筆名遐壽、仲密、豈明，號知堂、藥堂等，浙江紹興人，魯迅（周樹人）之弟，周建人之兄。

周作人是著名散文家、文學理論家、翻譯家。歷任北京大學教授、東方文學系主任、燕京大學新文學系主任。五四運動後，與鄭振鐸等發起成立「文學研究會」並與魯迅等創辦《語絲》周刊，任主編。一九三九成為漢奸，抗戰勝利後被判處有期徒刑。

八大弟子之一：沈尹默

沈尹默（1883-1971年），原名君默，字中、秋明，號君墨，別號鬼穀子，浙江湖州人，著名學者、詩人、教育家；任北京大學、北京女子師範大學教授，與陳獨秀等同辦《新青年》雜誌；曾出任河北教育廳廳長、北平大學校長等職；抗戰時期，應監察院院長于右任之邀，任重慶監察院委員。

章太炎的弟子們對章太炎的學術評價甚高。周作人說：「太炎先

生講授的中國文學的知識，給予我不少的益處，是我所十分感謝
的。……此外，國語注音字母的建立，也是與太炎有很大的關係的。
所以我以為章太炎先生對於中國的貢獻，還是以文字音韻學的成績為
最大。」[71]

　　章太炎的名氣和聲望如日中天，可是他一生中卻沒有正式擔任過
大學教授，尤其像清華大學國學院、北京大學國學院這樣的名校。其
實，章太炎是有過這樣的機會的。胡適曾經向清華大學校長曹雲祥推
薦了三個導師人選，即梁啟超、王國維和章太炎。章太炎以他與梁啟
超個性不合為由，謝絕了胡適的推薦。

章太炎弟子合影

　　章門弟子後來大多執教於國內知名大學。他們繼承師說、學有本
源、業有專攻、各有造詣。當年執教於北京各著名大學的著名教授多
出自先生門下，可知章太炎在學術界的崇高地位。如北京大學，著名

71 周作人：《知堂回想錄》（蘭州市：敦煌文藝出版社，1998年）。

的國學教授除黃侃外，尚有朱希祖、錢玄同、魯迅、沈兼士等。二十世紀二十年代的北京學界爭相以章氏弟子為榮，開口便稱吾師太炎如何如何。

關於章太炎學識傳承的問題，胡適認為，就國學而言，章太炎的弟子沒有一個人能全面繼承其衣鉢，但是就中國傳統文化的批判繼承而言，章門弟子可以說是青出於藍而勝於藍。章太炎的弟子黃侃、錢玄同、許壽裳、汪東、朱希祖、周氏兄弟等，後來各有建樹。不僅章太炎的及門弟子成就輝煌，連再傳弟子也出類拔萃。如汪東的弟子唐圭璋解放後為南京師範大學中文系教授、程千帆為南京大學中文系教授、殷孟倫是山東大學中文系教授。

從表面看，章氏弟子與先生思想、與先生學術似乎漸行漸遠，其實，先生的思想與學術早已深入弟子精髓。魯迅引太炎先生的話說，（先生）視為最緊要的，第一是用宗教發起信心，增進國民的道德；第二是用國粹激動種性，增進愛國的熱腸。章太炎視為最緊要的兩點，章氏弟子們將其發揚光大並且做到了極致。

章門弟子對先生十分關心。一九〇八年，章太炎因未交納《民報》案罰金而被判處勞役。魯迅、許壽裳聞訊，挪借譯書的部分稿費代繳罰金。章太炎在北京錢糧胡同幽禁時，章門弟子聯名上書教育總長湯化龍，要求釋放章太炎：「若太炎先生者，才學宏博，求之古人，未知何如，今日實罕其匹。……文獻之存，國有賴焉。」他們提出〈申理章太炎建議案〉，「章氏一代英才，而聽其摧折，亦非計矣！」章太炎軟禁期間十分寂寞，章門弟子時時前往問候。章太炎在《自定年譜》中說：「時弟子多為大學教員，數來討論。」朱希祖每周探望多次，魯迅也多次探望。《魯迅日記》一月三一日記載：「午前同季市往章先生寓，晚回。」二月十四日記載：「午前往章師寓，君默、季中、逖先、幼輿、季市、彝初皆至，夜歸。」黃侃自求與先生

同住，直至被強行逐出為止。黃侃一直銘記師恩，說：「一知一識，盡承師賜，一飲一啄，莫非師恩」，「謹當尋繹寶訓，勉之畢生，不墮師法，以酬恩造」。朱希祖說：「余對先師，終有知己之感也。」

章太炎的弟子中也有反先生革命之道而逆行者，最為著名的當是周作人。一九二五年，弟子周作人仿章太炎，也拋出一篇〈謝本師〉，公開宣佈與章太炎斷絕師生關係。當章太炎在孫傳芳那裏主持投壺典禮之際，他的弟子周作人在《語絲》雜誌刊發〈謝本師〉。周作人認為章太炎的政治活動不高明。周作人說：

《民報》時代的先生的文章我都讀過無遺，先生講書時像彌勒佛似的趺坐的姿勢，微笑的臉，常帶詼諧的口調，我至今也還都記得。先生現在似乎已將四十餘年來所主張的光復大義拋諸腦後了。我相信我的師不當這樣，這樣也就不是我的師。此後先生有何言論，本已與我無復相關，惟本臨別贈言之義，敢進忠告，以盡寸心：先生老矣，來日無多，願善自愛惜令名。

周作人不滿章太炎政治上的言行，認為先生背叛了自己「四十餘年來所主張的光復大義」。未料十數年後，周作人不僅背叛了先生的事業，背叛了革命，甚至站到中國民族革命的對立面去了。真正應當「自愛惜令名」的人正是他自己。若干年以後，周作人曾經就〈謝本師〉一文反省過自己，他說：「我就寫了〈謝本師〉那篇東西，在《語絲》上發表，不免有點大不敬了。」[72]

章太炎對早年弟子中趨新一派不滿。沈尹默一度附和新文學。吳承仕與浙籍同門有過節，與新文化派較為疏遠。吳承仕後來在中國大學國學系改革課程，太炎聞訊，視為叛逆。朱希祖與黃侃一起參與《國故》，被視為不新不舊的折衷派。錢玄同後來成為「中外古今

---

[72] 周作人：《知堂回想錄》（香港：三育圖書有限公司，1980年）。

派」，在反對孔教、主張六經皆史、斥罵桐城謬種等方面雖與先生保
持一致，但在若干主張方面與章太炎相去甚遠。錢玄同應康有為之
請，為康氏的《新學偽經考》作序。康有為的《新學偽經考》認為，
中國古代經書有許多經過後人篡改，章太炎對此說持異議。錢玄同在
《新學偽經考》中反駁了章太炎，說我們今後解經，應該以實事求是
為鵠的，絕對破除師說和家法。吾愛吾師，吾尤愛真理。

　　毛澤東對錢玄同「吾愛吾師，吾尤愛真理」的行為表示讚賞。一
九五五年一月，毛澤東在中南海與錢玄同的兒子錢三強談話時提到這
件事。毛澤東說，錢玄同反駁了他的老師章太炎，有這種勇氣是很不
容易的。[73]

---

73 盛巽昌：《毛澤東眼中的歷史人物》（上海市：辭書出版社，2005年），頁438。

第十章
桑榆晚景自生春

　　章太炎應蘇州名士金松岑之邀，到蘇州講學，決定舉家遷移蘇州。在蘇州創辦「章氏講學會」，正式開講。「九一八」事變爆發，章太炎密切關注戰事的進展，公開批評蔣介石、張學良的不抵抗主義。淞滬抗戰爆發，湯國梨與章太炎自費籌建了一座戰地醫院，以示支持。章太炎親赴北京，遊說諸侯，為抗戰呼號奔走。他發表宣言，聲明東三省是中國領土，指責政府「勇於內爭，怯於禦外」。章太炎支持「一二九」學生運動，反對國民黨當局武力制止學生。一九三六年六月十四日，一代國學大師章太炎在蘇州走完了他的一生。南京國民政府頒發〈國葬令〉，先生靈柩若干年後葬入杭州南明遺臣張蒼水墓側。章太炎逝世後，後人對他的評價甚高。毛澤東、周恩來等對章太炎作了實事求是的評價。魯迅評價章太炎「革命第一、學術第二」。

一　蘇州定居

　　章太炎在上海講學後，聲名遠播，杭州昭慶寺的方丈聽說以後，派人邀請章太炎到寺廟小住，此話正中章太炎下懷。章太炎終年東奔西走，已經多年沒有返鄉祭祖了，他決定藉此機會拜祭一下祖先。章太炎偕夫人湯國梨及兩個弟子來到了杭州。

　　在杭州昭慶寺期間，章太炎率弟子陳存仁與章次公準備好香燭拜祭祖先。他知道祖墳在艮山門外，可是出了艮山門，他完全說不出具

體方位。無可奈何之下，章太炎只得對遠山遙拜而歸。

昭慶寺盛情款待，然美中不足的是每日有記者來訪，弄得章太炎煩不勝煩。這時，恰好靈隱寺方丈來請，章太炎偕夫人等遂移居靈隱，每日優哉遊哉，十分清閒。誰知樂極生悲，旋有人來報，告上海家中失竊。夫人不慌不忙，道家中除了書，沒有值錢的東西，並不著急趕回。章太炎卻十分著急，一定要回家查看。就這樣，章太炎一家結束杭州之行，回到上海。

杭州之行，章太炎一口氣收了二十多個學生，夫人頓時囊中豐盛，回到上海後立即繳納房租，償付積欠，生活有了不少改善。弟子陳存仁與章次公受此啟發，建議先生成立「章氏講學會」，公開招生，章太炎與夫人均稱好。

在章太炎授意下，夫人草擬「章氏講學會」宣言及章程，同時由章太炎具函向各地故舊徵求讚助。陳存仁回憶說：「不料這件事，反應出乎意外，張學良首先捐銀三千元，當時孫傳芳雖已失意下野，也派人送來二千元，各方捐款五百、一千的很多，總數若干，我們不便過問，約略計之，總在二三萬左右，但章師從不過問，學生來報名的約有二百多人。」[1]有了辦學經費，「章氏講學會」開始緊鑼密鼓地籌備起來。

一日，章太炎舊友、前國務總理李根源從蘇州來訪，言談中說起居住在蘇州的種種好處，此語正中章太炎下懷，讓他對蘇州留下美好的印象。章太炎晚年對上海的一切幾乎都不滿，他說：「湫居市井，終日與販夫為伍者。」[2]夫人湯國梨見他心情不好，勸他講學，「以轉移世運」。於是，李根源與蘇州名士金松岑邀他到蘇州講學，章太炎

1　陳存仁：〈師事國學大師章太炎〉，《追憶章太炎》（北京市：生活‧讀書‧新知三聯書店，2009年），頁259。

2　〈記章太炎先生〉，《自述與印象：章太炎》（上海市：三聯書店，1997年），頁101。

欣然前往。章太炎與蘇州結緣，最後終老於蘇州，與李根源、金松岑相關。

金松岑（1873-1947年），原名懋基，又名天翮、天羽，號壯遊、鶴望，筆名金一、愛自由者，自署天放樓主人，江蘇吳江人，清末民初國學大師、南社詩人。

金松岑先生（前排中）與光华大学部分师生合影留念

金松岑曾應蔡元培之邀，在上海參加中國教育會和愛國學社，後返故鄉創辦中國教育會同里支部。金松岑曾經資助鄒容《革命軍》的出版。「蘇報案」發，金松岑籌措經費，延請律師為章太炎、鄒容辯護。一九三二年，金松岑與陳衍等組織中國國學會，邀章太炎到蘇州講學。金松岑欲拜章太炎為師，章太炎十分謙虛，「約為兄弟行」。「那時金天翮與先生很睦熱，甚敬仰先生的淵博，一度願師事先生，先生不許，約為兄弟行。」[3] 金松岑後來在蘇州開辦國學後，讓自己

3　沈延國：〈記章太炎先生〉，《自述與印象：章太炎》（上海市：三聯書店，1997年），頁102。

的弟子「來拜先生之門」。在金松岑創辦的學校中出現了許多英才，如柳亞子、王佩諍、王大隆、潘光旦、金國寶、嚴寶禮、費孝通、王紹鏊、蔣吟秋、范煙橋等。

一九三二年秋，金松岑致書邀章太炎到蘇州講學。章太炎欣然應邀，說：「其地蓋范文正、顧寧人之所生產也。今雖學不如古，士大夫猶循禮教，愈於他俗。及夫博學孱守之士，亦往往而見。」[4]金松岑在滄浪亭特為章太炎召開盛大歡迎會。會後，章太炎在蘇州大公園圖書館、北局青年會、三元坊滄浪亭等地講學將近一個月。講學的內容有：《大學大義》、《儒行大義》、《經義與治事》、《讀史與文化復興之關係》，受到蘇州市民熱烈歡迎。章太炎夫人湯國梨回憶說：「太炎於一九三二年秋，應金松岑邀請來蘇州講學，先後在大公園縣立圖書館、青年會、滄浪亭等處。」[5]李根源及蘇州著名士紳張一麟見狀，商議在蘇州成立一個講學團體，遂於一九三三年成立「蘇州國學會」，由金松岑主持事務。

章太炎自從離開故鄉餘杭後，可謂漂泊四海。他除在西子湖畔學習數年，東渡日本三次外，其大半生是在上海度過的。他開始住在上海南陽橋，後來遷至同孚路同福裏。但是，章太炎似乎並不喜歡上海這座城市。金松岑之邀，使章太炎深深地愛上了蘇州。千年古城姑蘇是一座花園般的古老城市，蘇州之行，令章太炎心情舒暢。他覺得蘇州風俗淳美，是一個終老的好地方。

章太炎第二次到蘇州講學，未與夫人商量，就決定在蘇州買房子作為今後的定居之所。有人向他介紹蘇州侍其巷雙樹草堂一所，章太

---

4 沈延國：〈記章太炎先生〉，《自述與印象：章太炎》（上海市：三聯書店，1997年），頁102。

5 湯國梨：〈太炎先生軼事簡述〉，《追憶章太炎》（北京市：生活・讀書・新知三聯書店，2009年），頁81。

炎進去看見是樓房，點點頭說「還有樓」，看見院子里長的樹，又點點頭說「還有樹」，隨即與賣家拍板成交。當時此房價值約一點五萬元，章太炎卻給了人家一點七萬元。湯國梨知道此事後，不同意遷移蘇州，說「活住租界，死葬公墓」。由於章太炎一再堅持，湯國梨於次年隨先生到蘇州實地勘察一番。湯國梨一考察，就發現了問題。雙樹草堂雖有亭臺樓閣，但沒有後門，最不能容忍的是居所旁有一家紡織廠，機器嘈雜之聲終日不絕於耳，對於一個需要靜心撰著及講學的人來說，明顯不適合居住。湯國梨對章太炎的學生說：「你們的老師，革命講學是大師，但治家就不懂了。」章太炎自知理虧，只是哈哈大笑。當時章太炎的學生得知錦帆路八號（今五十號）的房主將遠行，湯國梨遂以二點八萬元購買。可是侍其巷雙樹草堂的購房手續已經辦妥，賣出去要虧很多錢，加上房子嘈雜，不宜居住，只得暫時空關。

章太炎蘇州寓所（原錦帆路8號，今38號）

　　一九三四年秋，章太炎一家遷居蘇州錦帆路八號。章太炎第一次到蘇州是一九一〇年入東吳大學任教，闊別二十四年，今天在這座古

城定居終老了。章太炎對這裏的環境十分滿意：錦帆路是一條小馬路，古代名錦帆涇，是當年吳王夫差偕愛妃乘畫船、張錦帆遊蕩綠水的地方。錦帆路終年靜悄悄的，偶或有一兩行人和車輛經過。錦帆路的兩邊種著古老的垂楊，微風拂過絲絲柳條，露出一堵布滿紫藤的矮牆，矮牆中間的大門幾乎終年不關。大門的兩側懸掛著兩副招牌：一曰「章氏國學講學會」，一曰「制言半月刊社」。章太炎在蘇州的居所當年稱為「章園」，大門在宋衙弄體育場路十七號，後門在錦帆路八號。由於全國各地聽課者蜂擁而至，一時多達五百多人。夫人湯國梨遂購得屋後空地十餘畝，造兩層青磚樓房兩幢，作為講習所課堂與宿舍。

國民黨當局一再壓制抗日救亡運動，章太炎發起成立「光復學會」，意在以學術振起人心。在籌建「章氏國學講習會」的過程中，章太炎因鼻子經常出血曾一度擱置。章太炎自己為自己診病處方，卻始終未見好轉，不得不到醫院檢查，醫生診斷為十分兇險的鼻衄病。

在此期間，章太炎出版了《國學商兌季刊》，後改名《國學論衡》，交金天翮主編。在辦刊的宗旨上，兩人出現了分歧，「主要是由於宗旨不同，而因此使他們交誼漸漸淡薄」。及「章氏國學講習會」正式成立並頒佈《宣言》後，「這件事使金天翮由『淡』而『不歡』了。」[6]

二　開講國學

在蘇州籌備「章氏國學講學會」期間，章太炎在北京、南京等地的弟子紛紛請他去講學，章以身體欠佳的理由一一婉言謝絕。一日，

6　沈延國：〈記章太炎先生・在蘇州〉，《追憶章太炎》（北京市：生活・讀書・新知三聯書店，2009年），頁328。

國民黨中央給章太炎來電，正式邀請他到南京講學，並告訴他講學地
點及住地安排在中山陵附近，均已籌備完畢。章太炎覆電國民黨中
央，表示身體患病，無法離蘇。

一九三五年三月，電報拍發以後的一天夜晚，章太炎已經入睡，
時在南京中央大學任教的黃侃突然到蘇州造訪，把門拍得山響。夫人
湯國梨見是黃侃，告先生已入睡，有事明天再說。黃侃要去敲先生的
門，被湯國梨阻止。黃侃吞吞吐吐地說，日內如有人來找先生，請先
生不要拒人於千里之外云云，言罷匆匆連夜離去。

黃侃離開蘇州後兩三天，果然有人來訪，來者是國民黨中央委員
丁惟汾。章太炎與丁惟汾是舊識，曾同為同盟會同志，兩人一見如
故，開懷暢談並同遊蘇州名勝。三天以後，丁惟汾到章太炎居所告
辭，章太炎將他送到大門外。章太炎回到居所，發現茶几上有一封
信，打開以後，竟是一張一萬元的銀行支票，附一信箋。信箋上寥寥
數語，以「都下故人」名義「致萬金為療疾之費」。當時，一萬元是
一筆不小的數目。章太炎知道他的病沒有什麼特別的治療方法，無功
不受祿，想把支票退回去。湯國梨想到黃侃的連夜造訪，一定與丁惟
汾到蘇州有關。湯國梨提議，「章氏國學講習會」缺少資金，除延聘
講師外，學生食宿等均是一筆不小的負擔。「章氏國學講習會」由於
是私立，學費比當時一般大學要高出不少。學生的經濟情況各不相
同，有的學生經濟十分困難。湯國梨說，不如以蔣介石給他治病的錢
作為國學講習會的助學金，章太炎表示同意。在章太炎來說，還有一
個深意。蔣介石的錢是國家的錢，用國家的錢講習中國傳統的學問，
把中國的傳統文化和傳統精神發揚光大，也可以說是「取諸政府，還
諸大眾」。

在章太炎的心目中，治學就是革命。弟子黃侃說，先生教授國
學，是為了國家一旦不幸衰亡，而學術不絕，民眾猶能有所觀感，則
國家必有復興的希望，所以先生治學勤勤懇懇，不憚其勞。

在這筆經費的支撐下，章氏國學講習會在上海、蘇州等地的報紙上發佈了辦學《簡章》：

其一《定名》：

本會為章太炎先生講演而集合，又其經費由章先生負責籌集，故定名章氏國學講習會。

其二《宗旨》：

本會以研究固有文化，造就國學人才為宗旨。

其三《學程》：

講習期限二年，分為四期，學程如下：

第一期：

小學略說、經學略說、史學略說、諸子略說、文學略說

第二期：

《說文》、《音學五書》、《詩經》、《書經》、《通鑒紀事本末》、《荀子》、《韓非子》、《經傳釋詞》

第三期：

《說文》、《爾雅》、《三禮》、《通鑒紀事本末》、《老子》、《莊子》、《金石例》

第四期：

《說文》、《易經》、《春秋》、《通鑒紀事本末》、《墨子》、《呂氏春秋》、《文心雕龍》

其四《程度》：

凡有國學常識，而對於上定科目，有志深造者，無論男女，均可報名聽講。[7]

---

7 沈延國：〈章太炎先生在蘇州〉，《追憶章太炎》（北京市：生活・讀書・新知三聯書店，2009年），頁375-376。

　　一九三五年九月十六日，章氏國學講習會正式開講，地點就設在章太炎在蘇州的寓所錦帆路八號。章太炎一心效法先賢顧炎武，於國難之時開課授徒，講習國粹。章太炎強調國粹，他認為國粹有三：一是語言文字，二是典章制度，三是歷史人物。章太炎授課，主要內容就是這三大塊。患病以後的章太炎開始與時間賽跑。他要以講學來教導下一輩的青年，以伸自己畢生未竟之志。

　　蘇州演講分為六講，講授的內容為：

　　　第一講：說文解字序；
　　　第二講：白話與文言文之關係；
　　　第三講：論讀經有利而無弊；
　　　第四講：論經史實錄不應無故懷疑；
　　　第五講：再釋讀經之異義；
　　　第六講：論經史儒之分合。

　　湯國梨回憶說：「章氏國學講習會成立後，由太炎主講，並請王小徐、蔣竹莊、沈瓞民等任特別講師。其它擔任講師者，則有朱希祖、汪東、孫世揚、諸祖耿、王謇、王乘六、潘承弼、王仲犖、汪伯年、馬宗薌、馬宗霍、沈延國、金玉（毓）黼、潘重規、黃焯。各省學子前來就業者漸增至五百餘人。」[8]在「章氏國學講習會」擔任講師的尚有王牛、黃紹蘭等。「章氏國學講習會」開講的同時，作為專門研究國學的《制言》雜誌誕生。

　　在六次演講中，第三講《論讀經有利而無弊》的演講最受聽眾歡

8　湯國梨：〈太炎先生軼事簡述〉，《追憶章太炎》（北京市：生活・讀書・新知三聯書店，2009年），頁86。

迎。章太炎認為讀經可以修己，可以治人，因此有千利而無一弊。無論讀史還是讀經，可以振奮人的愛國精神，這是章太炎一貫的認識。

章氏國學講習會開講的時候，學生不到一百人，此後逐漸增加，達到五百之眾。「一九三五年暑假開始，共招學生七十二人，籍隸十四省，江浙人居多。……先生自任主任，每星期擔任四小時，每次二小時。尚有助教多人，以前中央大學歷史系教授朱希祖擔任《史記》，前東北大學主任教授馬宗薌擔任《莊子》，孫世揚擔任《詩經》，諸祖耿擔任《文選》，黃蕙（紹）蘭（黃侃前妻）擔任《易經》。……先生首講《左傳》，次講《尚書》，最後擬講《說文》，尚未開講即已去世。」[9]

章氏國學講習會的五百名聽眾中，從外省來蘇州的有一百多人。學生年齡參差不齊，「學員年齡最高的，為七十三歲，最幼的，為十八歲。有曾任大學講師、中學國文教師的，以大學專科學生占大多數，籍貫有十九省之不同。」[10]章氏國學講習會由湯國梨擔任班主任，沈延國擔任教務主任、王乘六擔任訓育主任、許復擔任總務主任。

章太炎每周講二到三次，每次二個小時。「先生分門講演，每日過午開始，往往延及申西。一茶一煙，端坐講壇，清言娓娓，聽者忘倦，歷二三小時不輟。」[11]美中不足的是，章太炎操一口浙江方言，聽課的人聽得十分吃力。章太炎逝世前數日，喘甚不食，夫人勸他停講，章太炎仍堅持上課，說「飯可不食，書仍要講」。

章太炎講課，自帶三件東西：一包香煙、一盒火柴、一杯清茶。

9　任啟聖：〈章太炎先生晚年在蘇州講學始末〉，《追憶章太炎》（北京市：生活・讀書・新知三聯書店，2009年），頁355。

10　沈延國：〈記章太炎先生〉，《自述與印象：章太炎》（上海市：三聯書店，1997年），頁105。

11　諸祖耿：《太炎先生〈國學講演錄〉》序。

學生見他進來，有值日生叫「章先生到」，全體起立，向先生表示敬意。先生入座後，學生再入座。章太炎點燃香煙後，在煙霧繚繞中侃侃而談，兩個小時中間不休息。講課以後，讓學生自由提問，他作講解。章太炎在蘇州講學時的弟子主要有：龐俊、沈延國、徐復、朱季海、王仲犖等。

在風雨飄搖的日子裏，錦帆路八號時常傳來吟誦之聲，彷彿

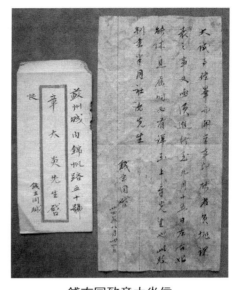

錢玄同致章太炎信

是世外桃源。對於章太炎來說，此時正是「風聲雨聲讀書聲聲聲入耳，家事國事天下事事事關心」。章太炎在錦帆路八號密切關注著時局的變化。針對日本對華北的蠶食與進攻，他說：「平津事態如此，不過二年，金陵王氣亦收耳。當局尚禁人議論外交，挑撥惡感，何哉？」[12]

章太炎在蘇州的講學，基本上是東京和北京講學的內容。他的弟子曹聚仁說：「我們讀他在蘇州的講稿，覺得十年不相見，也毋庸刮目相看，只因為有萬金作底子，語氣稍微有點不同，快要變成『半部《論語》治天下』的說詩人了。」[13]

為解決子女的讀書問題，弟子黃侃受先生之托，特意將自己的弟子陳君推薦至章太炎家中。章太炎講經學，自然講古禮，這麼一來，

---

12 章太炎：《與王宏先書》，溫州圖書館：《章太炎書劄》抄本。

13 曹聚仁：〈關於章太炎先生的回憶〉，《追憶章太炎》（北京市：生活・讀書・新知三聯書店，2009年），頁243。

章、黃、陳三人之間的關係就變得十分複雜了。陳君「主章家為西席，章氏以西席禮待之。每逢新年，季剛先生必詣章氏叩賀，至必行跪拜禮，黃叩章，陳又叩黃，章又向陳行禮。坐定，陳舉茶敬黃，黃敬章，章又敬其西席，如此迴圈不絕，家人傳為笑談。」[14]

章太炎在蘇州錦帆路創辦「章氏國學講習社」，內外事務均由湯國梨包辦管理，井井有條。書畫名家蔣吟秋曾作聯讚譽：

> 大師講學稱賢助
> 淑德揚風仰久長

章太炎逝世後，「章氏國學講習社」停辦。章太炎生前曾經告訴弟子，希望「章氏國學講習社」和《制言》雜誌繼續辦下去。當湯國梨正在策劃此事時，南京方面傳來消息，在國民黨中央負責宣傳的吳稚暉口出狂言，稱「章氏國學講習社」既不是大學，又不是研究院，應予以封閉。吳稚暉此舉明顯是刁難，他主持宣傳工作以後，曾經明令禁止出版章太炎的書籍，以報「蘇報案」之仇。吳稚暉此舉令章太炎的弟子非常憤慨，朱希祖、汪東、潘承裕、王牛、王乘六、沈延國等二十餘人聯名致書吳稚暉，聲稱當局如封閉講學會與雜誌，「當一同到南京與吳一決戰」。[15]

一九三七年，蘇州被日軍佔領。湯國梨為了繼承並發揚「章氏國學講習社」的遺風，「講習社」移入上海河南路五洲大樓，下設「太炎文學院」和附屬中學，推馬相伯為董事長，湯國梨為理事長。《制

---

14 〈記章太炎及其軼事〉，《自述與印象：章太炎》（上海市：三聯書店，1997年），頁188。

15 沈延國：《章太炎先生在蘇州》，《追憶章太炎》（北京市：生活・讀書・新知三聯書店，2009年），頁319。

言》改為月刊，繼續出版。這是對
地下的章太炎最好的一種安慰。一
九四一年，太平洋戰爭爆發，「章
氏國學講習社」的活動被迫停止。

　　全國解放後，湯國梨定居蘇
州，曾任蘇州市政協委員、民革蘇
州市委主委。「文革」中，湯國梨
受到不公正待遇，家中許多文物不
知下落。一九七九年後，湯國梨整
理章太炎書稿，出版《章太炎全
集》。一九八〇年七月二十七日，
九十七歲高齡的湯國梨病逝於蘇
州，葬於杭州章太炎墓之側。

湯國梨墓

三　心繫救亡

　　一九二八年以後，章太炎開始將自己重新埋進故紙堆，從舊文化
中尋找慰藉。他平心靜氣地撰寫了《春秋左氏疑義答問》、《太史公古
文尚書說》、《古文尚書拾遺》、《新出三體石經考》。這些著作非常嚴
謹，字斟句酌，顯示了章太炎厚實的功底。一九二九年一月十九日，
梁啟超病故，章太炎聞訊唏噓不已，撰寫了〈挽梁任公聯〉。在平靜
的書齋中，章太炎為自己尋得一片樂土，他迫使自己遠離政治，很少
拋頭露面。但是時局的變化很快打破了章太炎書齋的安寧，「九‧一
八」事變爆發了。

　　一九三一年「九‧一八」事變後，中國東北三省被日寇的鐵蹄踐
踏，章太炎一顆本已平靜的心開始不平靜起來。他每日密切關注著戰

事的進展。對於蔣介石、張學良的不抵抗主義,他拍案而起,說:
「東事之起,僕無一言,以為有此總司令、此副總司令,欲奉吉之不
失,不能也。」[16]十二月七日,章太炎在給友人的信中公然稱蔣介石
是秦檜、汪精衛是石敬瑭,尤其是蔣介石「愛國家不如愛自身」。他
對於全國各地學生開展的抗日救亡運動表示同情和支持。

十月五日,章太炎致書孫思昉,指責蔣介石對日本帝國主義的侵
略採取不抵抗政策。十二月七日,他致書馬宗霍,繼續抨擊蔣介石的
不抵抗政策,號召全國軍民積極抗戰並對學生的抗日救亡運動表示讚
賞。二十八日,章太炎再致書孫思昉,譴責蔣介石、汪精衛,主張遼
西、熱河決不輕言放棄。

章太炎與熊希齡、李根源、馬相伯、沈鈞儒、章士釗、黃炎培等
於一九三一年年底發起成立「中華民國國難救濟會」,參加者有六十
餘人。一九三二年一月十三日,章太炎、馬相伯、沈鈞儒、章士釗等
聯名發表通電,痛斥國民黨軍不戰而撤,要求國民黨各級將領擔負國
防責任,實行全民總動員,收復失地。十九日,他與沈鈞儒等聯名通
電,讚揚東北義勇軍英勇抗敵的壯舉,要求全國智勇之士,共起圖
之。十九日的通電發出不過九天,戰火燒到了上海。日軍悍然進攻上
海,駐上海的十九路軍在蔡廷鍇將軍的率領下奮起抵抗。上海民眾同
仇敵愾,自發組織義勇軍、敢死隊、運輸隊、救護隊,配合十九路軍
作戰。上海民眾捐款送糧,不顧生命危險搶救傷患,十九路軍和上海
民眾英勇抗敵的故事每日見於報端。

湯國梨與章太炎商量,要為十九路軍作一點貢獻,章太炎極力贊
成。根據當時形勢,十九路軍最需要的是醫院。湯國梨與章太炎決定
自費籌建一座戰地醫院。當時許多群眾團體主動要求開設傷兵醫院,

---

16 章太炎:〈與孫思昉論時事書〉,溫州圖書館藏《章太炎書劄》抄本第2冊。

湯國梨前去登記的時候，排號十九位，後來開設的醫院即以「第十九傷兵醫院」命名。「第十九傷兵醫院」設在上海膠州路康定路交界處的一個弄堂裏，湯國梨遊說五洲藥房總經理項繩武向醫院捐贈了一批醫療器械及藥品，又從同濟大學醫學院聯繫了一批畢業學生，前後不過三天時間，醫院就正式開張了。醫院開張以後，許多家庭婦女主動要求自備伙食、不收報酬，到醫院擔任護理人員。「第十九傷兵醫院」前後收治了一四〇多名傷病員，在社會上的影響非常大。

　　二月十七日，章太炎撰寫〈書十九路軍御日本事〉，記敘十九路軍淞滬抗戰經過。他高度讚揚十九路軍，稱：「自光緒以來，與日本三遇，未有大捷如今者也。」他分析大捷的原因，一是十九路軍英勇抗戰，「至五晝夜不臥」；二是上海民眾的支持，「自民國初元至今，將帥勇於內爭，怯於禦外，民聞兵至，如避寇讎。今十九路軍赫然與強敵爭命，民之愛之，固其所也。」在每日隆隆的槍炮聲裏，章太炎在書齋裏坐不住了，他決定北上，勸告張學良抗日，收復東三省。

　　二月二十三日，章太炎離開戰火紛飛的上海。二十九日到達北京後，章太炎不顧旅途勞頓，立即拜訪張學良和吳佩孚。章太炎語重心長地對張學良說：「對日本之侵略，惟有一戰，中國目前只此一條路可走。不戰則無路，惟坐以待亡。」張學良後來回訪他，他再次呼籲張學良出兵，慷慨激昂，聲振瓦屋。就在章太炎為抗戰呼號奔走之際，上海傳來令他沮喪的消息：十九路軍奉命撤離上海，國民黨政府正與日本方面就〈淞滬停戰協定〉談判。章太炎聞訊後怒火中燒，立即致書國民黨政府，讓國民黨政府迅速拿出實際行動，不要以空洞的許諾欺騙民眾。此間，國民黨政府通知他作為一方代表前往洛陽參加「國難會議」，章太炎斷然拒絕。東三省淪陷、上海撤兵、與日本談判，國難如此，還會議什麼？空談絕不是戰鬥！

　　章太炎在北京三個月，期間會見了許多新老朋友。不管是誰，每

次談話，他都離不開抗日救亡的話題。他應邀到燕京大學作〈論今日切要之學〉的演講，呼籲青年學生擔負起抗日救亡的責任，既要「求是」，也要「致用」，兩者結合就是今日的切要之學。

章太炎的弟子這時多在北京各大學擔任教授。一日，弟子們宴請先生。大家頻頻向先生敬酒，章太炎來者不拒。席間，他忽然想起魯迅，問：「豫才現在好嗎？」弟子們回答說：「他在上海，被人看作是左傾分子。」章太炎點點頭說：「他一向研究俄國文學，這誤會一定是從俄國文學而起的。」章太炎在北京呼號奔走毫無結果，悻悻返回上海。上海的抗日救亡運動在國民黨政府的高壓下，這時已經偃旗息鼓。

章太炎重回書齋，平靜的書齋裏跳動著一顆不平靜的心。無可奈何的章太炎強迫自己重撿舊識，打發時光。〈太史公古文尚書說〉和〈古文尚書拾遺〉就是在一九三二年的盛暑中完成的。

章太炎的書齋四壁皆書，除窗戶外，一無隙地。書齋中置一床，夢中醒來，忽憶及某書某事，即起身翻檢，必至有所斬獲方罷。炎熱季節，不知避暑；隆冬臘月，不知加衣。章太炎經常傷風感冒，鼻孔堵塞以及流清鼻涕，與他這種孜孜以求的治學精神和不良的生活習慣有關。

周黎庵曾經在蘇州採訪過章太炎，他在〈記章太炎及其軼事〉中說：

> 章氏居處有一大室，四壁琳瑯皆是書籍，除窗戶外，一無隙地，即窗戶之上下亦設書架。室中除書外，了無陳設，中置一床，即為章氏獨睡之處。每中夜睡醒，忽憶及某書某事，即起床詣書架翻閱之，往往自中宵達旦，雖在嚴冬，亦不知加衣。翌晨其僕役進室灑掃，見章持卷呆立，形如木雞，必驚呼：

「老爺，你沒有著衣呢！」章始驚醒，則必患重傷風，傷風必患鼻疾，其家人雖欲禁之，不可能也。章氏治學精神，可見一斑。吾知其於持卷呆立，形如木雞之時，心神領會，此種精神，真吾輩之萬分景仰者，惜天不假年，惜哉！[17]

章太炎蘇州寓所

章太炎在書齋裏一面研究經學，一面關注著抗日的局勢。上海淞滬抗戰後，全國局勢進一步惡化，南京國民黨政府已經遷都洛陽。日本得寸進尺，一九三二年三月在東北成立了偽「滿洲國」，昔日退位皇帝溥儀成為偽「執政」。日軍覬覦華北，向長城各口發起攻擊。一九三三年一月，日軍佔領山海關。大敵當前，蔣介石卻集中兵力對革命根據地進行「圍剿」。一九三二年六月第四次「圍剿」的兵力達到六十三萬人，一九三三年十月第五次「圍剿」的兵力更達到一百萬人。

17 周黎庵：〈記章太炎及其軼事〉，《追憶章太炎》（北京市：生活‧讀書‧新知三聯書店，2009年），頁458。

　　一九三二年秋涼的時候，章太炎應邀到蘇州講學一個月。一九三三年三月十四日，章太炎在無錫國學專門學校演講〈國學之統宗〉。章太炎講到氣節問題，說蘇武出使匈奴，被匈奴扣押凡十九年，始終不屈服。當今要提倡這樣的氣節，即使日本滅亡了中國，中國人民也不會屈服。次日，章太炎在無錫師範學校演講〈歷史之重要〉和〈春秋三傳之起源及其得失〉。他強調要重視歷史，不讀史書，無從愛其國家。中國的歷史是中國的家譜和帳簿，不可不看。日本外交官在國際聯盟的會議上稱東三省是滿洲之地，中國外交官竟不能當即批駁。為什麼呢？因為政界、學界的一些人輕視歷史，從來不讀中國的家譜和帳簿。

　　一九三三年初，西北軍最高軍事長官馮玉祥派代表到上海與章太炎聯絡。馮玉祥在給章太炎的信中對國勢表示深深的憂慮，說「倘有赴難之機，決不惜一切之犧牲也」。[18]捧讀馮玉祥的信，章太炎熱血沸騰。他在給馮玉祥的信中對西北軍的抗戰行動表示讚賞，同時譴責蔣介石政府「只以規避為能。外患方亟，而彼又託名剿共，隻身西上。似此情形，恐有如前清西太后所言『寧送朋友，不贈家奴』」。[19]

　　對於國民黨政府「勇於內爭，怯於禦外」的行為，章太炎表示極大的不滿和憤怒。二月，他與馬相伯聯合發表宣言，聲明東三省是中國領土，不容日本侵犯。三月七日，章太炎就熱河淪陷發表〈致全國軍民電〉，批評「國民政府成立以來，勇於私鬥，怯於公戰」。瀋陽之變，政府稱準備未完；而上海戰事以後，政府可以準備了，可是主持軍事者絕不關心，「反以剿匪名義，自圖規避」。章太炎要求將棄地逃跑的熱河省主席湯玉麟軍法從事。

---

18 馮玉祥：《致章太炎書》抄件。
19 〈章炳麟致馮玉祥的五封信〉，《歷史檔案》，1981年第3期。

　　章太炎一再批評南京國民政府「勇於內爭，怯於禦外」、「勇於私鬥，怯於公戰」，一針見血地揭露了蔣介石「攘外必先安內」的實質，引起了南京國民政府的不安。國民黨中央監察委員張繼奉命勸告章太炎，讓他安心講學，勿議時事。章太炎立即覆信，信中說，你們要讓大家都不講話，這不是效法厲王監謗嗎？「五年以來，當局惡貫已盈，道路側目。」[20]

　　三月，宋哲元部二十九軍取得喜峰口大捷，章太炎聞訊，立即給宋哲元寫信，讚揚他們的大無畏氣概，號召全國人民聲援、支持二十九軍。

　　四月一日，章太炎與馬相伯、沈恩孚聯名發表「三老宣言」，呼籲全國人民積極收復失地，消滅偽滿洲國，以赴湯蹈火的精神對前方將士給予物質補助和精神安慰。五月二十六日，馮玉祥在張家口成立「察綏民眾抗日同盟軍」，就任總司令，隨即發動察哈爾抗戰。章太炎與馬相伯致電馮玉祥，對他表示慰問：

　　執事之心，足以代表全國有血氣者之心；執事之言，足以代表全國有血氣者之言；執事之行，必能徹底領導全國有血氣者之行。某等雖在暮年，一息尚存，必隨全國民眾為執事後盾。惟秉義直前，毋稍瞻顧。[21]

　　馮玉祥後來在蔣介石和汪精衛的壓迫下被迫下野，章太炎再次去電，勸告他不可消極，繼續為救國效力。十二月，他為《察哈爾抗日實錄》一書作序，對察哈爾同盟軍英勇抗日的行為高度讚揚，對國民黨政府破壞抗日的行為表示抗議。

　　一九三五年，國民政府代表何應欽同日本梅津美治郎簽訂喪權辱國的〈何梅協定〉，章太炎聞訊後非常憤怒，作詩諷刺道：

20　章太炎：〈答張繼〉，《章太炎選集》（上海市：人民出版社，1981年），頁631-633。
21　〈馬相伯章太炎電慰馮玉祥〉，《申報》，1933年6月2日。

淮上無堅守，江心尚苟安。

憐君未窮巧，更試出藍看。

十二月九日，傳來北京學生舉行盛大示威遊行消息，章太炎對學生的愛國舉動讚賞有加，反對國民黨當局武力制止學生。二十一日，他致電宋哲元，希望不要對學生橫加罪名。電文說：「學生請願，事出公誠，縱有加入共黨者，但問今日之主張何如，何論其平素！」[22]這封電報表明章太炎在大敵當前的時候對共產黨的態度。上海學生為聲援北京學生，乘火車前往南京。章太炎聞訊，派他的夫人和學生作為他的私人代表，買了麵包和水果，在蘇州火車站慰勞路過的上海學生。

一九三六年一月二九日，他致信馮玉祥，信中分析了國民黨政府的三點致命傷，一曰上下相疑，二曰人心漸去，三曰賞罰倒置。日軍能夠橫行中國，正是因為國民黨政府的三點致命傷為他們創造了條件。他要求國民黨當局「應之以實不以文，行之以誠不以詐」。[23]章太炎聽聞國共兩黨重議合作，與馬相伯發表〈宣言〉，贊同其事。

報刊時時出現章太炎的電文，方方面面皆以為先生身體康健。張繼、丁惟汾到蘇州來看望時，邀請先生往南京講學。廣東粵海書院派副院長到蘇州，邀請先生往廣東講學。他在北京的弟子錢玄同、吳承仕恭迎先生北上講學。章太炎自知體力不支，一一婉謝。

五月，蔣介石親筆寫信給章太炎。章太炎本擬立即覆信，因鼻咽部病變發展迅速，他已臥床不起。章太炎與蔣介石的關係十分微妙。章太炎從不趨炎附勢，這是他一貫的做派。

---

22 章導：〈記先父母章太炎、湯國梨在抗戰中二三事〉，《追憶章太炎》（北京市：生活・讀書・新知三聯書店，2009年），頁121。

23 章太炎：〈致馮玉祥〉，《歷史檔案》，1981年第2期。

有一次，章太炎在杭州樓外樓給人寫字，恰好蔣介石偕夫人來吃飯。陪同蔣介石的周象賢對蔣說，那個寫字的就是章太炎。蔣介石走到章太炎面前招呼他說：「太炎先生，你好嗎？」章太炎回答：「很好，很好。」蔣問他近況如何，章答：「靠一支筆騙飯吃。」蔣說：「你有什麼事，可以隨時關照象賢。」章答：「用不到，用不到。」蔣介石要用自己的車送他回去，章堅持不肯。蔣介石遂將自己用的一柄手杖相贈，章太炎收下了。次日，杭州各報刊登章太炎「杖國杖朝」的消息。

六月四日，章太炎掙扎著起來，覆信給蔣介石說，國民政府對待人民「若欲其殺敵致果，為國犧牲，此在樞府應之以實，固非可以口舌致也」。章太炎提出具體方略：

> 今共黨之在晉北者，其意不過欲北據河套，與蘇俄通聲勢耳。此輩雖多狙詐，然其對於日軍，必不肯俯首馴服明甚。若能順其所欲，驅使出塞，即以綏遠一區處之，其能受我委任則上也；不能，亦姑以民軍視之。如此，察省介在日共之間，漸可成為緩衝之勢，較今之左支右絀者，其得失必相懸矣。蓋聞兩害相較，則取其輕。與其使察綏二省同為日有，不如以一省付之共黨之為害輕也。[24]

這是章太炎一生中關於政見問題留下的最後一篇文字。

這篇文字認為共產黨是「一害」，但認為共產黨是要抗日的。他建議蔣介石可將綏遠讓給共產黨，最好是讓共產黨接受國民黨政府改編，如不能改編，則以民軍對待。與章太炎以往對共產黨的態度相比，這篇文字應當說是有所進步。

---

24 章太炎：〈答某書〉，溫州圖書館：《章太炎書劄》抄本。

四 生命終點

一九三六年六月十四日上午七點四十五分，一代國學大師章太炎先生因鼻咽癌合併膽囊炎、氣喘病等，在蘇州錦帆路住所走完了他的一生，終年六八歲。

章太炎患有膽囊炎，但平日身體尚好，沒有其它什麼毛病。身體狀況的變化最早發生在他大兒子結婚的婚宴上。那天，章太炎突然倒下並陷入昏迷，搶救以後脫離危險，但自此以後身體江河日下。章太炎鼻孔經常無端出血，醫生診斷為鼻衄病，此病今日稱作鼻咽癌，是一種異常兇險的癌病。他生平嗜煙，自清晨起床至夜間睡眠，紙煙一根接著一根，幾乎終日不離手。雖然得知患了鼻衄病，他也沒有停止吸煙。

蔣介石獲悉章太炎病情後，一九三五年三月特派同盟會元老、國民黨中央委員丁惟汾作為國民政府代表前往蘇州慰問，並贈幣一萬元作先生療疾之費。章太炎收下了這筆來自政府的饋贈，移作「講學會」之用。這一年春天，廣州陳濟棠力邀先生南下講學，先生終因體衰未能成行。

患病後，章太炎已有預感。七月，章太炎預留〈遺囑〉一通，云：

> 余自六十七歲以來，精力頓減，自分不過三年，便當長別，故書此遺命，以付兒輩。
>
> 凡人總以立身為貴，學問尚是次之，不得因富貴而驕矜，因貧困而屈節。其忽出洋留學，但有資本者皆可為之，何足矜異，若因此養成傲誕，非君子也。入官尤須清慎。若異族入主，務須潔身。
>
> 余所有書籍，雖未精美，亦略足備用，其中明版書十餘部，且

弗輕視，兩男能讀則讀之，不能讀，亦不可任其蠹壞，當知此在今日，不過值數千金，待子孫欲得是書，雖揮斥萬金而不足矣。

余所自著書《章氏叢書》連史、官堆各一部，《續叢書》凡十餘部，《清建國別記》亦尚存三四部，宜葆藏之勿失。

余所有勳位證書二件及金章二件，於祭祀時列於祭祀器之上，縱使國失主權，不可遺棄。

余所有現款在上海者，及銀行股本在上海者，皆預用導、奇兩男名字，此後按名分之可也。喪葬費當以存上海儲蓄銀行之萬二千圓供之（其中有二千圓，當取以償鐸民）。另以存浙江興業銀行之萬圓用方定氏名者分與女。其餘杭泰昌有股本八百圓，既署匡記，即歸導有之。

余房屋在蘇州者，王廢基一宅，導、奇兩男共之。其侍其巷一宅，可即出賣，未出賣前，亦由導、奇男共之。

余田產在餘杭者，不過三十畝有奇，導、奇兩男共之。

余於器玩素不屬意。銅器惟秦權一枚，虎錞一具為佳，別有秦詔版一具，秦鐵權三具，詔版可信為真耳。瓷器皆平常玩物，惟明制黃地藍花小瓶，乃徐仲蓀所贈，明制佛像，乃楊昌白所贈，視之差有古意。玉器存者雖多，惟二琮最佳，又其一圜者，乃瓊之類，亦是漢以上物，螭虎一具，乃唐物也。古錢亦頗叢雜，惟王莽六泉、十布，差足矜貴，在川曾得小泉一掛，約六十枚，此亦以多為佳耳。端硯今祇存一方。其餘器玩，不足縷述。以上諸物，兩男擇其所愛可也。惟龍泉窯一盤，以是窯係宋時章氏所營，宜歸之祭器。

　　　　　　　民國廿四年七月太炎記，時年六十八。[25]

---

25 〈遺囑〉，《自述與印象：章太炎》（上海市：三聯書店，1997年），頁29。

〈遺囑〉對家庭財產作了分配。先生預留〈遺囑〉後沒有活到三年，不過十一個月即離開人世。臨終前，沒有再立〈遺囑〉。

是年冬，先生在病榻上想起辛亥前後昔日並肩的戰友，有的已經作古，有的已經風燭殘年，不禁感慨萬千。他囑門生搜集資料，欲為他們一一作傳，以示後世。章太炎雖有雄心，但已無此力，僅作了〈焦達峰傳〉、〈秦力山傳〉等數篇，未能完成夙願。

一九三六年春，先生病體日漸沉屙，自知來日無多，在病榻上作〈太炎通告及門諸子啟事〉。〈啟事〉曰：

> 近余設教吳中，同學年少，僉以集會為請。余惟求聲應氣，前哲所同，會友輔仁，流風未替。況餘衰耄，來日無幾。歲時接席，豈可久疏。

章太炎在〈啟事〉中殷殷告誡及門諸子以救國救民為己任，繼承傳統，光復華夏。章太炎曾經是中華民族民主革命衝鋒陷陣的鬥士，晚年的章太炎退守寧靜的書齋，專心致志從事國學研究。章太炎用自己的手和別人的手共同造了一堵牆，將自己與時代隔絕了。魯迅批評先生晚年既離民眾，漸入頹唐。

晚年的章太炎身患重病，他已經無力再衝鋒陷陣了。然而，身陷書齋的章太炎卻不改他一貫孤傲狂放的性格。章太炎雖在病中，然無時無刻不關注國事，對於「九・一八」事變後日軍的一舉一動了然於胸。六月上旬，先生就國是致書蔣介石，要求蔣氏警惕日本，開載布公，以懸群眾。先生逝後不過一年有餘，中華全民族的抗日戰爭爆發，先生似有先見之明。

　　一九三六年六月七日，章太炎吃了晚飯後照例在夫人湯國梨的攙扶下，在住宅的院子裏散步。章太炎步履蹣跚，突然昏倒在地。湯國梨立即請博習醫院主任醫師、美國人蘇邁爾診治。經過搶救，章太炎睜開了眼睛，但已無法起床。

　　六月十三日，章太炎高燒至四十度，持續不退。十四日淩晨，章太炎口中吐出鼻菌爛肉兩塊，隨即進入彌留狀態。夫人湯國梨、好友李根源、醫生蘇邁爾等圍繞在病榻周圍，國學講習會的學生每人手中舉著一支點燃的香跪在臥室門外，為先生祈禱。夫人湯國梨貼著章太炎的耳朵問他有什麼話要說，章太炎斷斷續續地吐出兩句遺言：「設有異族入主中夏，世世子孫毋食其官祿。」湯國梨等人點頭稱是。

　　七點四十五分，臥室中傳出湯國梨撕心裂肺的哭喊聲，最後的時刻來到了，弟子們低低的啜泣變成號啕大哭。章太炎除了患致命的鼻咽癌外，還患有膽囊炎、氣喘病和瘧疾。逝世前數日，章太炎已不能飲食，章太炎仍堅持執卷臨壇。他的家人勸告他臥床，他說：「飲可不食，書仍要講。」弟子湯炳正與李恭見「先生目已瞑，而唇微開，像有什麼話還未說完」，遂一邊念「阿彌陀佛」，一邊「以手托先生下

頷，使唇吻漸合」。[26]

　　辛亥革命的勇猛鬥士、一代經學大師章太炎在蘇州走完了他的人生之旅。他一生著作頗豐，留給後人約有四百餘萬字，其著述除刊入《章氏叢書》、《續編》外，遺稿刊入《章氏叢書三編》。他一生主編或參與編輯的報紙雜誌凡十五種：（1）《時務報》；（2）《經世報》；（3）《實學報》；（4）《譯書公會報》；（5）《昌言報》；（6）《臺灣日日新報》；（7）《蘇報》；（8《民報》；（9）《國粹學報》；（10）《亞東時報》；（11）《學林》；（12）《大共和日報》；（13）《教育今語》；（14）《華國》；（15）《制言》。

　　章太炎逝世的消息公佈後，國民政府撥專款三千元作為章氏治喪費。社會輿論呼籲政府給予國葬，張繼、居正、馮玉祥、李根源、丁惟汾、程潛、謝武剛、陳石遺等提議請國民政府討論。七月一日，國民黨中央政治委員會第十七次會議作出「章炳麟應予國葬並受國民政府褒恤」的決定。[27]七月十日，南京《中央日報》正式公佈〈國葬令〉。[28]國葬令全文如下：

　　　　宿儒章炳麟，性行耿介，學問淹通。早歲以文字提倡民族革
　　　　命，身遭幽繫，義無屈撓。嗣後抗拒帝制，奔走擁法，備嘗艱
　　　　險，彌著堅貞。居恒研精經術，抉奧鈎玄，究其詣極，有逾往
　　　　哲，所至以講學為事，歸然儒宗，士林推重。茲聞溘逝，軫惜
　　　　實深，應即依照國葬法，特予國葬。生平事蹟存備付史館，用

---

26 湯炳正：〈憶太炎先生〉，《追憶章太炎》（北京市：生活・讀書・新知三聯書店，2009
　　年），頁372。

27 《朝報》，1936年7月2日。

28 《中央日報》，1936年7月10日。

示國家崇禮耆宿之至意。此令。[29]

　　〈國葬令〉下，原本沉寂的錦帆路突然成為車水馬龍的世界，蘇州、南京、上海及全國各地到章府弔唁者絡繹不絕。親自到蘇州來弔唁的有丁惟汾、張繼、段祺瑞。拍發唁電或派代表到蘇州弔唁的有蔣介石、馮玉祥、張群、張學良、楊虎城、孫科、于右任、陳果夫、吳佩孚、孔祥熙、李烈鈞、唐紹儀、馮自由等。花圈、輓聯從廳堂一直擺放到大門，連矮牆上的紫藤也掛滿了白花，人們痛惜一代國學大師的仙逝，向這位國學大師表示最後的尊敬。

　　章太炎的靈堂上，花圈、輓聯無數。錢玄同撰寫了一副一一四字的長聯，對章太炎的一生作了總結：

　　　纘蒼水、寧人、太沖、薑齋之遺緒而革命，蠻夷戎狄，矢志攘除，遭名捕七回，拘幽三載，卒能驅逐客帝，光復中華，國土雲往，是誠宜勒石記勳，鑄銅立像
　　　萃莊生、荀卿、子長、叔重之道術於一身，文史儒玄，殫心研究，凡著書廿種，講學卅年，期欲擁護民彝，發揚族姓，昊天不弔，痛從此微言遽絕，大義無聞

　　馬裕藻、許壽裳、吳承仕、周作人、沈兼士、錢玄同六人合撰輓聯一副：

　　　素王之功不在禹下
　　　明德之後必有達人

---

29 章念馳：〈章太炎營葬始末〉，《章太炎生平與思想研究文選》（杭州市：浙江人民出版社1986年）。

在數不清的輓聯和唁電中，人們都稱章太炎為國學大師。張群則以八個字高度概括了章太炎的一生，這八個字是：

革命先進
國學大師

魯迅獲悉章太炎逝世的消息時，他的身體已經出現某些症狀。魯迅逝世於同年十月十九日，兩人逝世時間僅隔四個月零五天。魯迅在病中專門撰寫了〈關於太炎先生二三事〉，文中說：「前一些時，上海的官紳為太炎先生開追悼會，赴會者不滿百人，遂在寂寞中閉幕，於是有人慨歎，以為青年們對於本國的學者，竟不如對於外國的高爾基的熱誠。這慨歎其實是不得當的。官紳集會，一向為小民所不敢到；況且高爾基是戰鬥的作家，太炎先生雖先前也以革命家現身，後來卻退居於寧靜的學者，用自己所手造的和別人所幫造的牆，和時代隔絕了。紀念者自然有人，但也許將為大多數所忘卻。」[30]

章太炎的弟子馬裕藻、許壽裳、朱希祖、錢玄同、吳承仕、周作人、劉文典、沈兼士、馬宗薌、黃子通等在北京發佈〈通啟〉：

先師章太炎發生不幸於本年六月十四日卒於江蘇吳縣，先生為革命元勳，國學泰斗，一旦辭世，薄海同悲。

章太炎的弟子們在北京為先生舉行了追悼會。

---

30 魯迅：〈關於太炎先生二三事〉，《且介亭雜文末編》，《魯迅全集》第6卷（北京市，人民文學出版社，1981年）。

章太炎弟子在追悼會上

　　湯國梨為章太炎選擇了一口貴重的楠木棺材。價值三千元的楠木棺材，仰慕章太炎的棺材店老闆僅以九九九元的成本價出售。章太炎身披五色旗安葬，這是他身前的安排。他的一生與中華民國結下不解之緣。一九〇六年十二月二日，在《民報》創刊一週年紀念會上，孫中山發表關於三民主義與五權憲法的演講，演講中述及「中華民國」。次年，章炳麟在《民報》第十七號發表〈中華民國解〉一文，正式提出「中華民國」這一稱號。魯迅說：「先生則排滿之志雖伸，但視為最緊要的『第一是用宗教發起信心，增進國民的道德；第二是用國粹激動種性，增進愛國的熱腸』（見《民報》第六本），卻僅止於高妙的幻想；不久而袁世凱又攘奪國柄，以遂私圖，就更使先生失卻實地，僅垂空文，至於今，惟我們的『中華民國』之稱，尚係發源於先生的〈中華民國解〉（最先亦見《民報》），為巨大的記（紀）念而已，然而知道這一重公案者，恐怕也已經不多了。」[31]中華民國成立後，以紅黃藍白黑五色圖案作為國旗，象徵漢滿蒙回藏五族共和。章太炎身前留言，死後當披五色旗，以示自己的民主共和理想不滅。

31　〈且介亭雜文末編〉，《魯迅全集》第6卷（北京市：人民文學出版社，1981年）。

　　章太炎去世後不過兩個月左右，章家發生一件奇怪的事情，直到今天還是一個謎。事情是這樣的：有一個年約四十多歲的婦人，操著廣東口音的普通話輾轉找到蘇州錦帆路章家，對湯國梨自我介紹說，她從南洋經上海到蘇州。她所在的組織以章太炎為首領，每日與首領保持聯繫，近日消息忽然中斷，始悉首領去世。她問湯國梨說：「組織中有三支金鏢，其中一支系由首領執管，未知首領去世前是否將金鏢交給了夫人？」來人的一番話聽得湯國梨一頭霧水，湯國梨從來沒有聽說過章太炎在國外組織擔任什麼首領，從來沒有聽說過什麼金鏢。至於每日保持聯繫，更是天方夜譚。婦人送四十元禮儀，在章太炎遺像前跪拜行禮，住了一個晚上，第二天離去。湯國梨感覺此人並不像騙子，送來人五十元作為程儀，從此以後沒有消息。[32]

　　章太炎生前曾兩次為自己選擇過墓地。章太炎向來崇敬抗擊異族的英雄，他希望自己百年後能與英雄為鄰。第一次選擇墓地係被袁世凱軟禁期間，他說百年後希望葬在「攘夷匡夏」的明朝劉伯溫墓側。「劉的後人，要他寫一篇有關劉伯溫的文章，因不受潤筆，特將青田山上劉伯溫墓附近的一塊山地贈給太炎。」[33]一九三六年，章太炎第二次談到墓地問題，說百年後希望葬於抗清英雄張蒼水墓側。

　　章太炎逝世後，當時年已五七歲的湯國梨顛簸著一雙小腳，落實了墓地問題。可是，國民政府的「國葬」遲遲未能落實。據說當時章太炎的墓穴工程已完成過半，計劃在墓側建「太炎圖書館」的事情拖了後腿。章太炎逝世當年發生「雙十二事變」，次年盧溝橋事變爆發，湯國梨據此斷定安葬之事不得不暫停。

---

32 湯國梨：〈太炎先生軼事簡述〉，《追憶章太炎》（北京市：生活‧讀書‧新知三聯書店，2009年），頁89。

33 湯國梨：〈太炎先生軼事簡述〉，《追憶章太炎》（北京市：生活‧讀書‧新知三聯書店，2009年），頁89。

　　湯國梨對章太炎安葬一事有一些自己的看法。她認為章太炎雖出生杭州餘杭，但在杭州並無根基和產業，其遺宅和家屬都在蘇州。安葬杭州，完全是為了尊重章太炎的遺願。蘇州紳士李根源等得知湯國梨的想法後，曾建議改葬蘇州穹窿山，至少要在蘇州別築章太炎衣冠冢，以資蘇人敬仰。「迨事變既作，諸說一概作罷。」[34]

　　盧溝橋事變後，湯國梨快刀斬亂麻，決定就地入土。章園有一乾涸的水池，下為防空洞，湯國梨決定將靈柩在此臨時安置，遂於一九三七年七月將章太炎靈柩暫時入土，未料這一臨時的安置竟長達十八年之久。

　　一九三七年，著名畫家張大千為章太炎畫像，馬相伯以陳子昂詩「前不見古人，後不見來者，念天地之悠悠，獨愴然而涕下」題字，李根源請蘇州集寶齋將畫像與題字刻成石碑，立於墓前。

　　一九三七年八月，章氏全家離開蘇州。十一月，蘇州淪陷。一日，日軍進入章太炎住宅，在章家後花園看到一座沒有墓碑的墳墓，認定墳墓裏埋有財寶，不顧章氏看門人顏壽榮苦苦勸止，開始動手挖墓。此時，一個日本軍佐聞訊趕來，喝退了無禮的日軍。數日後，這個日本軍佐在墓旁立一木柱，上書「章太炎之墓」，此後章太炎墓沒有再遭受日軍騷擾。

　　汪偽時期，浙江偽省長以國葬章太炎為誘餌，力邀湯國梨出任偽職，為汪偽政權塗脂抹粉，遭到湯國梨拒絕。及至抗戰勝利，國民黨還都南京，湯國梨再次為國葬奔走，國民政府部門之間相互推託，一直到蔣介石離開大陸，國民政府〈國葬令〉終成一紙空文。

　　全國解放後，最高人民法院院長沈鈞儒、高等教育部部長馬敘倫、浙江省省長譚震林、浙江省委書記沙文漢、上海人民法院副院長

---

34 蔗園：〈樸學大師章太炎故宅訪問記〉，《中日文化月刊》第1卷第4期，1941年7月。

葉芳炎等為章太炎安葬西子湖畔一事多方磋商，達成共識。

一九五五年四月三日，在周恩來總理的直接關懷下，浙江省人民政府正式為章太炎舉行安葬儀式。墓址選在杭州南屏山麓、荔枝峰下抗清英雄張蒼水墓之側，這正是章太炎先生生前看中的地方。先生靈柩遷入張蒼水墓之東南，全部費用由國家負擔，實現了真正的國葬。葬禮由馬一浮先生主持，全國政協及江、浙兩省黨政機關送了花圈，各地發來的唁電、輓聯等無數。章太炎先生生前的願望終於在十八年後得到實現。章太炎靈柩移至杭州後，蘇州原址作為章太炎衣冠冢，碑刻留原處。

遺憾的是，「文化大革命」中，章太炎的墓被紅衛兵強行挖掘並開棺暴屍。棺材打開的時候，章太炎遺體雖然歷經三十年仍栩栩如生、完好如初。章太炎遺體被人從棺材裏拖出來，風吹日曬，無人過問，後由一園林工人草草掩埋。章太炎墓地隨後被平整為菜地，楠木棺材不知去向，墓碑亦告失蹤。

一九八一年十月，當地政府根據中央指示，重新修復章太炎墓，撿拾其遺骸重新安葬。墓碑刻「章太炎之墓」，係章太炎親筆所書，時間是先生在北京為袁世凱囚禁期間。原文「太」字，下為兩點，係古體。夫人湯國梨女士卒後，一併安葬於此。墓側設有「章太炎紀念館」。

五　大家評說

斯人已去，孰是孰非，一任後人評說。蓋棺論定，應推墓誌銘最為客觀公正。章太炎的墓誌銘由弟子汪東撰寫。汪東撰寫的墓誌銘言詞華美，偏重於章太炎的學術成就，對章太炎的革命生涯未能全部囊括。墓誌銘全文如下：

餘杭章先生墓誌銘

汪東

先生諱炳麟，字枚叔，一曰太炎，浙江餘杭人也。王考諱某，考諱某，奕世載德，實有令聞。先生秉心強固，聰智絕人，粵在幼年，已開宏業。外祖朱氏，嘗授以《春秋》大義，謂夷夏之辨，嚴於君臣，服膺片言，以至沒齒。是蓋嶽因部委，增其九成；河出崑崙，原於一勺。稍長，從德清俞君問業，橫經在席，砥礪時須，斂袖而聽，鋒芒不見。厥後旁搜遠紹，著書滿家，而師法所自，稱引勿替。康成絕學，尚游馬氏之門；叔重無雙，不廢賈君之說。強立不反，斯之謂歟！有清末葉，政益陵遲。先生懷一夫不獲之心，申九世復仇之議，欲求殷獻，共舉義旗。爰歷閩疆，暫棲窮島，所謀弗遂，鎩羽西還。既遭黨錮，有明夷之厄，乃日讀《瑜伽師地論》及《因明》、《唯識》諸論，宅心玄宗，都空意必。民國二年，再被幽繫，又口授微言，命弟子吳承仕錄之。居幽贊《易》，以明憂患之情，在陳絕糧，縣述四科之教，希蹤曩哲，一揆同歸。初至江戶，識故臨時大總統孫公。傾蓋論交，即關大計，於是作〈相宅〉一篇，豫策革命後建都所宜。其言略謂謀本部則武昌，謀藩服則西安，謀大洲則伊犁。洞燭幾先，規橅宏遠，運天下如掌上，羅形勝於胸中。勢格不行，禍亦隨見。昔成周既宅，乃為雒邑之營；秦祚先亡，始定關中之策。以今方古，抑又過之。逮乎武漢興師，金陵讓國，袁氏襲亡清之舊制，忘孫公之樂推，跋扈臨民，斁敗棄法，先生直言毋撓，讒口是攖。未幾，出為東三省籌邊使，蓋遠之也。知非用我之誠，猶冀期月之效，是以明令朝頒，輕車夕發，度雄關而攬轡，指險瀆以徂徵。涉歷山

川，圖摹形勢，將欲收樂浪於版圖，規玄菟為郡縣。豈知建議
悉被稽留。掛冠即行，拂衣高蹈。用是強藩割據，倭寇馮陵，
沿至於今，終成巨患。假使鄭用燭武，漢聽賈生，則北門之
管，何至潛移，七國之兵，還當自戢。噬臍奚及，流涕空悲，
言念老成，倜乎遠矣！邦家多故，戎馬頻煩，民國五年七月，
孫公以大元帥興護法之師，開府廣州，用先生為秘書長。傳檄
而定巴蜀，賦詩以勞將率。時唐繼堯督軍滇南，猶懷觀望，先
生躬往說之。瞻望碧雞之嶺，瘴氣潛開；裴徊黑水之祠，凶波
不作。唐感其誠，請受節度為副元帥，同寅協衷，斯為功首。
其後軍府改制，解組言旋。雖反初衣，猶聞國是，讜言時發，
不可勝書。頃者寇亂日深，車駕將稅，乃卜築吳地，躬啟講
舍，專欲教誨後生，振導聾俗。莘莘學子，從者如歸。子夏居
衛，西河於以嚮學；仲尼反魯，雅頌絲是得職。豈直通波飛
閣，悅此清嘉，良田美竹，娛斯伏臘而已。不幸寢疾，以民國
二十五年六月十四日卒，春秋六十九。弟子心喪，薄海諮悼。
國家追念元者，榮以國葬，禮也。夫立德者不必有功，勤事者
未皇績學，兼備三者，繄惟先生。故能識綜九流，勳媲微管，
金聲玉振，終始之為成，霆氣流形，不言而成化，可謂出乎其
類，拔乎其萃者也。配湯夫人，有子二，曰導，曰奇。始遭疾
困，未安家室，先置蓬某氏，生女子三。長適龔，前卒。次適
關，次適朱。一門之內，孝悌怡怡。嗣子居喪盡哀，繼志善
述，某年月日，奉喪返杭州，葬中臺山之麓。念封樹之將具，
嗟德音之不忘，詢謀僉同，刻此貞石。其辭曰：
於皇先生，抱道守貞。居常慮變，在險能亨。
建夷既摧，復我疆理。嘉謨屢陳，以規九有。
知幾其神，言必有諍。鯨鯢肆虐，堯封淪陷。

　　一佐軍府，遂返田園。功陋齊管，節慕魯連。

　　博綜丘墳，思弘六藝。雄文邁筆，蓋其餘事。

　　天不慭遺，微言圮絕。鳳鳥無徵，楹奠空設。

　　蕭蕭歸櫬，桓桓墓門。千秋萬代，楷樹常存。[35]

　　章太炎一生卓爾獨行，是極為高傲、極為清高的人，他是如何看他人的？在章太炎的眼裏，尊貴如大總統孫中山、袁世凱者尚不入眼，遑論他者？

　　上海曾經有人選編近世文人名家凡五十人，經學大師章太炎列名其間。當章太炎獲悉所選文章及入選五十人名單時，卻非常不滿。他認為自己最好的文章《訄書》沒有入選，而他覺得無足輕重的一些「淺陋之作」，選編者卻嘖嘖稱奇。在〈與鄧實書〉中，他說：「僕之文辭為雅俗所知者，蓋論事數首而已。斯皆淺露，其辭取足便俗，無當於文苑。向作《訄書》，文實宏雄，篋中所藏，視此者亦數十首，蓋博而有約，文不掩質，以是為文章職墨，流俗或未之好也。」即使是自己的「淺陋之作」，他覺得將自己的文章和黃遵憲、譚嗣同、康有為等人的文章列在一起，降低了自己的身價。在章太炎看來，康、梁、譚、黃之輩與自己的「淺陋之作」也不能相提並論。

　　章太炎在〈與人論文書〉中曾經以雅和俗兩個標準將當世學者的文章作了一番評價。他說：「世所見，王闓運能盡雅，其次吳汝綸以下，有桐城馬其昶為能盡俗（蕭穆猶未能盡俗），下流所仰，乃在嚴復、林紓之徒。復詞雖飭，氣體比於制舉，若將所謂曳行作姿者也。」[36]他認為可稱之為雅者，惟王闓運一人，嚴復和林紓既不能

35 汪東：〈餘杭章先生墓誌銘〉，《自述與印象：章太炎》（上海市：三聯書店，1997年），頁44-46。

36 章太炎：〈與人論文書〉，《太炎文錄》初編，卷2。

雅、又不能俗，所以兩人不入流。他評價梁啟超說：「文求其工，則代不數人，人不數篇，大非易事，但求入史，斯可矣。若梁啟超輩，有一字入史耶？」對於吳稚暉，他說：「何足道哉！所謂苦塊昏迷，語無倫次者爾！」有人問章太炎對胡適的看法。章太炎說，哲學，胡適之也配談麼？康、梁多少有些「根」，胡適之，他連「根」都沒有。

縱觀清末民初文壇，能夠入得章太炎眼的人只有一個，即國史館館長王闓運。王闓運出自湘軍，章太炎看重他的文章，更看重他的志向。王闓運素以「帝王師」自居，曾經遊說曾國藩反清。章太炎認為曾國藩為滿人鎮壓漢人起義，屬於吳三桂、洪承疇一流的人物，謂為「大盜」。

世人是如何評價章太炎的呢？對章太炎的評價，褒貶不一。有人將他捧入雲端，也有人將他打入地獄。總的來說，褒多於貶。

章太炎在世的時候就聽到社會各方面對他的評價，無論說好說壞，章太炎一概不聞不問，一副天馬行空、獨來獨往的態度。他去世以後，社會各界對他的評價更多。一個活著就不願聽他人評價的人，想必對於身後的評價就更不在意了。

首先是章太炎對自己的評價。曾經有人問章太炎：「先生的學問是經學第一，還是史學第一？」章太炎回答：「實不相瞞，我是醫學第一。」章太炎將醫學排位第一，頗有調侃之意，此話當然不能當真。其實，章太炎在許多場合對他人稱他為國學大師並不滿意，他認為自己的政治成就勝於學術成就，即革命第一，國學第二。

魯迅去世前十數天在病榻上抱病撰寫〈關於太炎先生二三事〉一文，對章太炎的總體評價是革命第一，學術第二，「我以為先生的業績，留在革命史上的，實在比在學術史上還要大」。魯迅說：

考其生平，以大勳章作扇墜，臨總統府之門，大詬袁世凱的包

藏禍心者，並世無第二人；七被追捕，三入牢獄，而革命之志
終不屈撓者，並世亦無第二人。這才是先哲的精神，後生的楷
范。戰鬥的文章，乃是先生一生中最大，最久的業績，假使未
備，我以為是應該一一輯錄，校印，使先生和後生相印，活在
戰鬥者的心中的。[37]

對於章太炎晚年「每為論者所不滿」者，魯迅評價十分中肯：

既離民眾，漸入頹唐，後來的參與投壺，接收饋贈，遂每為論
者所不滿，但這也不過白圭之玷，並非晚節不終。[38]

魯迅對章太炎的評價是革命第一、學術第二，周作人對章太炎的
評價與魯迅相左。他說：「我以為章太炎先生對於中國的貢獻，還是
以文字音韻學的成績為最大，超過一切之上的。」[39]

章太炎的弟子許壽裳表示：「章太炎先生是革命者，同時是國學
大師。他的學術之大，可謂前無古人。」[40]許壽裳在〈紀念先師章太
炎先生〉中對章氏的學問評價甚高：「至於先師學術之大，前無古
人，以樸學立根基，以玄學致廣大。批判文化，獨具慧眼，凡古近政
俗之消息，社會都野之情狀，華梵聖哲之義諦，東西學人之所說，莫
不察其利病，識其流變，觀其會通，窮其指歸。『千載之秘，睹於一

37 〈且介亭雜文末編〉，《魯迅全集》第6卷（北京市：人民文學出版社，1981年）。

38 〈且介亭雜文末編〉，《魯迅全集》第6卷（北京市：人民文學出版社，1981年）。

39 周作人：〈民報社聽講〉，《知堂回想錄》（香港：三育圖書有限公司，1980年）。

40 許壽裳：〈從章先生學〉，《追憶章太炎》（北京市：生活・讀書・新知三聯書店，
2009年），頁205。

曙』。」[41]許壽裳說，先生的絕詣，在清代三百年學術史中沒有第二個人，所以稱之為國學大師。顯然，在許壽裳看來，章太炎是國學第一，革命第二。

章太炎的學生黃侃肯定章太炎的學術成就，認為先生論政是「用其所短」，其觀點與許壽裳相同。

章太炎的學生周作人在〈謝本師〉一文中曾經提到，先生「自己以為政治是其專長，學問文藝只是失意時的消遣」。[42]周作人自己並不同意這種看法：「他談政治的成績最是不好，本來沒有真正的政見，所以很容易受人家的包圍和利用。」[43]周作人與黃侃都認為先生所長不在政治，而在學術。

章太炎與孫中山、黃興並稱「辛亥三傑」。時人公認孫中山是革命家，黃興是軍事家，章太炎是宣傳家。革命黨人如何評價章太炎？

孫中山與章太炎的關係比較複雜和微妙，兩人有合有分，總的來說，合大於分。孫中山對章太炎的學識是敬佩的，章太炎由改良派轉為革命派，受到孫中山的歡迎。辛亥革命前十年，章太炎撰〈請嚴拒滿蒙人入國會狀〉和〈解辮髮說〉，對改良派進行了批判。章太炎將兩文寄給孫中山，孫中山囑香港《中國旬報》全文刊載並附《後記》。章太炎任《民報》主編，孫中山對章太炎主《民報》筆政的貢獻評價甚高。孫中山說，《民報》鼓吹三民主義，遂使革命思潮彌漫全國，自有雜誌以來，可謂成功最著者。孫中山對章太炎不計前嫌，曾推薦章太炎到臨時政府任職。黎元洪出任總統後，國史館館長王闓運去世，章太炎當時出遊南洋，不在國內。孫中山不計與章太炎之間

41 許壽裳：〈紀念先師章太炎先生〉，《追憶章太炎》（北京市：生活‧讀書‧新知三聯書店，2009年），頁41。

42 周作人：〈謝本師〉，《語絲》第94期，1926年8月。

43 周作人：〈章太炎的北遊〉，《追憶章太炎》（北京市：生活‧讀書‧新知三聯書店，2009年），頁283。

的個人恩怨，致電黎，推舉太炎任國史館館長。電文說：「以文所見，則章君太炎碩學卓識，不畏強禦，古之良史，無以過之，為事擇人，竊謂最當。」可惜黎元洪沒有採納孫中山的建議，關鍵在於黎政府擔心章太炎口無遮攔。

孫中山與章太炎關係僵化，孫中山評價說，至於太炎君等，則不過偶於友誼小嫌，決不能與反對民國者作比例。

與章太炎關係極為密切的陶成章認為章太炎的長處在教育而不是政治。光復會從同盟會中分裂，陶成章力薦章太炎為會長，是想利用章太炎的社會關係。他說：「弟意自聯絡成後，可將太炎公改為教育會會長，方為合宜。蓋彼之能力，在此不在彼，若久用違其長，又難持久矣。」[44]

蔡元培對章太炎的哲學成就評價頗高，他說，這時代的國學大家裏面，認真研究哲學、得到一個標準、來批評各家哲學的，是餘杭章炳麟。

章太炎的同窗宋恕說，枚叔文章，天下第一。

同盟會最早成員之一、後曾任中華民國臨時政府交通次長的于右任聞武昌起義爆發，在其文章中說：章太炎，中國近代之大文豪，而亦革命家之鉅子也。

辛亥革命的元老馮自由早年在日本橫濱加入興中會，一九一一年曾經出任臨時政府稽勳局局長一職，他對章太炎的評價甚高。章太炎逝世，他撰輓聯一副，概括了章太炎的一生：

大軍已潰八公山，憐當局責重憂深，雪恥不忘王丞相

與子昔倡亡國會，歎此日人凋邦萃，傷心重作漢遺民

44　〈致臨時大總統書〉，《章太炎政論選集》（北京市：中華書局，1977年），頁557。

徐錫麟之弟徐仲蓀評價章太炎說：「其處世也，有威武不屈之概；其持身也，有獨立不懼之神。」[45]

梁啟超的秘書、湘學名宿李肖聃[46]。說：自常州諸師張大今文之緒，康有為承其緒論，緣飾政術，而經學本義以荒。自梁啟超主纂新報，時雜倭氣，迄於後進，語體代興，而文章正宗以壞。自革命諸家改更國號，心迷海西謬論，以謂吾土舊藝不足復存。章以樸學巨儒，首創大義，截斷眾流。

章太炎在日本期間，與陳獨秀一度過從甚密。陳獨秀對章太炎的國學功底十分欽佩，稱他是中國的「國寶」。陳獨秀認為章太炎這個「國寶」也有露馬腳的時候，如章太炎認為甲骨文是宋朝人偽造的，顯示章太炎對甲骨文研究的無知。章太炎精通音韻，他曾經讀過陳獨秀撰寫的關於古文字音韻學的文章，認為陳的小學功底紮實，因而對陳十分賞識，稱他為「畏友」。

陳獨秀對章太炎的為人頗有非議。對旅居日本時期的章太炎，陳獨秀的評價是小氣，嗜錢如命。章向朋友借錢，歸還時從來不付利息；而朋友向他借錢，章竟向友人索息，而且錙銖必較，受之無愧。對回國後的章太炎，尤其是晚年的章太炎，陳獨秀斥為「文人無行」。陳獨秀所指，應為章太炎販文與權貴，為五斗米而折腰。章太炎的駢文做得好，名氣又大，常有達官貴人為婚喪喜事請他撰寫墓誌、壽序一類的東西，每篇文稿索費高至五千甚至一萬大洋。陳獨秀對此嗤之以鼻。

---

45 《制言》半月刊，第25期，1936年9月。
46 李肖聃的女兒即李淑一

安慶陳獨秀墓

著名作家和記者曹聚仁早年追隨過章太炎。一九二二年,他筆錄了章太炎的國學演講,後整理成《國學概論》出版。在提倡白話文的運動中,曹聚仁對章太炎扼殺白話文的論調曾經予以批評。曹聚仁撰寫〈關於章太炎先生的回憶〉一文,文中肯定章太炎的政治成就,說「他是要做王者之師的」。[47]

辛亥時期的政界要人對章太炎評價較高。

袁世凱稱章太炎為「文聖人」。

袁世凱執政時期的參謀次長兼會辦四川軍務陳宧與章太炎的關係頗為複雜。章太炎於民元初入京城,第一次見到陳宧時,就對他人說:「此中國第一等人物,然亡民國者,必此人也。」後來果不其然,袁世凱就是聽到陳宧反正的消息而一命嗚呼的。陳宧當時聞訊此言後,對章太炎恨之入骨。以共和黨名義,誘使章太炎入京,便是陳

47 曹聚仁:〈關於章太炎先生的回憶〉,《追憶章太炎》(北京市:生活・讀書・新知三聯書店,2009年),頁241。

宦的計謀。章太炎曾經致函袁世凱，強烈要求剪除「四凶」，其中就
有陳宦。陳宦對章太炎的學識十分敬佩，他對人說：「陸建章說太炎
作一篇文章，勝過十萬兵馬，這是對太炎的輕視；我認為太炎一語，
足以定天下安危！」聞章太炎逝，陳宦十分哀痛，認為從此世間無知
我之人，太炎知我，我也知太炎。陳宦撰輓聯一副，派人送達蘇州。
輓聯曰：

> 囊括大典，整齊百家，否歲值龍蛇，千載修明君比鄭
> 人號三君，國推一老，抗顏承議論，世間北海亦知劉[48]

梁啟超評價章太炎：

> 在此清學蛻分與衰落期中，有一人焉能為正統派大張其軍者，
> 曰：餘杭章炳麟。
> ……
> 所著《文始》及《國故論衡》中論文字音韻諸篇，其精義多乾
> 嘉諸老所未發明。應用正統派之研究法，而廓大其內容，延闢
> 其新徑，實炳麟一大成功也。炳麟用佛學解老莊，極有理致，
> 所著《齊物論釋》，雖間有牽合處，然確能為研究「莊子哲
> 學」者開一新國土。其《菿漢微言》，深造語極多。……蓋炳
> 麟中歲以後所得，固非清學所能限矣。
> ……
> 炳麟少受學於俞樾，治小學極謹嚴。然固浙東人也，受全祖

---

48 湯國梨：〈太炎先生軼事簡述〉，《追憶章太炎》（北京市：生活‧讀書‧新知三聯書
　　店，2009年），頁76。上聯稱讚章之學問堪與東漢末年的大儒鄭玄相媲美，下聯則認
　　為章之錚錚鐵骨絲毫不讓三國時直言犯曹的北海太守孔融。

望、章學誠影響頗深，大究心明、清間掌故，排滿之念日烈。[49]

　　吳佩孚評價康有為與章太炎，稱兩人皆我好友也。性格相似，而成就不同。南海年高，保皇之魁率；太炎年幼，才氣縱橫，非南海以下之空閒所能容，遂激越而入革命。使其易地而處，南海可為太炎，太炎亦可為南海。而良人逝後，中國不復有文學之士。兩人弟子雖眾，乃無足承其業者。

　　日本島田虔次教授評價章太炎說：「在宣揚革命大義、掀起革命風潮這一點上，蜂起的孫文、黃興，也不及太炎的言論。孫文在廣州以及其它地區的起義，以及《興中會宣言》（夏威夷、香港）在當時也只不過是在邊境或是在外國的局部地區的事件，還沒有力量動搖中國一般知識分子的心靈，真正的去喚醒中國內地的知識分子的民族革命意識，而且使其對立於改良派的，無論怎麼說，也應該是太炎的『蘇報案事件』。而且作為革命前夜的最左翼的宣傳報導機關的《民報》的主筆，也是十分健鬥的。」[50]

　　辛亥時期的部分學人對章太炎頗有微詞。

　　徐復觀是「現代新儒家」的代表人物，早年留學日本。徐復觀關注儒家思想與中國傳統文化問題，就中國知識分子的性格及歷史、命運問題曾經發表大量論著。代表作主要有《兩漢思想史》、《學術與政治（甲、乙集）》、《徐復觀雜文》、《中國藝術精神》、《中國思想史論集》等。徐復觀接觸章太炎的第一部著作是《國故論衡》，由於章太炎的名聲如雷貫耳，他讀後雖然似懂非懂，仍表示十分敬佩。一九四四年，徐復觀與熊十力述及章太炎，熊十力竟稱章太炎除懂一點小學外，並無學問，徐復觀驚訝萬分。

49　梁啟超：《清代學術概論》（北京市：中國書籍出版社，2006年），頁157。
50　島田虔次：《章太炎的事業及其與魯迅的關係》。

　　熊十力與章太炎是同時代人，早年從軍，曾加入「科學補習所」
和「日知會」等反清革命團體。武昌起義後參加光復黃州等活動，曾
就任湖北軍政府參謀。護法運動失敗後，熊十力脫離革命，潛心哲學
研究，著有《新唯識論》、《原儒》、《體用論》、《明心篇》等著作。海
外稱熊十力與馮友蘭為中國當代哲學之傑出人物。

　　熊十力對佛學頗有研究，然對章氏談佛文章不屑一顧，曾經在章
氏談佛的書上批「爾放狗屁」四個大字。徐復觀聞訊後，對熊的做法
十分反感。始料未及的是，待徐復觀閱讀了章太炎的《章氏叢書》
後，竟與熊十力生出同感，認為章太炎對中國傳統思想的瞭解顯得幼
稚，以章太炎在學界的地位，其傳統思想對中國危害甚大。

　　顧頡剛師從章太炎，曾經對章太炎的講學倍加讚揚，但是他後來
說，我對於太炎先生的愛敬之心低落了。他從經學、歷史、文學和小
學等學術角度批評章太炎，認為「他在經學上，是一個純粹的古文
家」，「在小學上，他雖是看言語重於文字，但聲音卻要把唐韻為主。
在這許多地方，都可以證明他的信古之情比較求是的信念強烈得多，
所以他看家派重於真理，看書本重於實物。他只是一個從經師改裝的
學者！」[51]

　　當代政要與學人對章太炎評價甚高。

　　毛澤東對章太炎評價甚高。一九五八年三月二二日，毛澤東在成
都會議上講話說：

　　　　歷史上總是學問少的人推翻學問多的人。章太炎青年時代寫的
　　　　東西，是比較生動活潑的，充滿民主革命精神，以反滿為目的。
　　　　……　　……

---

51 顧頡剛：《古史辯・自序》第1冊（上海市：上海古籍出版社，1982年）。

> 章太炎所以坐監獄，就是因為他寫了一篇文章，叫《駁康有為
> 書》。這篇文章值得一看，其中有兩句：「載湉小丑，不辨菽
> 麥」，直接罵了皇帝。這個時候章太炎年紀還不大，大概三十
> 幾歲。[52]

一九五八年三月三十日，成都會議後，毛澤東與田家英、吳冷西等論及四川人才時，由鄒容談到章太炎。毛澤東說，章太炎活了六十多歲，前半生革命正氣凜然，尤以主筆《民報》時期所寫的文章鋒芒銳利，所向披靡，令人神往，不愧為革命政論家；後來雖一度涉足北洋官場，但心在治經、治史，以國學家著稱。魯迅先生縱觀其一生，評價甚高，但對他文筆古奧，索解尤難，頗有微詞。他出版一本書集，偏偏取名《訄書》，使人難讀又難解。[53]

同年，毛澤東與田家英、吳冷西在武漢再次論及章太炎。毛澤東說，像章太炎這樣激進的革命派，開始也並未同康有為、梁啟超等保皇派分清營壘，而是同他們一起辦報。章太炎就曾給梁啟超主辦的《時務報》、《清議報》寫文章，共同主張維新，是後來才分道揚鑣的。[54]

周恩來總理評價章太炎，認為他學問與革命業績赫然。

胡適稱太炎先生是清代學術史的壓陣大將。胡適在〈五十年來中國之文學〉一文中，將章太炎的《檢論》、《國故論衡》與古代名著《文心雕龍》、《史通》、《文史通義》比肩而論，給予了極高的評價。

中國著名歷史學家、思想家、北京大學教授、中國社會科學院歷史研究所所長侯外廬評價章太炎說，章太炎對於中國學術文化遺產的

---

52 《毛澤東著作專題摘編》（北京市：中央文獻出版社，2003年），頁2301。

53 盛巽昌：《毛澤東眼中的歷史人物》（上海市：辭書出版社，2005年），頁438。

54 盛巽昌：《毛澤東眼中的歷史人物》（上海市：辭書出版社，2005年），頁438。

侯外廬像

論述十分豐富。他是古經文學派最後一位大師，同時又是儒家傳統的拆散者。他的思想的發展變化及其矛盾的性格，反映了中國近代歷史發展的辯證法。

中國藝術研究院研究員、中國文化研究所所長、《中國文化》暨《世界漢學》雜誌主編劉夢溪評價章太炎說，回觀整個二十世紀，如果有國學大師的話，章太炎先生獨當之無愧。

著名學者、與季羨林、金克木合稱為「燕園三老」的張中行評價章太炎說：「總的印象是：學問方面，深、奇；為人方面，正、強。學問精深，為人有正氣，這是大醇。治學好奇，少數地方有意鑽牛角尖。如著文好用奇僻字，迴避甲骨文之類；脾氣強，有時近於迂，搞政治有時就難免輕信，這是小疵。」[55]他還說，就晚清民國學術而言，學者熙熙攘攘，而真正的哲學家，且無愧於「國學大師」稱號的，可能只有章太炎一個人。章太炎的經學，不僅思理深邃，而且文筆古奧，古學功底深湛如魯迅者尚言讀不斷《訄書》，遑論芸芸眾生。

---

55 張中行：〈章太炎〉，《負暄瑣話》（哈爾濱市：黑龍江人民出版社，1986年）。

結語

　　章太炎是革命的「瘋子」，做了許多其它革命家想做而沒有做或不敢做的事，說了許多其它學問家沒有有過的見解。章太炎天馬行空，獨往獨來，煌煌華夏五千年史，惟君一人。著者評價章太炎是衝鋒陷陣的革命家、學貫中西的經學家、混沌迷茫的政治家、紙上談兵的醫學家。章太炎是清王朝天生的批判者和掘墓人。他的一生在反對和否定中度過，他的一生是戰鬥的一生。他不屈服權暴，不計較榮辱，不顧生前身後毀譽，憑著一顆中華民族的赤子之心撬動了清王朝的金鑾殿。他特立獨行、卓爾不群的性格與眾不同，所以後世對他的評價很多很多。

　　掩卷而思，辛亥時期著名的「瘋子」章太炎躍然紙上。他天不怕、地不怕，口無遮攔、敢說敢為，得罪了許多人。他目中無人，即使是總統，他也照罵不誤。孫中山、袁世凱、蔣介石都被他責罵過。他十分看淡榮譽，國家頒發給他的勳章竟可以成為他的扇墜。他效力的報館有十多家，然而供職每家報館的時間短的僅一兩個月，長的也不過一兩年。他博聞強記，青少年時期讀過的經書，數十年後不僅還記得，有的甚至能說出頁碼，但是他的居所所在，卻總是記不住，出了門往往找不到回家的路。他是一介書生，手無縛雞之力，卻每每與人老拳相見，而最後吃虧的往往是他自己。他護愛弟子有加，卻不懂得愛護自己，他不知道隨季節的變化增減衣服，吃飯只吃眼面前的菜，褲子有時不得不用手提著，粉筆經常當做香煙。

　　章太炎從十幾歲時就被人罵作「瘋子」，此後，「瘋子」的罵名幾

乎跟隨他半個世紀。然而，章太炎是一個革命的「瘋子」。「瘋子」做了許多其它革命家想做而沒有做或不敢做的事，說了許多其它學問家沒有有過的見解。縱觀章太炎的一生，可謂滿身都是傲骨。章太炎天馬行空，獨往獨來，睥睨一世，笑傲天下。做人如章太炎者，煌煌華夏五千年史，惟君一人。

蓋棺論定，不同的人站在不同的立場，對章太炎作出不同的評價。著者贊同魯迅對先生的評價，章太炎是一個有學問的革命家。革命第一，學問第二。著者對章太炎總的評價是：衝鋒陷陣的革命家、學貫中西的經學家、混沌迷茫的政治家、紙上談兵的醫學家。

衝鋒陷陣的革命家

評價章太炎的一生，他究竟是革命第一還是經學第一，連他自己都說不清楚。他在上海西牢時，寫過一篇〈癸卯獄中自記〉。他認為他對中國革命作出的貢獻，他人可以取代，但在國粹方面作出的貢獻，不僅他人無法取代，甚至無人可與之並肩。

上海選編近世文人名家五十人代表作，章太炎認為即使是自己的「淺陋之作」，也羞與黃遵憲、譚嗣同、康有為等人文章同列。他認為吳稚暉的文章語無倫次，胡適之不配談哲學，還嘲笑梁啟超，「若梁啟超輩，有一字入史耶？」章太炎的狂妄，於此可見一斑。

此後，當世人評價他是國學大師的時候，他非常不滿意。他認為，對他而言，「學問文藝只是失意時的消遣」。[1]

學界認為章太炎是一個傑出的大儒，更是一位為民族解放衝鋒陷陣的革命家。他的學生、中國革命的旗手魯迅評價他「留在革命史上

1　周作人：〈謝本師〉，《語絲》第94期，1926年。

的，實在比在學術史上還要大。」[2]

　　當代有學人評價章太炎不是寧靜的學者，而是一個混沌的革命家，「他沒有周密的計劃，沒有遠大的理想，沒有坐江山的抱負，卻憑著天然渾成的頑童品性去體味革命，是一種仗義行俠者。」稱章太炎「不是寧靜的學者」尚有幾分事實，但稱他是「混沌的革命家」就不那麼客觀了。章太炎終身致力於民族革命，曾經兼及民生，卻鮮顧民權。在民權的問題上，章太炎有一些混沌，遇到重大政治問題，章太炎也有一些混沌，而在民族革命的問題上，章太炎從來沒有混沌過。章太炎推翻清政府的計劃確實不周密，但是他推翻清政府的理想和抱負不僅久已醞釀，而且毫不含糊。章太炎一生「七被追捕，三入牢獄」就是明證。「七被追捕」為：

章太炎與家人合影

　　第一次，一八九八年十二月，章太炎因列名強學會被清政府下令通緝，避難臺灣。

2　魯迅：〈關於太炎先生二三事〉，《魯迅全集》第6卷（北京市：人民文學出版社，1981年）。

　　第二次，一九〇〇年一月，慈禧擬廢光緒，寓滬紳商通電反對，章太炎列名其上，遭清政府通緝。

　　第三次，一九〇〇年八月，唐才常自立軍起事失敗，章太炎因列名中國議會，遭清政府通緝。

　　第四次，一九〇一年正月，章太炎在家鄉度歲，捕者跟蹤而至，出逃上海。

　　第五次，一九〇二年正月，章太炎因在東吳大學宣傳革命，遭清政府通緝，遂東渡。

　　第六次，一九〇三年六月，因撰寫〈駁康有為論革命書〉，租界巡捕房在上海《蘇報》館逮捕章太炎。

　　第七次，一九二八年，上海市黨部臨時執委會指章為第一號學閥，呈請國民黨中央加以通緝。

　　章太炎「三入牢獄」為：

　　第一次，一九〇四年五月，會審公廨判處章太炎監禁三年，移送上海西牢服刑。

　　第二次，一九一四年二月，在北京龍泉寺被袁世凱幽禁近三年。

　　第三次，一九〇九年三月，日本封閉《民報》，章太炎敗訴後拒交罰款，檢事廳命將章押至勞役場服役一一五天。章太炎弟子為其交費，當天獲釋。

　　章太炎「七被追捕，三入牢獄，而革命之志，終不屈撓者，並世亦無第二人。」[3]章太炎的革命精神在辛亥革命時期是屈指可數的。日本學者島田虔次認為章太炎宣傳革命功績甚巨，「孫文、黃興，也不及太炎的言論」。「蘇報案」社會影響巨大，上海及全國報紙連篇累

3　魯迅：〈關於太炎先生二三事〉，《魯迅全集》第6卷（北京市：人民文學出版社，1981年）。

牘地報導，實際上宣傳了革命，擴大了影響。此外，章太炎作為《民報》主筆，「十分健鬥。」[4]

宣傳的要素一筆一口。章太炎作為革命的宣傳家，恰恰在這兩個基本要素上存在嚴重不足。他的文章晦澀難懂，沒有一定文學修養的人讀他的文章猶如天書，即使具有一定文學修養的人讀他的文章或著作也頗感吃力。魯迅這樣的人尚如此，遑論他人了。從講學的角度看，章太炎一口濃重的浙江土話，往往讓聽眾不知所云、不明所以。他在北京、上海、蘇州等地講學，常常是第一場人最多，以後逐漸減少，主要原因是口音問題。章太炎在北京講學，一個人為他翻譯，一個人為他板書。然而這樣的條件，不可能每次講學都有。章太炎有一次在蘇州講學，聽眾來了八個，開講不久，又走了兩個，僅六個聽眾善其終。作為革命的宣傳家，章太炎一筆一口的缺陷使他的宣傳力度受到不小影響。

後人紀念辛亥革命，對孫中山的尊敬和紀念更多一些。辛亥革命時期公認的三大領袖，章太炎是最長壽的一位。一九一六年，黃興不過四十歲，卻英年早逝。一九二五年，孫中山病逝，年僅午九歲。章太炎活到六十九歲，應當為革命作出更多更大的貢獻。他為革命遭受的磨難超過孫、黃，而口碑不如孫、黃，更遠遜於孫中山，是什麼原因呢？

著者以為，章太炎與孫中山比較，對於革命問題，章在兩個時間節點上落伍於孫：一是一九一一年的武昌起義，二是一九一七年的十月革命。

一九一一年武昌起義爆發前，章太炎革命業績可謂與孫中山、黃興等不相伯仲。他們為推翻清政府奔走呼號，在宣傳革命、組織革命

4　島田虔次：〈章太炎的事業及其與魯迅的關係〉。

孫中山與日本友人合影

方面功績巨大。武昌起義爆發後，章太炎的政治立場顯得混沌。他從反對政黨政治到熱衷政黨政治，又倒退到反對政黨政治。他學習西方的政黨政治，但並不諳熟政黨政治，他批判立憲派，也批判西方的代議制。中國究竟應採取什麼樣的政黨政治，章太炎拿不定主張，也拿不出切實可行的方案。

孫中山的政治敏感性比章太炎強得多。袁世凱暴露出獨裁專制的真面目後，孫中山立即發起「討袁戰爭」，維護民主共和，以遂辛亥革命未竟之功。一九一七年，張勳復辟，孫中山為了維護〈中華民國臨時約法〉，發起護法戰爭。孫中山為民主共和不屈不撓，艱苦奮鬥，章太炎雖然聲援「討袁戰爭」，參與護法戰爭，然其革命精神已經不及孫中山。

二是一九一七年的十月革命。「十月革命」一聲炮響，孫中山將目光轉向東方。他接受了俄國人伸出的橄欖枝，在國民黨一大上正式將舊三民主義發展為「聯俄、聯共、扶助農工」的新三民主義，並且開創了第一次國共合作的新局面。正是在這個節點上，章太炎依然抱殘守缺，思想僵化，他落伍了，甚至反動了。他反對俄羅斯的革命、反對新文化運動、反對打倒孔家店、反對中國「赤化」、反對中國共產黨、反對新三民主義，對於一切新生事物，他幾乎都反對。這個時候的章太炎，正如魯迅所說，他雖然還在奮力拉車，但是是向後拉。

金無足赤，人無完人。在革命的征途上，章太炎也有過革命意志消沉和動搖的時候。他曾經兩次萌發出家的念頭。第一次是在日本，

他通過劉師培夫婦向端方借錢，準備以此作路費，到遙遠的印度去學習真經。第二次是護法運動失敗，章太炎入峨眉山一寺院受戒，表示今後不再參與世事。受戒以後，章太炎的心情略略平復。

除了向端方借錢，章太炎還通過劉師培夫婦向張之洞借錢，承諾「政治問題，不復聞問。並辭謝《民報》編輯。」章太炎刊登啟事，以「腦病忽作」為由辭職。正是因為借錢的事，錢沒有借到，卻惹了一身騷，章太炎被昔日的戰友們稱為「叛徒」和「暗探」。

作為一個革命家，章太炎勇於承認錯誤。他曾經就武昌起義以後主張容納立憲派和舊官僚以及擁護袁世凱的錯誤作了檢討，承認攻擊南京臨時政府與同盟會係被封建買辦勢力利用。在《檢論》中，他回顧武昌起義以來的歷史，認為革命黨人沒有對封建的專制和腐敗勢力予以徹底的打擊，結果導致勝利果實輕易落入他人之手。

章太炎認為專制腐敗是民主共和的大敵。袁世凱稱帝野心暴露後，章太炎痛責自己有眼無珠，斥責袁世凱「妄僭天位」，是「民國之叛逆」。[5]章太炎在上海茶話會上的演講，表明他對袁世凱政府的本質已經有了初步認識。

章太炎晚年漸入頹唐有主觀原因，也有客觀原因。客觀原因是，蔣介石統一中國後，軍閥混戰的局面一去不復返，社會日趨穩定，可供政客指點江山的社會熱點無疑少了許多。其次是章太炎晚年身患重病，他的精力大不如以前了。但是，「九・一八」事變爆發後，章太炎不再保持沉默。他就日本步步進逼的態勢多次發表宣言，聲明東三省是中國領土，不容日本侵犯。章太炎再次活躍在中國政治舞臺上。

對於蔣介石、張學良的不抵抗主義，章太炎嚴厲譴責：「有此總司令、此副總司令，欲奉、吉之不失，不能也。」[6]他就國是致書蔣

5　〈三致袁世凱書〉，《章太炎選集》（上海市：人民出版社，1981年），頁583。

6　章太炎：《與孫思昉論時事書》，溫州圖書館藏《章太炎書劄》抄本第2冊。

介石，要求蔣氏警惕日本，開誠布公，以懸群眾。他在各種場合譴責蔣介石政府「勇於內爭，怯於禦外」、「勇於私鬥，怯於公戰」、「反以剿匪名義，自圖規避」。他公然稱蔣介石是秦檜、汪精衛是石敬瑭，甚至稱「當局惡貫已盈，道路側目。」[7]章太炎這些言論無疑是驚世駭俗之言，引起南京國民政府的不安，張繼曾經奉命代表政府向章太炎提出警告，讓他勿議時事。

在全國人民要求抗日的潮流中，章太炎身體力行，他對全國各地學生開展的抗日救亡運動表示同情和支持。淞滬抗戰爆發，章太炎撰寫〈書十九路軍禦日本事〉，高度讚揚十九路軍並與夫人自費籌建醫院一座，為抗戰作出了實際貢獻。在燕京大學，他慷慨作〈論今日切要之學〉的演講，呼籲青年學生擔負起抗日救亡的責任。在無錫師範學校，他滔滔不絕演講〈歷史之重要〉和〈春秋三傳之起源及其得失〉，稱中國的歷史是中國的家譜和帳簿，不可不看。一九三六年初，章太炎致信馮玉祥，指出日軍橫行中國的原因，他認為是因為國民黨政府的三點致命傷所致：一曰上下相疑，二曰人心漸去，三曰賞罰倒置。

章太炎與蔣介石交往不多，有記載的見面是在杭州樓外樓偶遇。蔣介石贈章太炎以手杖，杭州報刊載有章太炎「杖國杖朝」消息。一九三六年五月，蔣介石親筆寫信給章太炎。六月四日，章太炎覆信，建議蔣介石改編共產黨軍，如不能改編，則以民軍對待。

學貫中西的經學家

章太炎是碩果累累的國學大師，其代表作有《訄書》（後改為

7　章太炎：《答張繼》，《章太炎選集》（上海市：人民出版社，1981年），頁631-633。

《檢論》)、《國故論衡》、《齊物論釋》、《文始》、《春秋左氏疑義答問》、《新方言》等，累計有四百餘萬字。《訄書》出版後，社會評價甚高。胡適撰寫〈五十年來中國之文學〉一文，將章太炎的《檢論》、《國故論衡》等同於歷史名著《文心雕龍》、《史通》和《文史通義》。

　　章太炎的洋洋巨著《訄書》灌輸了章太炎的心血，他三次修訂，蓋因此書闡明了他的政治理想與抱負。在《訄書》裏，章太炎說了為救民於水火而不得不說的話。《訄書》的中心內容是從研究中國歷史的制度和變革入手，考察周邊國家的變法趨勢，呼籲中國在政治、經濟、軍事、教育、法制、宗教等諸多領域進行變革，傳播「變則存，不變則亡」的觀點。章太炎的學術是二十世紀中國的一枚瑰寶，其學術自成一派，學人稱之為「章學」，可見其學術具有獨特性。

　　除《訄書》外，章太炎最為看重的是《齊物論釋》和《文始》兩部。對於這兩部書，章太炎用力甚功，耗時甚多，自詡這兩本書在中國學術史上具有不可替代的地位，「千六百年未有等匹」。[8]梁啟超評價《齊物論釋》是石破天驚之作，蔡元培評價此書為研究哲學豎立了標杆，胡適評價《齊物論釋》為空前的著作。

　　章太炎在《齊物論釋》中，「把佛和老莊和合」，用佛家思想對《齊物論》進行解讀和注釋，系統地闡述了他的哲學觀點。他強調每個國家、每個民族都有自己獨立自主的文化，中國文化不能讓近代西方文明征服，否則有違齊物、平等之義。《齊物論釋》融匯了莊周哲學、德國哲學、古希臘哲學以及唯識法相哲學的思想精華和語言精華，「運用古今中外的學術，糅合而成一家言的哲學體系」。[9]章太炎

8　湯志鈞：〈與龔未生書〉，《章太炎政論選集》下冊（北京市：中華書局，1977年），頁702。

9　侯外盧：《近代中國思想學術史》下冊，頁861。

敝帚自珍，稱此書「可謂一字千金」。[10]

《文始》揭示了中國古文字音、形、義之間的內在聯繫，是關於中國古文字的不朽之作。

《春秋左氏疑義答問》凡四萬言，章太炎自稱「為三十餘年精力所聚之書」。

《新方言》搜集了全國各地的方言，章太炎將她們進行比較研究，總結出「方言六例」。他說「明斯六例，經以音變，諸州國殊言詁詶者，雖未盡憭，倘得模略，足以聰聽知原。」[11]章太炎稱此書為「懸諸日月，不刊之書」。[12]

章太炎開創了新時代的字源學，認為《說文解字》的九千餘字係由「初文」與「準初文」五百十字演變，對中國古文字的發揚光大功莫大焉。章太炎推崇顧炎武、戴震、江永、錢大昕、段玉裁等清代著名音韻學家，他自己也對中國古音的變化作了認真探究。顧炎武將古韻系統分作十部，戴震分作九類二十五部，江永分作十三部，段玉裁分作十七部，章太炎將古韻系統分作二十三部並撰寫《二十三部音準》，標出古韻古代應讀某音。章太炎曾經創造一套標音符號，後來民國政府頒佈以太炎的注音符號作為全國通用注音符號。

章太炎對中國古代語言、文字、音韻作出巨大貢獻。周作人說：「我以為章太炎先生對於中國的貢獻，還是以文字音韻學的成績為最大。」[13]周作人將章太炎一生的成就局限於文字音韻之學，實際上是貶低了章太炎。因為章太炎對中國的貢獻不止於國學，對國學的貢獻

---

10 章太炎：〈自述學術次第〉，《自述與印象：章太炎》（北京市：上海三聯書店，1997年），頁1。

11 章太炎：〈新方言序〉，《章氏叢書・新方言》。

12 章太炎：〈漢字統一會之荒陋〉，《民報》第17號。

13 周作人：《知堂回想錄》（石家莊市：河北教育出版社，2002年）。

也不止於文字音韻學。著名學者張中行認為章太炎是晚清民國年間真正的哲學家，無愧於「國學大師」稱號。張中行之所以特別指出章太炎是哲學家，因為他自己是著名的哲學家。

北京大學教授侯外廬認為章太炎對於中國學術文化遺產的論述十分豐富，是古經文學派最後一位大師。後人在論述乾嘉學派的時候，往往將劉師培作為乾嘉學派的殿軍人物。著者以為，與劉師培同一時代的章太炎應當與劉師培同稱為乾嘉學派的殿軍人物，不僅因為章太炎傳承了乾嘉學派，還因為章太炎在國學方面的成就和影響超過劉師培。

章太炎在經學研究方面美中不足的是，他的文風、他的筆法遠離了人民大眾。《訄書》讓人讀不斷，卻讀不懂。一部《齊物論釋》也因其文字晦澀和語言抽象，拒大眾以千里之外。因是之故，章太炎的真知灼見往往不能被大眾接受。書是寫給人看的，讀不懂的書，其生命力一定會受到限制。章太炎生前就不斷聽到勸告與批評，讀者希望他的文章通俗化一些，大眾化一些，但章太炎一概拒絕。他在臺灣為報紙撰稿的時候，有讀者反映章太炎的文章難讀。報紙主筆轉告他，他不以為然，寫了幾句話扔給主筆：「世人之知不知，解不解，我可管不著，吾只患吾文之不善。苟文善，會尚有人知之者。請勿問！」這就是「瘋子」章太炎的態度。

混沌迷茫的政治家

縱觀章太炎的一生，他的缺陷十分明顯。他是一個堅定的革命家和傑出的經學家，而不是一個稱職的政治家。在若干重大的政治問題上，章太炎常常顯得混沌和迷茫。

章太炎「自己以為政治是其專長，學問文藝只是失意時的消

遺」。[14]章太炎缺乏自知之明，他的友人及弟子都認為他的政治成績不好。馬敘倫十分客觀地評價他說：「余素不樂太炎與聞政事，蓋太炎講學則可，與政則不可，其才不適此也。」[15]陶成章認為章太炎的長處在教育而不是政治。他說：「蓋彼之能力，在此（指教育——著者注）不在彼，若久用違其長，又難持久矣。」[16]章太炎的弟子周作人說「他談政治的成績最是不好，本來沒有真正的政見。」[17]弟子黃侃認為先生論政是「用其所短」。

章太炎不是一個稱職的、合格的政治家，卻一直活躍在近代中國的政治舞臺上。著者認為，如果說章太炎是政治家的話，他只是一個混沌迷茫的政治家。

在國際問題上，他對俄羅斯的厭惡和對日本的親善似乎是與生俱來的。他一生都沒有去過俄羅斯，他對俄羅斯的厭惡是因為俄國曾經佔領中國大片領土。晚年他反對「赤化」，反對共產黨，有歷史的原因。

他一生中赴日本三次，最長的一次有五年多時間。但是，他對日本表示好感，為日本的戰爭罪行開脫的時候，他還沒有到過日本。他在《時務報》發表時評文章〈論亞洲宜為唇齒〉，為瓜分中國的始作俑者日本出兵中國和朝鮮辯解，稱日本不是「侵略」而是「自救」。

《馬關條約》簽訂，清政府割地賠款，國人一致聲討倭寇，譴責國賊李鴻章。章太炎不但不認為李鴻章是國賊，反而向李鴻章示好，對李鴻章表示信任。章太炎對李鴻章的吹捧到了肉麻的程度。說什麼

---

14 周作人：〈謝本師〉，《語絲》第94期，1926年。

15 馬敘倫：〈章太炎〉，《追憶章太炎》生活‧讀書‧新知三聯書店2009年4月，頁21。

16 〈致臨時大總統書〉，《章太炎政論選集》（北京市：中華書局，1977年），頁557。

17 周作人：〈章太炎的北遊〉，《追憶章太炎》（北京市：生活‧讀書‧新知三聯書店，2009年），頁283。

「念今世足以定天保者,無過相國。」[18]一八九八年二月,他上書李鴻章,提出「聯日抗歐」、「聯日攘俄」的外交建議,為日本大唱讚歌。

令人難以理解的是,章太炎在給李鴻章的信中對日本充滿了幻想。他主張擯棄一切在中國的歐洲顧問和技術人員,而一律改聘日本人,僅僅因為日本與中國屬於「同種之國」。他認為與其讓德國或俄國佔領威海衛,不如將威海衛讓給日本;與其讓日本來奪取威海衛,不如我們主動送給日本。主動送給日本,至少能夠得到日本的好感。只要對中國有益,即使向日本乞憐又何妨。章太炎的這些賣國言論和主張真是匪夷所思,令人憤慨。

章太炎撰寫〈原人〉一文,認為「戎狄」君臨中國不合理,歐美諸國入侵中國不合理,但是不認為日本將臺灣據為己有是最大的不合理。章太炎避難於日本統治下的臺灣期間,對日本的友好又進了一步。他撰寫〈正疆論〉,提出與其讓滿清統治臺灣,不如將臺灣讓給日本。[19]章太炎親日媚日的言論是早年章太炎抹不掉的一個污點。

章太炎對日本的好感終於《民報》案發。日本政府悍然查封了《民報》並與之對簿公堂,章太炎總算初步認識了日本。及至「九·一八」事變和淞滬抗戰爆發,章太炎才真正認識日本。

在民族革命問題上,章太炎表現出強烈的大漢族主義。他撰寫〈正仇滿論〉,提出親日疏滿的主張。章太炎對五百萬滿人一概排斥,認為滿人非我同族,而一衣帶水的日本人是我「同族」,證據是日本文字有大量漢字,而滿文與漢字絕異。作為學貫中西的國學大師,講這樣缺乏常識的話實在是匪夷所思。在國際問題和民族革命問題上,章太炎缺乏政治家的眼光。

---

18 湯志鈞:《章太炎政論選集》上冊(北京市:中華書局,1977年),頁54-57。
19 《臺灣日日新報》,1899年1月1日。

在《民報》難以為繼的時候，在護法運動遭受失敗的時候，章太炎曾經一度萌生退意，兩次計劃出家。為了籌措出家的路費，甚至不惜屈尊與革命派的對手借款，留下一生抹不掉的污點。在革命前途的問題上，章太炎缺乏政治家的意志。

辛亥革命三巨頭紀念郵票

章太炎加入孫中山主持的同盟會，主編《民報》，為推翻滿清統治衝鋒陷陣。但是，章太炎不顧大局，因經費問題與孫中山翻臉，要求解除孫中山的總理職務；又借軍火一事故意刁難孫中山，致使孫中山的軍火計劃落空。章太炎與孫中山由志同道合到分道揚鑣，章太炎顯然要負主要責任。

「二次革命」爆發，章太炎對袁世凱已經完全不信任。但是「二次革命」的失敗，他認為領導者「非其人」，甚至認為「二次革命」的發動者孫中山與受動者袁世凱是一丘之貉，這真是奇怪的邏輯。

章太炎跟隨孫中山參加護法運動，但在遭受挫折後，竟將一腔怒火歸之於孫中山。孫中山為了北伐，準備首先統一西南。消息傳來，章太炎發表〈湘事通啟〉，竟稱孫中山是西南的吳佩孚，「廣東元帥府之欲以武力統一西南，亦西南之吳佩孚也」，[20]章太炎欲置孫中山於死地而後快，說什麼「中山擾亂自治，粵人已欲食其肉」。在孫中山的問題上，章太炎缺乏政治家的風度。

---

20 〈章太炎表白湘事〉，《華國》第1卷第3期。

　　章太炎對袁世凱充滿了不切實際的幻想。袁世凱上臺的時候，章太炎認為袁世凱是中國的華盛頓，還想當然地認為袁世凱、黎元洪上臺中國就有福，而孫中山、黃興之流上臺中國就有禍。

　　在定都問題上，他支持袁世凱，反對孫中山。孫中山擔任臨時大總統，章太炎不發一言。袁世凱就任大總統，章太炎主動為其出謀劃策並出任袁氏政府的官員。至宋教仁案發，章太炎始識袁世凱廬山真面目。

　　章太炎一度認為黎元洪與袁世凱一樣是具有雄才大略之人，稱黎元洪是「民國斗杓」，吹捧他「功高宇宙」、「功高大舜」。章太炎的客廳裏懸掛了兩幅畫像，除自己的畫像外，另一幅就是黎元洪。黎元洪死，章太炎撰寫輓聯，將黎元洪與大明太祖相比較。在袁世凱與黎元洪的問題上，章太炎缺乏政治家的洞察力。

　　章太炎與弟子和平共處，相安無事，但與同志、同事、友人相處，往往一兩月便劍拔弩張，關係緊張。他與孫中山反目成仇，與黃興大打出手，許多本來可以避免的問題，章太炎沒有處理好。至於在《時務報》、《正學報》發生的武鬥，這裏面有政治問題，章太炎固然有正義的一面，但他實在缺乏團結人的手段。在待人接物問題上，章太炎缺乏政治家的雅量。

　　在政黨政治的問題上，章太炎的主張是混沌不清的。在日本期間，他鄙夷政黨政治。辛亥革命爆發的當月下旬，他在日本檳榔嶼《光華日報》上發表〈誅政黨〉，對政黨政治和立憲派大張撻伐。武昌起義成功，中國的共和政治體制提上議事日程，章太炎從日本回國後，一反常態，開始主張以西方政黨政治為楷模，改造中國的政黨政治。從斯時起，章太炎開始從事政黨政治活動。

　　中華民國成立後，章太炎漸漸感覺立憲派和舊官僚謀求私利，對他不過是一種利用。「覺悟」了的章太炎此時從一個極端跳到另一個

極端，提出政黨政治對中國有害無利，說「中國之有政黨，害有百
端，利無毛末」，[21]幾乎是全盤否定了政黨政治。他甚至主張政府首腦
超然於政黨政治，在北京的茶話會上提出「袁、黎、孫三公皆無須立
黨」[22]的主張。

　　章太炎在〈誅政黨〉一文中曾經不遺餘力地攻擊過立憲派。武昌
起義後，章太炎主張全國一切革命團體，包括原屬立憲派後轉向革命
陣營者皆為聯合對象。在〈中華民國聯合會章程〉中，明確將立憲派
視為應當團結的一支重要社會力量。在政黨政治問題上，章太炎缺乏
政治家的主見。

　　章太炎主張「平民革命」，反對依賴「督撫的權力」進行革命。
但是，章太炎在這個問題上搖擺不定，晚年的章太炎提出「聯省自
治」主張。所謂「聯省自治」，毛澤東曾經一針見血地指出，「聯省自
治，乃是聯督割據」。章太炎「聯省自治」的主張受到國民黨的批
評，卻受到國民黨右翼的歡迎。

　　武昌起義爆發後，章太炎針對同盟會，提出「革命軍起，革命黨
消」的口號，主張解散同盟會。各方各派根據自身利益解讀這一口
號，為我所用。孫中山對章太炎的口號提出嚴厲批評，受此影響，後
世歷史學家對章太炎口號多持否定態度。章、孫在口號問題上的分歧
在於革命黨是不是政黨、同盟會是不是政黨。

　　一九二四年，章太炎與國民黨右翼分子打得火熱。章太炎領銜發
表〈護黨救國公函〉，反對國共合作，號召重新恢復同盟會。要求重
新恢復同盟會的章太炎此時不知對昔日「革命軍起，革命黨消」口號
作何感想？章太炎以我為中心，出爾反爾，政治立場搖擺不定。在

21　〈與副總統論政黨〉1913年5月，《章太炎政論選集》（北京市：中華書局，1977
　　年），頁648。

22　〈北京迎賓館茶話會記事〉，《大共和日報》，1912年9月11日。

「聯省自治」與同盟會的問題上，章太炎缺乏政治家的立場。

　　章太炎曾經撰寫《訂孔》，對孔子進行議論和評價，他認為中國古代將孔子吹捧得太高，孔子的學術並不比孟子、荀子高明。孔子是百家中之一家，應當恢復百家平等的歷史原貌。當五四運動呼出「打倒孔家店」的口號時，章太炎已經成為尊孔派了。他不僅尊孔，還以他的經驗告訴後人：「孔學最適用。」他說民族思想、孔教道德和歷史文獻是每一個中國人不能忘記的。在孔子的問題上，章太炎缺乏政治家的堅定。

　　章太炎雖然活躍在政治舞臺上，卻一直很失意。中華民國臨時政府在南京成立，沒有他的位置。孫中山僅給他一個安慰性的顧問銜，他客氣地接受了，又客氣地辭去了。袁世凱在北京就任大總統，也僅安排章太炎為顧問，此後授了一個可有可無的「東三省籌邊使」。

　　黎元洪出任總統後，正好國史館館長王闓運去世。論才論學，此職非章太炎莫屬。雖然孫中山鼎力推薦，然而他一直篤信的黎元洪卻沒有採納孫中山的建議。在辛亥革命的舞臺上，章太炎一直沒有進入權力的中心。他被政治邊緣化了。

紙上談兵的醫學家

　　章太炎說過「我是醫學第一」的話，但是這樣的話連他自己也不會相信。章家祖傳醫學，為鄉里造福無數。章太炎離開故里，投身革命，章家治病救人的傳統美德在章太炎手里中斷了。

　　醫學理論固然重要，但是醫學實踐更為重要。離開了醫學實踐的章太炎對於醫學而言，只能是紙上談兵。章太炎在獄中時，鄒容身體虛弱不是一天，章太炎為鄒容開過處方，卻未見療效。鄒容病斃獄中，章太炎固然無責，但章太炎的醫學水準可見非常一般。孫中山病

勢沉屙，章太炎為之處方。孫中山平生不相信中醫，章太炎的中藥處方，孫中山未見得採用。章太炎自己患鼻病數年，自己為自己處方，卻始終不見療效，最後因此病而喪生，可見章太炎的醫學水準並不高明。至於家人或友人，章太炎往往主動為他們處方，但他們不敢服用，因為章太炎的處方屬於虎狼之方。及至章太炎詢問治病效果，家人或友人每每告訴他一帖見效，所以章太炎對於醫學很有成就感。章太炎「我是醫學第一」的豪言壯語很可能就是這樣產生的。

中國當時被稱為「東亞病夫」，非常需要救世救命的醫生。孫中山、章太炎以及魯迅先後棄醫從政、棄醫從文，走上革命道路，絕不是偶然的巧合。那個時代，中華民族的危亡已經遠遠高於個體生命的危亡，沒有國就沒有家，革命成為那個時代的主題。對於當時的民族和國家而言，章太炎應當是一個不錯的醫生。如果章太炎說的「醫學第一」是針對國家、民族和人民而言，那麼此話也是不錯的。

杭州西子湖畔章太炎紀念館

章太炎（國畫）

　　章太炎，一個清王朝天生的批判者，一個清王朝天生的掘墓人，他的一生是戰鬥的一生。他為民族革命不捨不棄，也為民生革命和民權革命奔走呼號。「《蘇報》時代鬥爭的精神，鐵血爭光榮的神態，到老不自餒，儼然仍以民族革命的大導師自任。」[23]章太炎的一生在反對和否定中度過。他不屈服權暴，不計較榮辱，不顧生前身後毀譽，憑著一顆中華民族的赤子之心撬動了清王朝的金鑾殿。他一生要反對和否定的東西太多太多，所以他的一生活得很累很累。他特立獨行、卓爾不群的性格與眾不同，所以後世對他的評價很多很多。

---

23 沈延國：〈記章太炎先生〉，《自述與印象：章太炎》（上海市：三聯書店，1997年），頁106。

附錄一
章太炎大事年表

1869年1月12日（清同治七年十一月三十日）1歲	生於浙江杭州府餘杭縣東鄉倉前鎮。其父章濬時為杭州府知府幕僚，母朱氏，有子女四人，太炎排行第三。章太炎初名學乘，後改名絳、炳麟，字枚叔，號太炎。章濬於同年底返餘杭，任縣學訓導兼杭州詁經精舍監院。
1873年（清同治十二年）6歲	入塾讀書。 慈禧歸政於同治。
1875年（清光緒元年）7歲	同治帝死，光緒即位。慈禧宣佈垂簾聽政。
1876年（清光緒二年）9歲	外祖父朱有虔自海鹽來課讀，對外孫章太炎進行文字訓詁訓練。
1877年（清光緒三年）10歲	父親章濬革去訓導。
1880年（清光緒六年）13歲	外祖父朱有虔歸海鹽。朱有虔經常講述王夫之、顧炎武著作大意，啟發了章太炎的民族主義思想。朱有虔離開後，父親章濬親自督教。
1881年（清光緒七年）14歲	初讀蔣良驥《東華錄》，立反清之志。
1883年（清光緒九年）16歲	赴餘杭參加童子試，因行文偏激被驅逐出考場。從此放棄科舉，廣泛涉獵經史子集。
1884年（清光緒十年）17歲	初讀《史記》、《後漢書》、《三國志》、《文選》等。

1885年（清光緒十一年） 18歲	初讀許慎《說文解字》、段玉裁《說文解字注》、顧炎武《音學五書》、郝懿行《爾雅義疏》、王引之《經義述聞》及唐人《九經義疏》等。從此開始專意治經，讀書勤奮，晨夕無間。
1886年（清光緒十二年） 19歲	初讀《學海堂經解》凡188種1,408卷。
1988年（清光緒十四年） 21歲	初讀《南菁書院經解》凡209種1,430卷。 是年底康有為上萬言書請求變法，未達。
1989年（清光緒十五年） 22歲	慈禧歸政於光緒。
1890年（清光緒十六年） 23歲	父親章濬去世。遵父遺訓，入杭州詁經精舍從經學大師俞樾學習，授學者有高治平、譚獻等。 初讀《通典》。
1891年（清光緒十七年） 24歲	撰寫《膏蘭室札記》，考釋《春秋》等諸經，引用西學諸多書籍，3年始成。 康有為《新學偽經考》刊行。
1892年（清光緒十八年） 25歲	開始撰寫《春秋左傳札記》，5年始成。 納妾王氏。
1893年（清光緒十九年） 26歲	《膏蘭室札記》4冊成書。 女生。
1894年（清光緒二十年） 27歲	7月，中日甲午戰爭爆發。 11月，孫中山在美國檀香山創立興中會。 撰《獨居記》。 是年結識夏曾佑，夏氏好佛學，勸章氏購覽佛典。 是年初湖廣總督張之洞在武昌創辦自強學堂。

1895年（清光緒二十一年） 28歲	4月17日（三月二十三日），《馬關條約》簽訂。 5月1日（四月七日），康有為公車上書。後在北京、上海成立強學會。 章太炎寄會費銀16元，加入康有為在滬設立的上海強學會並開始參與維新活動。 《詁經精舍課藝文》第7集刊刻，收文17篇。 母朱氏去世。
1896年（清光緒二十二年） 29歲	《春秋左傳札記》成書，更名《春秋左傳讀》。撰《駁箴膏肓評》、《砭後證》等。 《時務報》在上海創刊，梁啟超任主筆，汪康年任經理。 年底離詁經精舍赴滬，任職時務報館，為《時務報》撰稿。
1897年（清光緒二十三年） 30歲	3月（二月），撰寫〈論亞洲宜自為脣齒〉、〈論學會大有益於黃人亟宜保護〉，發表於《時務報》。因反對康有為自稱「教主」，與報館康氏門徒發生爭執，遭圍攻毆打，憤而離開報館返杭。撰寫《新學偽經考駁議》。 《詁經精舍課藝文》第8集刊刻，收文21篇。 6月（五月），與宋恕、陳虬等在杭州創辦興浙會。 8月（七月），與宋恕等創辦《經世報》，發表〈變法箴言〉、〈平等難〉、〈讀管子書後〉、〈東方盛衰論〉等。 8月（八月），與王仁俊等創辦《實學報》，任主筆，發表〈後聖〉、〈儒道〉、〈儒兵〉、〈儒法〉、〈儒墨〉、〈儒俠〉、〈異術〉、〈重設海軍議〉等。 10月（十月），與惲積勳等創辦《譯書公會

	報》，任主筆，發表〈譯書公會敍〉、〈論民數驟增〉等。 本年讀譚嗣同《仁學》。讀西報，獲悉孫中山於上年10月11日在倫敦中國使館被誘禁。
1898年（清光緒二十四年） 31歲	1月，上書李鴻章，要求聯日阻俄，未有結果。 3月（二月），張之洞發表《勸學篇》。 3月（三月），受張之洞邀請，赴武昌籌辦《正學報》，一個月後因流露反清思想遭驅逐。 6月11日（四月二十三日），光緒皇帝頒佈《明定國是》詔書，宣佈變法。 7月26日（六月八日），《時務報》改為官辦，由康有為督辦。 9月（七月），汪康年將《時務報》改為《昌言報》，聘章太炎為主筆。發表〈商鞅〉、〈弭兵難〉、〈書漢以來革政之獄〉等。 9月21日（八月六日），戊戌變法失敗，光緒皇帝被幽禁於瀛臺。 9月28日（八月十三日），六君子被殺。聞訊後撰寫〈祭維新六賢文〉。 12月（十月），清政府下令通緝章太炎，攜家避難臺灣，任《臺灣日日新報》撰述。
1899年（清光緒二十五年） 32歲	年初與康有為、梁啟超等通信，在梁啟超主編的《清議報》上發表〈菌說〉、〈儒術真論〉、〈客帝論〉等。 6月（五月），東渡日東，在橫濱初會孫中山。 8月（七月），離日回滬，旋轉浙江。 夏秋之間，出版《訄書》初刻本，收入文章50篇。《訄書》由梁啟超題名，木刻刊行。

	冬，北遊天津，返滬後任《亞東時報》主筆，發表《今古文辨義》等。
	本年發表作品有：《答學究》、《分鎮》等。
1900年（清光緒二十六年） 33歲	1月24日（十二月二十四日），慈禧立大阿哥，擬廢光緒。各省寓滬紳商通電北京，反對廢黜光緒，章太炎列名其上，後遭清政府通緝。
	6月（五月），義和團運動興起，八國聯軍進軍津、京，清廷決定宣戰。劉坤一、張之洞等出臺「東南互保」。章太炎致書李鴻章，勸告李鴻章脫離清政府。
	7月（七月），唐才常在上海發起成立中國議會。章太炎與會，斷髮以示與清政府決裂。
	8月（七月），在香港《中國旬報》發表〈來書〉、〈請嚴拒滿蒙人入國會狀〉、〈解辮髮說〉等。
	八國聯軍攻北京，慈禧挾光緒逃西安。
	唐才常自立軍在漢口起事失敗，章太炎因列名中國議會，遭清政府通緝。
	撰寫《客帝匡謬》、《分鎮匡謬》等並開始修訂《訄書》。
1901年（清光緒二十七年） 34歲	年初在餘杭度歲，因捕者跟蹤至，急避龍泉寺，10日後走上海。
	8月（七月），往蘇州東吳大學任教，繼續宣揚民族民主革命，引起江蘇巡撫恩銘注意。
	在蘇州期間，拜謁俞樾，俞樾斥章太炎參加反清活動是「不孝不忠」，章據理反駁，師生失和。
	9月，《辛丑合約》簽訂。
	夏，撰寫〈正仇滿論〉批駁梁啟超〈積弱溯

	源論〉，發表於東京《國民報》。撰寫〈徵信論〉，批判康有為借今文經學以治史。
1902年（清光緒二十八年） 35歲	2月8日（一月一日），梁啟超在日本橫濱創辦《新民叢報》。 2月（正月），在餘杭過春節，吳君派人報警，遂秘密返滬。 2月22日，為避恩銘等追捕，東渡日本，於28日到達。暫寓橫濱《新民叢報》社，與梁啟超、孫中山相會。 春，孫中山在中和堂設宴歡迎章太炎，二人定交。 4月26日（三月十九日），與秦力山、孫中山等在東京發起舉行「支那亡國二百四十二年紀念會」，後因受阻，改在橫濱舉行。 4月（三月），蔡元培在上海發起成立中國教育會。 5月（四月），由日本返回故鄉，刪定《訄書》並與梁啟超通信談編寫《中國通史》。 11月16日（十月十七日），上海南洋公學學生200餘人退學，得中國教育會之助，成立愛國學社。 本年翻譯出版日本岸本能武太著《社會學》，發表《文學說例》等。
1903年（清光緒二十九年） 36歲	3月（二月），應蔡元培之邀，赴上海愛國學社任教並參加張園集會演說。 4月（三月），鄒容、張繼、陳獨秀在日本因將留學生監督姚文甫的辮子剪去，被強行遣送回國。章太炎與鄒容、張繼、章士釗結為兄弟。 5月（四月），為鄒容《革命軍》撰序，《革命軍》在上海出版。

	6月27日（閏五月初三日），在《蘇報》發表〈駁康有為論革命書〉摘要。 6月29日（閏五月初五日），清政府與租界巡捕房逮捕章太炎。 7月1日（閏五月初七日），鄒容自投入獄。 12月（十月），會審公廨判章太炎、鄒容永遠監禁，引起輿論強烈反對，領事團宣佈判決無效。 本年發表〈論承用維新二字之荒謬〉、〈與劉師培書一、二〉、〈釋真〉等。
1904年（清光緒三十年） 37歲	4月，華興會在長沙成立，黃興為會長。 5月（四月），會審公廨判處章太炎監禁3年，鄒容監禁2年，罰作苦工。二人移送上海西牢服刑。 因在獄中受獄警虐待，憤而絕食7天。開始研究佛經《瑜伽師地論》等。 11月（十月），推動蔡元培、陶成章成立光復會，蔡元培為會長。 《訄書》修訂本於4月在日本東京翔鸞社出版，10月後多次重印，書名由鄒容題寫。
1905年（清光緒三十一年） 38歲	4月3日（二月二十九日），鄒容死於獄中。 8月20日（七月二十日），中國同盟會於日本東京成立，孫中山被推舉為總理。 11月26日（十月三十日），中國同盟會機關報《民報》在東京創刊，孫中山在發刊詞中首次提出三民主義。
1906年（清光緒三十二年） 39歲	6月29日（五月初八日），章太炎出獄，孫中山自東京派人來迎，3天後東渡日本。 7月7日（五月十六日），孫中山主盟，章太炎加入同盟會，應邀任《民報》總編輯和發行人。

	10月（九月），孫中山由南洋返回日本，章太炎、黃興在東京與孫中山討論《革命方略》。 11月27日（十月十二日），同盟會總部在東京錦輝館召開《民報》週年紀念會，到會約2,000人。章在會上發表演說，認為當前最緊要的：「第一，是用宗教發起信心，增進國民的道德；第二，是用國粹激動種姓，增進愛國的熱腸。」 成立國學振起社，舉辦國學講習會，作〈論諸子學〉、〈論語言文字之學〉等講演。 清政府下令預備立憲。梁啟超在《新民叢報》鼓吹立憲，反對暴力革命。章太炎在《民報》撰文予以批駁。 本年發表〈演說錄〉、〈俱分進化論〉、〈建立宗教論〉、〈人無我論〉、〈軍人貴賤論〉、〈無神論〉、〈革命之道德〉、〈箴新黨論〉、〈衡三老〉、〈悲先戴〉、〈哀後戴〉、〈傷吳學〉、〈與人論樸學報書〉、〈古今音損益說〉等。 出版《國學講習會略說》，收入〈論語言文字之學〉、〈論文學〉、〈論諸子學〉3篇。
1907年（清光緒三十三年） 40歲	二月，康有為將保皇黨改為國民憲政會。 4月（三月），與幸德秋水、保什等組織亞洲和親會，第一次提出「反對帝國主義」的口號。 春夏，因《民報》經費等問題與孫中山發生矛盾，與張繼等人要求罷免孫中山同盟會總理一職，後經黃興調解而平息。 8月（七月），劉師培、張繼創辦社會主義講習會，章太炎表示支持並作〈國家論〉等演講。

	12月（十一月），腦病發，暫辭《民報》總編輯職。
	本年在《民報》發表〈社會通詮商兌〉、〈討滿洲檄〉、〈中華民國解〉、〈五無論〉、〈定復仇之是非〉、〈國家論〉、〈官制索隱〉等。
	《春秋左傳讀敘錄》在《國粹學報》刊畢。
	《新方言》開始在《國粹學報》連載。
1908年（清光緒三十四年）41歲	春夏，復任《民報》總編輯兼發行人。
	4月（三月），為留日學生開設講座，講授《說文》、《莊子》、《楚辭》、《爾雅》等。7月，為周樹人、周作人、朱希祖、錢玄同等單獨開設一班，另行講授。
	5月（四月），劉師培、何震夫婦在5月24日的上海《神州日報》上刊登〈炳麟啟事〉，誣衊章太炎，章登文予以否認。
	10月（九月），10日在《民報》發表〈代議然否論〉，批判清政府假立憲。
	10月19日（九月二十五日），清政府要求日本政府關閉在日本出版並發行的《民報》，章向日本政府提出強烈抗議。
	11月（十月）25日、26日，東京地方裁判所開庭審訊《民報》，章為《民報》辯護。
	11月14日（十月二十一日），光緒病逝，溥儀即位。
	11月15日（十月二十二日），慈禧病逝。
	12月（十一月），12日，東京地方裁判所判決《民報》禁止發行，罰章太炎115元。
	本年發表〈大乘佛教緣起說〉、〈辨大乘起信論之真偽〉、〈龍樹菩薩生滅年月考〉、〈排滿平議〉、〈駁神我憲政說〉、〈駁中國用萬國新

	語說〉、〈四惑論〉、〈五朝法律索隱〉、〈馬良請速開國會〉、〈小疋大疋說〉上下、〈八卦釋名〉、〈六詩說〉、〈原經〉、〈毛公說字述〉、〈劉子政左氏說〉、〈古音娘日二紐歸泥說〉、〈古雙聲說〉、〈國粹學報祝辭〉、〈與劉師培書六〉、〈某君與人論國粹學書一、二〉等。 《新方言》在《國粹學報》刊畢。
1909年（清宣統元年） 42歲	8月（七月），陶成章為《民報》復刊和籌款等事與孫中山發生尖銳衝突，向同盟會總部提出罷免孫中山的要求，章表示支持。 10月（九月），汪精衛到東京，秘密編輯出版《民報》第25號和26號。章因為被排斥在外，撰寫〈偽《民報》檢舉狀〉並印成傳單廣為散發，認為汪精衛等復刊《民報》為非法行為並指責孫中山。此後，陶成章、章太炎為一方，孫中山、黃興為一方在報刊上相繼發文攻擊對方。 是年編訂《太炎集》。 本年發表〈與劉光漢（師培）書七〉、〈原儒〉、〈原名〉、〈致國粹學報社書二、三、四〉、〈莊子解詁〉等，出版《小學答問》等。
1910年（清宣統二年） 43歲	2月（正月），黃興在《日華新報》發表〈章炳麟背叛革命黨人之鐵證〉，指章太炎為清政府特務、革命黨之叛徒。 章太炎、陶成章等於東京重組光復會，章太炎任會長，陶成章任副會長。創辦《教育今語雜誌》作為機關報，與同盟會正式分裂。 夏，黃侃創辦《學林》雜誌，刊登章太炎

	〈文始〉、〈封建考〉、〈五朝學〉、〈信史〉、〈思鄉愿〉、〈秦政記〉、〈秦獻記〉、〈醫術平議〉等重要論文。 5月8日，在《教育今語雜誌》發表〈論教育的根本要從自國自心發出來〉，批評盲目崇外的傾向。 是年在東京講學。撰定〈文始〉、〈齊物論釋〉。 編定《國故論衡》上卷小學10篇，中卷文學7篇，下卷諸子學9篇，由日本秀光社出版。 在《國粹學報》發表〈駁皮錫瑞三書〉，批駁皮錫瑞所撰〈王制箋〉、〈經學歷史〉、〈春秋講義〉3書。 對《訄書》再次修訂（原件現存北京圖書館）。
1911年（清宣統三年） 44歲	繼續在東京講學。 10月10日（八月十九日），武昌起義爆發，章太炎聞訊後中斷講學。 10月25日（九月五日），發佈《中國革命宣言書》。 10月底，在檳榔嶼《光華日報》發表〈誅政黨〉，揭露立憲派。 11月3日（九月十三日），上海發動起義，次日「光復」。章聞訊後於11日搭船離開日本。 11月15日（九月二十五日），到上海。 11月-12月（十月—十一月），發表多次演講，表達政治主張。章太炎的政治主張主要為：1.承認武昌軍政府為中央臨時政府；2.在推選總統前，臨時政府首腦稱元帥、副元帥；3.提名黎元洪為元帥，黃興為副元帥；

	4.反對一黨組織政府；5.宣導「革命軍興，革命黨消，天下為公，乃克有濟」；6.鑒於江蘇省一省出現5個都督的局面，勸吳淞都督李燮和由都督改稱總司令，奉程德全為江蘇省都督；7.支持攻打南京，援助武昌；8.與程德全共同倡議建立中華民國聯合會。 12月25日（十一月六日），孫中山從海外回上海。 12月29日（十一月十日），各省代表推選孫中山為臨時大總統。 是年，檳榔嶼《光華日報》連續刊載章氏政論〈誅政黨〉。
1912年（中華民國元年） 45歲	1月1日，孫中山在南京就任中華民國臨時大總統。 1月4日，中華民國聯合會在上海宣告成立，章任會長、程德全任副會長。次日，《大共和日報》創刊，章任社長。 1月14日，章推薦陶成章擔任浙江都督，不料陶在上海遇刺身亡。 2月初，孫中山函聘章太炎為總統府樞密顧問。 2月7日，章應邀赴南京，與孫中山晤面，旋返滬。在向日本借款及建都問題上與孫中山發生衝突，章支持袁世凱建都北京的主張。 2月12日，宣統宣佈退位。 2月13日，孫中山辭職，推袁世凱為臨時大總統。 3月1日，中華民國聯合會改名統一黨，章太炎、程德全、張謇、熊希齡、宋教仁為理事。

	4月9日，袁世凱聘章為總統府高等顧問，下旬由滬抵京。 5月9日，統一黨、共和建設討論會、民社、國民協進會、民國公會合併成立共和黨，黎元洪為理事長，章太炎、張謇、伍廷芳、那彥圖為理事。 6月5日，在北京重組統一黨，被推為總理。 7月—8月，在武漢會見黎元洪，邀請黎元洪擔任統一黨名譽總理。 8月下旬，因對統一黨、共和黨現狀不滿，宣佈脫黨。 8月25日，孫中山以同盟會為基礎成立國民黨。 10月，赴奉天、長春、哈爾濱等地考察，返京後致函袁世凱，要求加強東北建設。 12月1日，發表〈發起根本改革團意見書〉。本月袁世凱任章太炎為東三省籌邊使。
1913年（中華民國二年） 46歲	1月3日，在長春設籌邊使署，開始擬定東北發展實業計劃。 1月27日，返京向總統報告東北發展藍圖。 2月，赴長春勘察地形。 3月20日，宋教仁在上海車站被刺身亡，章發電要求追查兇手。 4月17日，從長春回上海，受到孫中山的歡迎。章太炎與孫中山、黃興討論宋案問題。 5月上旬，通電袁世凱，要求罷黜四凶：梁士詒、趙秉鈞、陳宧、段芝貴。中旬赴武漢見黎元洪。下旬由武漢返回北京。袁世凱授章太炎勳二位。 5月29日，統一、民主、共和三黨合併，組成進步黨。

	6月4日，由京來滬。 6月8日，出席國民黨上海交通部茶話會，在會上猛烈抨擊袁世凱。 6月15日，由蔡元培主婚，與湯國梨在哈同花園舉行婚禮。 6月18日，辭東三省籌邊使職。 6月19日，孔教會成立。 7月12日，「二次革命」爆發。 8月11日，冒險至京，袁世凱聞訊後派巡警對其監視。 9月，發表《駁建立孔教議》，反對定孔教為國教。 10月6日，袁世凱派巡警包圍國會，國會議員被迫選舉袁世凱為總統，章痛罵袁世凱無恥。 11月，袁世凱擬授章國史館總裁一職，遭章拒絕。 12月，應邀在國學會講授經學、小學、史學、玄學。
1914年（中華民國三年） 47歲	1月7日，擬離開北京為巡警阻止，不得已至總統府要求面見袁世凱。袁世凱拒絕見面，章怒砸接待室器物，遭巡警拘押。 2月20日，轉往北京龍泉寺幽禁。 6月初，因人身自由受到限制，憤而絕食抗議。 7月24日，遷移至東四牌樓錢糧胡同一民宅居住，仍由巡警實行監視，但允許友人探望。 12月，黃侃與章太炎同居於民宅，巡警將黃趕出，章抗議無效，再次絕食。

	本年手定《章氏叢書》。修訂《訄書》，改名為《檢論》。
1915年（中華民國四年） 48歲	1月18日，日本提出「二十一條」。 4月，《太炎最近文錄》出版，錢須彌編，收錄章氏辛亥以來電文演說，章對此書表示不滿意。 5月，《國故論衡》增訂完畢。《檢論》九卷定稿，收入正文60篇，附錄7篇，多為新寫論文。 7月，上海右文社出版《章氏叢書》2函24冊，包括《春秋左傳讀敘錄》1卷、《劉子政左氏說》1卷、《文始》9卷、《新方言》11卷附《嶺外三州語》1卷、《小學答問》1卷、《說文部首韻語》1卷、《莊子解詁》1卷、《管子餘義》1卷、《齊物論釋》1卷、《國故論衡》3卷、《太炎文錄初編》文錄2卷、別錄3卷。 8月23日，楊度等成立籌安會，公開鼓吹實行帝制。章太炎聞訊書寫「速死」二字，表示自己的態度。 冬，章太炎口述，吳承任筆錄，整理成《菿漢微言》。與張謇、黎元洪等暗中聯絡，策劃倒袁。 12月12日，袁世凱復辟稱帝，改國號為「中華帝國」，明年為「洪憲」元年。 12月25日，蔡鍔、唐繼堯宣佈雲南獨立，護國運動開始。 孫中山發表《討袁檄文》。
1916年（中華民國五年） 49歲	1月，護國戰爭爆發。 3月22日，袁世凱宣佈取消帝制。

	4月，撰寫〈對於時局之意見書〉。
	5月18日，在日人安排下穿和服擬取道天津南下，被巡警發現送回。
	6月6日，袁世凱在全國人民的憤怒討伐中死去。次日，黎元洪代理總統。
	6月16日，章太炎恢復自由。
	6月26日，離京南下。
	7月1日，抵上海，受到熱烈歡迎。
	7月3日，發通電，主張繼續進行護國戰爭，蕩平餘孽。
	7月13日，在黃興、唐紹儀舉行的宴會上發表演說，認為肅清帝制餘孽，必須震以雷霆之威。
	7月，由浙江返滬，與孫中山、黃興等晤面，討論剷除帝制餘孽問題。
	8月，赴廣東肇慶面見岑春煊、李根源，見無可謀者，遂出國赴南洋考察，謀在華僑中尋找支持力量未果。
	12月，回國返滬。
1917年（中華民國六年）50歲	2月，致電黎元洪，反對中國參加世界大戰。
	3月4日，在上海發起亞洲古學會。
	7月1日，張勳等擁立溥儀復辟。
	7月3日，在上海孫中山寓所與孫中山、唐紹儀、程璧光等開會，決定南下護法，出師討逆。
	7月6日，孫中山為進行護法活動乘軍艦離開上海赴廣東，同行者有章太炎、廖仲愷、朱執信、何香凝等。17日到達廣州。
	7月19日，孫中山在廣州組織護法軍政府及護法軍，擬討伐段祺瑞。

	9月10日，護法軍政府正式成立，孫中山就任大元帥。章太炎被任為護法軍政府秘書長，代表孫中山草擬《大元帥就職宣言》。 受命為軍政府總代表，前往昆明爭取雲南軍閥唐繼堯支持護法。 11月，唐繼堯組織聯軍進軍四川，章太炎被任命為聯軍總參議，隨營行動。 12月4日，聯軍佔領重慶後，章太炎要求聯軍東下，唐拒絕，章離開聯軍。
1918年（中華民國七年） 51歲	春，在重慶講學。期間多次說服唐繼堯聯軍進攻武漢，遭拒。 1月10日，抵達重慶，當日到巴縣鄒容祠行禮。 1月20日，西南軍閥與軍政府分庭抗禮，章太炎致電唐紹儀等，譴責岑春煊。 2月26日，發〈駁岑春煊提出議和條件之通電〉，揭露岑與北洋軍閥勾結，出賣護法運動。 5月21日，護法運動失敗，孫中山離開廣州回上海。 5月，離開四川赴湖北。 7月，由湖北恩施赴來鳳。 9月，由恩施赴湘西。 10月11日，返回上海。 11月，北洋政府教育部將1913年擬定的注音字母公佈，其注音字母採自章太炎。 發表演說，斥西南軍閥與北洋軍閥是一丘之貉。 本年四川觀鑒廬出版《太炎教育談》。汪太沖編《太炎外紀》出版。

1919年（中華民國八年） 52歲	2月，在上海組織護法後援會。 2月—5月，8次致信護法軍政府總代表唐紹儀，反對與北洋政府和議。 5月4日，「五四」運動爆發，新民主主義革命開始。 《章氏叢書》浙江圖書館刊本問世，較上海右文社版新增《齊物論釋》重定本、《太炎文錄初編》補編、《菿漢微言》3種。
1920年（中華民國九年） 53歲	1月-3月，患黃疸臥床休息。 4月，與川軍、湘軍聯絡，由反對軍閥割據演變為贊成軍閥割據，宣導聯省自治，以抗拒北洋軍閥。 6月，熱病發作，險送性命。 9月，返回餘杭。 9月-10月，應譚延闓之邀至長沙，遊說聯省自治主張。 11月9日，發表《聯省自治虛置政府議》，提出各省實行自治，虛置中央政府方案。
1921年（中華民國十年） 54歲	1月3日，發表通電《與各省區自治聯合會電》，提出以各省自治為第一步，聯省自治為第二步，聯省政府為第三步的主張。 4月7日，廣東推選孫中山為非常大總統。 5月5日，孫中山就任非常大總統，孫電邀章太炎赴粵，章「以為非法」。 夏，主張「武力統一」的吳佩孚率軍南下，打敗主張「聯省自治」的湘鄂川軍，聯省自治運動遭到打擊。 本年《太炎學說》上下卷由四川觀鑒廬出版。上卷為章氏在四川講演記錄，下卷為書劄。

	《章太炎的白話文》出版，吳齊仁編，泰東圖書館鉛字排印本。
1922年（中華民國十一年） 55歲	4月-6月，應江蘇教育會之邀，主講國學，每周一次，共10次。講題為〈國學大概〉、〈治國學方法〉、〈經學之派別〉、〈哲學之派別〉、〈文學之派別〉、〈國學之進步〉，聽眾多至數百人。 5月-6月，秘密致書黎元洪，提出廢督裁軍的主張。 6月15日，柳詒徵對章太炎在《諸子學略說》中「詆孔」的觀點提出批評，章公開答覆，表示接受。 6月，通電支持孫中山北伐主張。 6月25日，提出《大改革議》，建議以聯省自治取代中央集權，以聯省參議院取代國會，以委員製取代總統制。 7月，參加上海八團體國是會議國憲草議委員會。 7月—8月，籌建聯省自治促進會。宣講聯省自治，主張南遷武漢。 8月29日，黎元洪就職總統，發佈大總統令，授章太炎以勳一位。 10月，發表〈時學箴言〉。 本年《章太炎尺牘》出版，上海文明書局鉛字排印本。
1923年（中華民國十二年） 56歲	2月21日，孫中山就任大元帥。 3月2日，孫中山在廣州宣告陸海軍大元帥府大本營成立。 4月，徵得孫中山同意，以孫中山、唐繼堯名義發表通電，反對軍閥武力統一主義，主張西南各省共議圖存，對抗直系。

	5月，參加浙江省教育會召開的「五四」紀念會併發表演說。 6月，直系逼黎元洪辭大總統職，章通電抗議。 8月，擬在上海召開各省代表會議，未果。 9月2日，發表〈湘事通啟〉。 9月15日，《華國月刊》在上海創刊，章太炎任社長，欲發揚「國粹」，挽救「人心」。
1924年（中華民國十三年） 57歲	1月，中國國民黨第一次全國代表大會在廣州召開，宣佈實現國共合作。章太炎發文，反對國共合作。 發表〈與章行嚴論改革國會書〉，提出還憲法之權於民、民選國家元首。 4月5日，在上海華涇與于右任等祭掃鄒容墓。 7月，聯省自治促進會在上海召開第三次籌備會，章太炎被推選為主席。 8月，在《華國月刊》發表〈救學弊論〉。 11月，發表〈改革意見書〉，提出統一不如分治，建議改總統制為委員制並宣導長江六省自治。 12月，段祺瑞聘章為執政府高等顧問，章將聘書退回。 冬，與馮自由等發佈〈護黨救國公函〉，反對國共合作。 本年《章氏叢書》由上海古書流通處出版。《清建國別記》出版。撰寫《猝病新論》4卷。
1925年（中華民國十四年） 58歲	1月，段祺瑞電邀章赴京參加善後會議，章拒絕。 2月，與唐紹儀等組織辛亥同志俱樂部。

	3月12日，孫中山逝世，在上海參加孫中山治喪事宜並撰〈祭孫公文〉祭悼。 5月30日，「五卅」運動爆發。 6月1日，發〈為上海英租界巡捕慘殺學生之通電〉，抗議英帝國主義的暴行，要求收回租界市政。 9月，應邀赴長沙主考知事，途中在岳陽會見吳佩孚等。 10月，吳佩孚在漢口就任14省聯軍總參議，聘章為參議，章婉拒。 11月，發起召開蘇、浙、皖、閩、贛五省協會，商討五省興革之事。 12月，發表通電，反對馮玉祥聯俄。
1926年（中華民國十五年） 59歲	1月，針對時局發表意見，認為國內「打倒赤化」較護法倒段更引人注意。 2月，五省聯軍總司令孫傳芳電邀章太炎赴寧討論時局問題。 3月20日，蔣介石製造中山艦事件，篡奪北伐軍領導權。 4月7日，在上海組織「反赤救國大聯合」並任理事。發出通電，叫嚷「反對赤化」。 4月，發起成立國民外交協會，任名譽會長。 6月，任國民大學校長。 7月，組織佛化教育會。 8月8日，受五省聯軍總司令孫傳芳、江蘇省長陳陶遺聘請，到南京任「修訂禮制會會長」。 8月13日，通電全國，反對蔣介石組織北伐。

1927年（中華民國十六年）60歲	4月12日，蔣介石發動政變，在上海等地屠殺共產黨人。 5月-6月，上海市黨部臨時執委會指章為第一號學閥，呈請國民黨中央加以通緝。 7月-11月，居同孚路賃寓4個月，兼治宋明儒學。蔡元培聘章往寧參議教育，未允。張靜江求章為其父作墓表，婉拒。 11月27日，致書李根源，斥國民黨拔五色國旗，立青天白日旗是背叛中華民國。
1928年（中華民國十七年）61歲	6月3日，黎元洪死，章撰寫〈祭大總統黎公文〉並作〈挽黎公聯〉。 11月，在招商局輪船公司招待新聞界的會上發表演說，抨擊國民黨以黨治國，篡奪國民政權，號召國民起而討伐。上海市黨務指導委員會命按照懲治反革命條例通緝章太炎。 本年撰寫《自定年譜》，內容至民國十一年（1922年）55歲。
1929年（中華民國十八年）62歲	1月19日，梁啟超病逝，撰〈梁任公聯〉。 在上海震旦大學演講〈說我〉。 本年閉門謝客，對國事及學術一概表示緘默。
1930年（中華民國十九年）63歲	7月2日，田桐在上海故，撰輓聯2副。 9月22日，譚延闓卒，撰輓聯。 本年撰寫《春秋左氏疑義答問》凡4萬言，自稱「為三十餘年精力所聚之書」。
1931年（中華民國二十年）64歲	5月1日，弟子吳承仕編輯《國學叢刊》由中國大學出版，內收〈與吳承仕論宋明道學利病書一、二〉、〈論古韻四事〉、〈漢儒識古文考〉上下等。 10月5日，致書孫思昉，斥蔣介石對日本實行不抵抗政策。

	12月7日，致書馬宗霍，抨擊蔣介石和汪精衛，支持學生的抗日救亡運動。
	12月28日，再致書孫思昉，譴責蔣介石、汪精衛。
	本年「九・一八」事變後，在與友人通信中多次議論時事，對蔣介石、張學良拱手將奉、吉讓予日本不滿，也不滿粵方乘機倒蔣。指責蔣介石是秦檜，粵軍是石敬瑭。
1932年（中華民國二十一年）65歲	1月13日，與熊希齡、馬相伯等組織「中華民國國難救濟會」，通電要求全民總動員，收復失地，召開國民會議，選舉救國政府。
	1月19日，與沈鈞儒等發通電，呼籲國民政府援救遼西。
	1月28日，淞滬抗戰開始。
	2月17日，撰寫〈書十九路軍御日本事〉，表彰十九路軍。
	2月，赴天津與段祺瑞討論時局。
	2月29日，赴北京會見張學良、吳佩孚等，策動抗日。
	3月4日，對《大公報》記者發表談話，表示中國「對日本之侵略，惟有一戰」，號召全國輿論督促政府。
	3月24日，在燕京大學發表演講〈論今日切要之學〉，號召青年拯救國家的危亡。
	4月，致書顧維鈞，要求他積極參與國際聯盟調查團對東北問題的調查。
	5月，《章氏叢書續編》稿本交弟子錢玄同，令其梓行。
	南下赴濟南、青島等地，在青島大學演講，鼓動抗日。
	6月，由山東返回上海。撰寫《太史公古文

	尚書說》等。 秋，赴蘇州講學一個月並籌建國學會。 本年撰《宣言》，主張「範以四經」（四經指 《孝經》、《大學》、《儒行》、《喪服》）。
1933年（中華民國二十二年） 66歲	1月，蘇州成立國學會，章太炎列名為會 員。撰寫《國學會會刊宣言》。 馮玉祥派代表到上海與章太炎討論時局，章 對馮表示支持，同時譴責蔣介石置外患於不 顧而西上剿共，乃步慈禧「寧贈外邦，不予 家奴」之後塵。 2月10日，因民族危機嚴重，與馬相伯聯合 發表宣言（「二老宣言」），反對日本帝國主 義侵佔我國東北領土、製造偽滿洲國。 2月18日，再次與馬相伯聯合發表宣言，駁 斥日本的侵略謬論。 3月3日，發表通電，批評國民政府「勇於私 鬥而怯於公戰」，以「剿匪」為名自圖卸 責，致使熱河等地淪陷。 3月，在無錫發表演講，號召救亡。 4月1日，與馬相伯、沈恩孚聯合發表宣言， 反對當局陽示抵抗而陰作妥協。 4月，張繼勸告章太炎勿議時局，章覆信反 譏。 4月27日，與馬相伯聯合發表通電，就喜峰 口小勝警告當局「勿幸小勝而忘大虞」。 5月，與馬相伯聯合發表通電，支持馮玉祥 察哈爾抗戰。 10月10日，作〈民國光復〉演講。 10月，再赴無錫講學。 撰寫〈十九路軍死難將士公墓表〉。

	北京發行《章氏叢書續編》，由章太炎弟子吳承仕、錢玄同校刊，收錄著作七種：《廣論語駢枝》1卷、《體撰錄》1卷、《太史公古文尚書說》1卷、《古文尚書拾遺》2卷、《春秋左氏疑義答問》5卷、《新出三體石經考》1卷、《菿漢昌言》6卷。
1934年（中華民國二十三年） 67歲	春夏，成立光復學會。 秋，由上海遷居蘇州。 冬，因與「國學會」旨趣不同，另創「章氏國學講習會」。
1935年（中華民國二十四年） 68歲	春，李烈鈞等舉薦章任南京政府高等顧問，章婉拒。陳濟棠邀請章赴廣州講學，章因身體原因未能成行。 3月，蔣介石派丁惟汾至蘇州慰問章，並致萬金為療疾費，章將此款移作章氏國學講習會經費。 4月，開辦章氏星期講演會，先後演講〈說文解字序〉、〈白話與文言之關係〉、〈論讀經有利而無弊〉、〈論經史實錄而不應無故懷疑〉、〈再釋讀經之異議〉、〈論經史儒之分合〉等，共9講。 6月，答張季鸞問政書。 9月，「章氏國學講習會」在蘇州章太炎寓所正式創立，有學生100多人。《制言》半月刊創刊，由章主編，其宗旨是研究中國固有文化，造就國學人才。 12月9日，「一二‧九」愛國運動爆發。 12月21日，為北京學生示威事致電平津衛戍司令宋哲元，請求寬待學生，反對壓制學生運動。

	上海學生赴南京請願，路過蘇州，章太炎派代表慰勞學生，呼籲政府不要對學生貿然加「共產」頭銜。
1936年（中華民國二十五年）69歲	冬、春，於章氏國學講習會授《小學略說》、《經學略說》、《史學略說》、《諸子學略說》。續講《尚書》。 3月，籌畫及門弟子組織學會。 5月，鼻孔無端出血情況加劇，醫生診斷為鼻衄病，即鼻咽癌。章太炎不以為意，堅持講學。 6月4日，撰寫《答某書》，建議當局動員全國軍民共同抗日，又建議驅使共產黨出塞，以綏遠一區處之，以民軍視之，使與日軍相抗。 6月上旬，病勢加劇。口授遺囑：「設有異族入主中夏，世世子孫毋食其官祿。」 6月14日，上午8點於蘇州寓所病逝。 7月9日，國民政府發文，宣佈為章太炎舉行國葬。

附錄二
章太炎論著及譯著

《訄書》　上海古籍出版社　1985年影印原刻手寫底本。

《國學講習會略說》　東京　秀光社　1906年。

《國學振起社講義》　東京　秀光社　1906年。

《國故論衡》　東京　秀光社　1910年叢書增訂本。

《國故論衡》　廣文書局　1977年。

《章氏叢書》　上海　古書流通處木刻本　1924年。

《春秋左傳續》　潘承弼複印本。

《章太炎文鈔》　上海　中華圖書館　1914年。

《太炎最近文錄》　上海　國學書室　1915年。

《太炎教育談》　四川　觀鑒廬　1920年。

《太炎學說》　四川　觀鑒廬　1921年。

《章太炎的白話文》　泰東圖書館　1921年。

《國學概論》　泰東圖書館　1922年。

《國學概論》　聯合圖書公司　1968年。

《章太炎先生國學講演集》　平民印書局　1922年。

《清建國別記》　上海　中華書局　1924年印本。

《章氏叢書續編》　北平　1933年。

《章氏叢書三編》　章氏國學講習會鉛印本　1939年。

《章氏叢書》（上、下）　世界書局　1982年。

《章太炎先生家書》　上海　中華書局　1962年影印本。

《章太炎選集》　上海　人民出版社　1981年。

《章太炎全集》1-8卷　上海　人民出版社點校本　1980-1994年。

《章炳麟論學集》　北京師範大學出版社　1982年。

《章太炎先生學術論著手跡選》　北京師範大學出版社　1986年。

《太炎先生自定年譜》　上海書店　1986年影印本。

《國故論衡疏證》　北京中華書局　2008年全排印本。

《說文解字札記》　上海博物館　1988年影印本。

《章太炎先生講演集》　章氏國學講習會刊本。

《太炎文錄續編》　章氏國學講習會排印本。

《章氏星期講演會》1-9期　章氏國學講習會刊本。

《章氏國學講習會講演記錄》1-8期　章氏國學講習會刊本。

《章太炎書劄》　溫州圖書館抄本。

《菿漢三言》　遼寧　教育出版社　2000年。

《國學略說》　上海　文藝出版社　2001年。

《章太炎說文解字授課筆記》　中華書局　2008年。

《章太炎政論選集》（上、下）　中華書局　1977年。

《章太炎學術史論集》　中國社會科學出版社　1997年。

《章太炎論醫》　人民衛生出版社　2008年。

〔英〕斯賓塞爾著，曾廣銓、章太炎譯　《斯賓塞爾文集》　上海
　　　《昌言報》第1至第7本　1898年。

〔日〕岸本能武太著、章太炎譯　《社會學》　上海廣智書局　1902
　　　年鉛印本。

附錄三
研究章太炎的著述

《章太炎傳》　湯志鈞　商務印書館　1996年。

《章太炎》　姜義華　東大出版社　1991年。

《論章太炎》　李潤蒼　四川人民出版社　1985年。

《章太炎思想研究》　姜義華　上海　人民出版社　1985年。

《章太炎思想研究》　唐文權、羅福惠　華中師範大學出版社　1986年。

《章太炎的哲學思想》　何成軒　湖北人民出版社　1987年。

《章太炎的思想——兼論其對儒學傳統的衝擊》　王泛森　時報出版社　1992年。

《自述與印象：章太炎》　傅傑　上海　三聯書店　1997年。

《章太炎生平與思想研究文選》　章念馳編　浙江人民出版社　1986年。

《章太炎生平與學術》　章念馳　生活・讀書・新知三聯書店　1988年。

《中國現代學術之建立——以章太炎、胡適之為中心》　陳平原　北京大學出版社　1999年。

《有學問的革命家：章太炎》　陶緒、史革新　湖北教育出版社　1999年。

《中國現代學術經典・章太炎卷》　劉夢溪編　河北教育出版社　1996年。

《中國近代思想學說史》　侯外廬　生活書店　1947年。

《章太炎》　張玉法　臺北　1978年。

《章炳麟‧章士釗‧魯迅》　高田淳　東京龍溪書社　1974年。

《章太炎評傳》　姜義華　南京大學出版社　2002年。

《章太炎評傳》　何成軒　河南教育出版社　1990年。

《中國近代思想史研究》　近藤邦康　勁草書房　1981年。

《中國近代思想之現代》　河田佛一　研文出版社　1987年。

《先驅的蹤跡》　章太炎紀念館編　浙江古籍出版社　1988年。

《追憶章太炎》　陳平原、杜玲玲　中國廣播電視出版社　1996年。

《大儒章太炎》　張秀麗　華文出版社　2009年。

《大師章太炎》　金宏達　黃山書社　2008年。

《訄書詳注》　徐復注　上海古籍出版社　2000年。

《章太炎年譜長編》　中華書局　1979年。

《章太炎學術年譜》　山西古籍出版社　1993年。

《章太炎年譜撫遺》　中國社會科學出版社　1987年。

後記

　　章太炎是一個天馬行空、獨往獨來的人，是一個連堂堂總統也不入眼的人，有人稱他為「瘋子」。然而，章太炎為革命而「瘋」，為國粹而「瘋」，他的如「瘋子」一般的革命精神，他的如「瘋子」一般的國學功底，卻是留給後人的一筆寶貴精神財富。中國古往今來，奇人無數，然如章太炎之「瘋」者，惟此一人。

　　有人問章太炎：「先生的學問是經學第一，還是史學第一？」章太炎不無調侃地回答：「實不相瞞，我是醫學第一。」章太炎在醫學上確實有一定造詣，他繼承家學傳統，鑽研醫學，有醫學專著問世。但就病人而言，他並不是一個好的醫生。他對鄒容、孫中山的病束手無策，對自己的鼻衄病亦毫無辦法。但是，他對於國家和民族而言，應當說是一個不錯的醫生。

　　章太炎在為中華民族民主革命搖旗吶喊的時候，世人評價他是國學第一，革命第二。章太炎對此非常不滿意，他自己認為是革命第一，他就是為革命而生的。章太炎對自己的評價在他逝世後得到了社會的公認。國民黨中央政治委員會秘書長張群撰寫輓聯，以「革命先進，國學大師」八個字高度概括了章太炎的一生。中國革命的旗手魯迅在《太炎先生二三事》中稱章太炎是「有學問的革命家」。魯迅說：「我以為先生的業績，留在革命史上的，實在比在學術史還要大。」此文撰寫不過數月，魯迅赫然謝世。

　　章太炎以學術為武器，為革命搖旗吶喊，成為一個衝鋒陷陣的英勇鬥士。章太炎民族革命的思想是異常堅定的，為此他七次遭捕、三

入牢獄，為民族解放無怨無悔地奔走呼號了一生。但是，章太炎對民主主義思想的認識是模糊的。他認為中國當時尚未具備設立議院、開放民主的條件，因此他不贊成民主、平等的口號。學堂未建，不可以設議院；議院未設，不可以立民主。

按照孫中山對「軍起黨消」口號的認識，章太炎取消同盟會、消弭黨建的思想是對革命的反動。章太炎認為新的國家、新的政權需要由政黨領導而不是結社領導。他認為同盟會屬於結社而不是政黨，與孫中山在政見上發生分歧。章太炎「革命軍起，革命黨消」的口號反映了有識之士在中國政治近代轉型期的呼籲。

章太炎卓爾成為革命大家和國學大師，蓋因他站在時代的前面。章太炎生活的那個時代面臨的時代課題是民族革命，他正是這面民族革命大旗下的一名勇敢的鬥士。章學的生命力正是在於她的戰鬥性和時代性。著者以章太炎革命的一生作為主線，兼及他的學術歷程、學術成就和生活態度，力求全方位地、客觀地還原章太炎的一生。

在《章太炎大傳》付梓之時，筆者內心充滿感激之情。首先要感謝我的導師祁龍威先生在耄耋之年為拙著賜序。祁師常熟人氏，一九三八年師事邑中飽學宿儒、國學巨擘金松岑先生，得窺四庫。金松岑是清末民初國學大師、章太炎好友，正是由於金松岑力邀，章太炎方由上海遷居蘇州，最後定居蘇州、終老蘇州。祁師青年時代與章太炎弟子王仲犖、朱季海、貝仲琪等前輩論交，受諸君薰陶，養成研究經史志趣。著者隨祁師學習梁啟超《清代學術概論》，在祁師的指導下於上個世紀八十年代初出版　過《戴震》一書，稍稍涉獵經學。然而在撰寫本書的過程中，著者在一代大師章太炎面前覺得自己何其淺薄和渺小。章太炎精通經學，到了出神入化的程度。一個時代固然有一個時代的巨人，然而今天的時代已經難以產生章太炎這樣的巨人了。

著者要感謝的第二個人是學兄和摯友謝俊美教授，拙著是在謝先

生的關心與鼓勵下完成的。可以說，沒有謝先生的關心與鼓勵，拙著就可能流產了。人是有惰性的，著者就是惰者之一。承蒙謝先生厚愛，鼓勵有加，對拙著提綱字斟句酌並賜序一通，感激之情，盡在不言中。

著者還要感謝夫人陳茵及學生唐國東、趙曉光等，他們為拙著搜集資料、整理資料付出了辛勤勞動。二〇〇八年九月，學生趙曉光入學讀研，他在上海圖書館為我搜集了若干章太炎的資料。轉眼兩年半過去，學生已經畢業。不久前，學生打電話問候，詢問最近在忙什麼？我告訴他，章太炎一書尚未脫稿。學生十分感慨，慨歎做學問不易。學無止境，讀了幾年章太炎的著作，說來慚愧，對章太炎的《訄書》等著作，至今還是如魯迅所說的「讀不斷，讀不懂」，對章太炎的政治思想和學術思想仍然有一種霧裏看花終隔一層的感覺。

祁師寶刀不老，八十多歲接受《清史·典志·樸學志》工程，為弘揚中國文化而絃歌不息。在此謹以拙著作為向吾師九十華誕的賀禮。

華強
於解放軍上海政治學院內省齋
癸丑年夏日

昌明文庫・悅讀人物　A0603007

章太炎大傳　下冊

作　　　者	華強
責任編輯	蔡雅如
發 行 人	陳滿銘
總 經 理	梁錦興
總 編 輯	陳滿銘
副總編輯	張晏瑞
編 輯 所	萬卷樓圖書股份有限公司
排　　版	林曉敏
印　　刷	百通科技股份有限公司
封面設計	曾詠霓

出　　版　昌明文化有限公司
桃園市龜山區中原街 32 號
電話 (02)23216565

發　　行　萬卷樓圖書股份有限公司
　　　　臺北市羅斯福路二段 41 號 6 樓之 3
　　　　電話 (02)23216565
　　　　傳真 (02)23218698
　　　　電郵 SERVICE@WANJUAN.COM.TW
大陸經銷　廈門外圖臺灣書店有限公司
　　　　電郵 JKB188@188.COM

ISBN 978-986-93170-5-4
2016 年 5 月初版
定價：新臺幣 380 元

如何購買本書：

1. 劃撥購書，請透過以下郵政劃撥帳號：
　　帳號：15624015
　　戶名：萬卷樓圖書股份有限公司
2. 轉帳購書，請透過以下帳戶
　　合作金庫銀行　古亭分行
　　戶名：萬卷樓圖書股份有限公司
　　帳號：0877717092596
3. 網路購書，請透過萬卷樓網站
　　網址 WWW.WANJUAN.COM.TW

大量購書，請直接聯繫我們，將有專人為
您服務。客服：(02)23216565 分機 10

如有缺頁、破損或裝訂錯誤，請寄回更換

國家圖書館出版品預行編目資料

章太炎大傳 / 華強著.-- 初版.-- 桃園市：昌
明文化出版；臺北市：萬卷樓發行, 2016.05
　冊；　公分.--(昌明文庫.悅讀人物)
ISBN 978-986-93170-5-4(下冊：平裝)
1.章炳麟 2.傳記
782.884　　　　　　　　　　105007998